黑龙江省“十四五”职业教育规划教材

21世纪高等职业教育精品教材 · 金融类

银行会计

（第八版）

YINHANG KUAIJI

温红梅 主 编

曲艺 王贺 副主编

东北财经大学出版社
Dongbei University of Finance & Economics Press
大连

图书在版编目（CIP）数据

银行会计 / 温红梅主编．—8版．—大连：东北财经大学出版社，2025.8．
（21世纪高等职业教育精品教材·金融类）．—ISBN 978-7-5654-5770-8
Ⅰ．F830.42
中国国家版本馆CIP数据核字第2025TW9074号

银行会计
YINHANG KUAIJI
东北财经大学出版社出版
（大连市黑石礁尖山街217号　邮政编码　116025）
网　址：http://www.dufep.cn
读者信箱：dufep@dufe.edu.cn
大连市东晟印刷有限公司印刷　　东北财经大学出版社发行

幅面尺寸：185mm×260mm　　字数：370千字　　印张：17.25
2025年8月第8版　　2025年8月第1次印刷

责任编辑：李丽娟　张爱华　　责任校对：何　群　刘贤恩
封面设计：原　皓　　版式设计：原　皓

书号：ISBN 978-7-5654-5770-8　　定价：45.00元

教学支持　售后服务　　联系电话：（0411）84710309

如有印装质量问题，请联系营销部：（0411）84710711

第八版前言

在复杂多变的经济形势下，金融业面临着前所未有的机遇和挑战。党的二十大报告提出，"建设现代化产业体系。坚持把发展经济的着力点放在实体经济上"。2023年，中央金融工作会议强调，"金融是国民经济的血脉，是国家核心竞争力的重要组成部分……坚定不移走中国特色金融发展之路，推动我国金融高质量发展，为以中国式现代化全面推进强国建设、民族复兴伟业提供有力支撑"。新时代金融工作要深刻领会习近平新时代中国特色社会主义思想，提高服务实体经济、防控金融风险的能力。近几年不断加强金融监管，对金融企业管理水平提出了更严格的要求。在原有会计准则基础上，2017年，财政部颁布新增或修订7项企业会计准则，这些新准则基本与相关国际财务报告准则一致，保持了持续趋同，其中《企业会计准则第22号——金融工具确认和计量》《企业会计准则第23号——金融资产转移》《企业会计准则第24号——套期会计》《企业会计准则第37号——金融工具列报》对金融企业会计核算和财务管理影响较大。2019年9月26日，财政部发布《金融企业财务规则（征求意见稿）》，明确了修订宗旨和依据，增加了金融企业财务管理遵循的原则，并提出各级财政部门对金融企业财务行为进行监督管理的同时，要与审计部门、金融监管部门加强沟通协作。

为了适应新形势，贯彻新准则的内容，针对新的金融行业监管要求，满足高等职业院校财务会计类、金融类等财经专业的教学需要，适应商业银行从业人员的业务学习和培训需要，我们组织具有丰富教学经验的教师和银行实务工作者对《银行会计》（第七版）教材进行了修订。

《银行会计》（第八版）教材以企业会计准则为支点，以《企业会计准则——应用指南》《金融企业财务规则》《商业银行资本管理办法》等为指导，依据金融管理机构颁布的最新规章制度，以教学和实际工作需要为目的，体现了以下特点：

1. 全面贯彻课程思政理念，将弘扬爱国主义精神和培养职业精神的理念贯穿于教材中，体现金融人才培养的时代要求。本教材各章充分挖掘不同金融业务中的事件及案例，通过看似普通的业务处理方式体现社会发展与变迁，展示金融从业人员的精神风貌与职业操守。

2. 深刻体现教材建设引领人才培养的重要作用。在构建产业全球竞争力以及新业态新模式蓬勃发展、金融改革不断深化的大背景下，注重培养专业化金融会计人才的创新意识及实践能力。本教材突出了商业银行存贷款业务、银行间往来业务、金融资产等的管理实践，阐释了商业银行收入、费用、利润的形成与特点。

3. 内容既全面系统，又重点突出，将知识技能与实训实践相结合。本教材对银行会计的基本核算方法、基本要素、基本业务阐述详略得当，同时吸收了金融、投资领域的最新改革和科研成果，以求最大限度满足市场经济条件下的复合型人才培养、金融从业人员业务培训、岗课赛证训练等综合要求。

4. 配套数字化资源丰富，为教学提供多元化支撑与保障。本教材配套了课件、微课、综合题库及参考答案等数字化资源，任课教师可登录东北财经大学出版社网站（www.dufep.cn）下载使用。

本教材由温红梅担任主编，曲艺、王贺担任副主编，银行实务工作者王鹏、林怡欣等为本教材的部分内容提供指导。本教材的具体编写分工为：温红梅编写项目一、项目四、项目九和项目十三，曲艺编写项目二、项目三、项目六、项目七、项目八和项目十，王贺编写项目五、项目十一和项目十二，最后由温红梅总纂、定稿。

本教材的出版得到了东北财经大学出版社等有关单位和人士的大力支持与关心，谨在此表示衷心的感谢！另外，为了尽量吸收与借鉴银行会计核算和管理的最新理论及实际成果，编者在编写过程中参考了大量相关资料，在此向所有参考文献的作者表示真诚的感谢！

由于编写人员的水平有限，书中难免存在一些不足之处，恳请各位读者批评指正。

编　者

2025年6月

目录

项目一　总　论 / 1

学习目标 / 1
课前导入 / 1
任务一　了解商业银行与商业银行会计 / 2
任务二　了解银行会计工作的组织与管理 / 7
任务三　掌握银行会计核算的基本原则和信息质量要求 / 11
职业能力训练 / 14

项目二　基本核算方法 / 16

学习目标 / 16
课前导入 / 16
任务一　了解会计科目、银行账户和记账方法 / 17
任务二　了解会计凭证 / 24
任务三　理解银行会计账簿与账务组织 / 30
任务四　了解银行财务报告 / 36
职业能力训练 / 38

项目三　存款业务的核算 / 43

学习目标 / 43
课前导入 / 43
任务一　了解存款业务 / 44
任务二　掌握单位存款业务的核算 / 50
任务三　理解储蓄存款业务的核算 / 53
职业能力训练 / 59

项目四　贷款业务的核算 / 62

学习目标 / 62
课前导入 / 62

任务一 了解贷款业务 / 63
任务二 掌握一般贷款业务的核算 / 71
任务三 理解抵债资产的核算 / 75
任务四 掌握贴现的核算 / 76
职业能力训练 / 80

项目五 现金出纳业务的核算和管理 / 84

学习目标 / 84
课前导入 / 84
任务一 了解现金出纳业务 / 85
任务二 掌握现金出纳业务的核算 / 87
任务三 理解金库管理和现金运送 / 91
职业能力训练 / 92

项目六 系统内电子汇划业务的核算 / 94

学习目标 / 94
课前导入 / 94
任务一 理解系统内电子汇划业务 / 95
任务二 掌握系统内电子汇划与清算汇差资金业务的核算 / 97
职业能力训练 / 102

项目七 金融机构往来业务的核算 / 106

学习目标 / 106
课前导入 / 106
任务一 了解金融机构往来业务 / 107
任务二 掌握商业银行与中国人民银行往来业务的核算 / 110
任务三 掌握同业往来业务的核算 / 120
职业能力训练 / 125

项目八 支付结算业务的核算 / 130

学习目标 / 130
课前导入 / 130
任务一 了解支付结算 / 131
任务二 掌握票据结算业务的核算 / 133
任务三 掌握结算方式结算业务的核算 / 148
任务四 了解本票和银行卡业务 / 157
任务五 了解结算业务收费和罚款 / 160

职业能力训练 / 160

项目九　金融资产和长期股权投资业务的核算 / 167

学习目标 / 167
课前导入 / 167
任务一　认识金融资产 / 168
任务二　掌握以公允价值计量且其变动计入当期损益的金融资产的核算 / 169
任务三　掌握以公允价值计量且其变动计入其他综合收益的金融资产的核算 / 172
任务四　掌握以摊余成本计量的金融资产的核算 / 177
任务五　掌握长期股权投资的核算 / 179
职业能力训练 / 187

项目十　固定资产、无形资产和其他资产业务的核算 / 192

学习目标 / 192
课前导入 / 192
任务一　理解固定资产业务的核算 / 193
任务二　理解无形资产业务的核算 / 201
任务三　了解其他资产业务的核算 / 205
职业能力训练 / 206

项目十一　收入、费用和利润的核算 / 212

学习目标 / 212
课前导入 / 212
任务一　掌握收入和费用的核算 / 213
任务二　掌握利润及利润分配的核算 / 221
职业能力训练 / 225

项目十二　所有者权益业务的核算 / 229

学习目标 / 229
课前导入 / 229
任务一　了解所有者权益业务 / 230
任务二　理解投入资本的核算 / 233
任务三　理解留存收益的核算 / 235
职业能力训练 / 235

项目十三　年度决算和财务报表的编制与分析 / 238

学习目标 / 238
课前导入 / 238

任务一 了解年度决算 / 239
任务二 掌握财务报表的编制 / 241
任务三 掌握财务报表分析 / 257
职业能力训练 / 265

主要参考文献 / 267

项目一

总　论

学习目标

知识目标：了解我国银行体系的构成及银行会计的概念和特点、银行会计核算法规制度体系的构成、银行会计工作的组织与管理；掌握银行会计的要素、银行会计核算的基本原则和要求。

能力目标：通过会计核算要素与流程的学习，提升对经济业务的逻辑分析能力。

素养目标：培养细致耐心的工作习惯，端正遵守财务规范的工作态度。

课前导入

会计职业操守与理想信念

诚信是会计人最重要的职业品质，高级专业会计人才培养更要持续深化诚信教育。党的十九届四中全会提出“完善诚信建设长效机制”，把社会主义核心价值观要求体现到国民教育全过程。党的二十大报告指出“新时代党的创新理论深入人心，社会主义核心价值观广泛传播”。学习中孜孜以求的不懈态度、对知识敢于质疑的求真精神，对理想坚韧不拔、百折不挠的奋进探索，扎根事业、乐观豁达、爱岗爱国的家国情怀等都是新时代社会主义建设者应有的素养与追求。

资料来源：作者根据相关资料编写。

引 例

2025年3月21日，财政部印发《会计奖惩信息归集管理办法（试行）》（财会〔2025〕3号）（以下简称《管理办法》）。出台《管理办法》，有力、有效归集财政部门在会计领域做出的表彰奖励、行政处罚，是贯彻落实党中央有关社会信用体系建设决策部署的重要举措。党的二十届三中全会提出健全社会信用体系和监管制度。2025年3月21日，中共中央办公厅、国务院办公厅印发《关于健全社会信用体系的意见》，要求加快推进法律、金融、会计、审计、医疗、教育、家政、工程建设、生态环境、平台经济等领域从业人员和取得国家职业资格人员等重点职业人群的信用管理制度建设。这为健全社会信用体系做出了系统部署，为做好会计信用管理制度建设指明了方向。

新政策、新制度的不断完善是规范会计工作行为、提高会计工作质量的重要保障。通过创新性、系统性学习，我们对会计工作的重要性和社会责任会有更明确的认识。

资料来源：作者根据中华人民共和国财政部会计司官网资料整理。

任务一　了解商业银行与商业银行会计

一、我国银行体系概述

现代的货币流通形式是由强制流通的纸币和信用货币两部分构成的，银行体系也就主要分成执行国家货币发行权的中央银行和经营信用货币的商业银行两个基本部分。此外，我国还有承担部分政策性功能的政策性银行。

（一）中央银行

从性质上看，中央银行是一个国家管理金融的机构，对金融业实施监督管理。我国的中央银行是中国人民银行，是在国务院领导下的一个行政机构，承担银行业管理的基本职能。随着社会主义市场经济体制的不断完善，中国人民银行作为中央银行在宏观调控体系中的作用更加突出。2003年，中国人民银行对银行、金融资产管理公司、信托投资公司及其他存款类金融机构的监管职能从中国人民银行分离出来，并和中央金融工委的相关职能进行整合，成立中国银行业监督管理委员会（以下简称银监会），它和中国人民银行共同完成对银行业的管理和监督工作。2018年4月8日，银监会与中国保险业监督管理委员会合并组建中国银行保险监督管理委员会（以下简称银保监会）。2023年3月，中共中央、国务院印发《党和国家机构改革方案》，决定在银保监会基础上组建国家金融监督管理总局，不再保留银保监会。2023年5月18日，国家金融监督管理总局揭牌。

知识链接 1-1

中国人民银行职能转变

中国人民银行职责包括二十项，其中第二十项提到职能转变。其内容包括：完善宏观调控体系，创新调控方式，构建发展规划、财政、金融等政策协调和工作协同机制，强化经济监测预测预警能力，建立健全重大问题研究和政策储备工作机制，增强宏观调控的前瞻性、针对性、协同性。围绕党和国家金融工作的指导方针和任务，加强和优化金融管理职能，增强货币政策、宏观审慎政策、金融监管政策的协调性，强化宏观审慎管理和系统性金融风险防范职责，守住不发生系统性金融风险的底线。按照简政放权、放管结合、优化服务、职能转变的工作要求，进一步深化行政审批制度改革和金融市场改革，着力规范和改进行政审批行为，提高行政审批效率。加快推进"互联网+政务服务"，加强事中事后监管，切实提高政府服务质量和效果。继续完善金融法律制度体系，做好"放管服"改革的制度保障，为稳增长、促改革、调结构、惠民生提供有力支撑，促进经济社会持续平稳健康发展。

资料来源：作者根据中国人民银行官网资料整理。

（二）政策性银行

1994年，国家为了贯彻产业政策、区域发展政策，以国家信用为基础，先后组建了不以营利为主要目的的国家开发银行、中国进出口银行和中国农业发展银行3家政策性银行，对促进我国国民经济的协调发展起到了重要作用。我国政策性银行主要具有4大职能：①扶持，即政策性银行主要扶持商业银行不愿涉足的特定产业的发展；②倡导，即政策性银行引导其他领域的资金向特定产业投入，以形成乘数效应，使特定产业迅速壮大，最终走向市场；③督导，即政策性银行必须监督资金的使用，实行封闭管理，以确保政策性资金使用效益的最优化；④调控，即国家通过对政策性银行的干预和调控，确保特定产业与其他国民经济各产业均衡发展。近年来，随着金融体制改革的进一步深化，政策性银行的商业化业务逐年增多，为社会经济发展做出更大贡献。

目前，我国有开发性金融机构1家——国家开发银行，政策性金融机构2家——中国进出口银行和中国农业发展银行，实现了金融体系内商业性金融与政策性金融职能的分离。2015年4月，国务院正式批复国家开发银行、中国进出口银行、中国农业发展银行3家政策性银行的改革方案，指出：国家开发银行坚持开发性金融机构定位；中国进出口银行的改革要强化政策性职能定位；中国农业发展银行的改革要坚持以政策性业务为主体，成为具备可持续发展能力的农业政策性银行。

（三）商业银行

商业银行是世界各国金融体系的主体。从国际范围来看，它具有业务经营综合性和接受活期存款两大显著特点。我国社会主义市场经济体制下的商业银行是按照《中华人民共和国商业银行法》和《中华人民共和国公司法》设立的吸收公众存款、发放贷款、办理支付结算等业务的企业法人，以效益性、安全性和流动性为经营原则，实行自主经营、自担风险、自负盈亏、自我约束的运行机制。随着我国金融体制改革的不断深入，商业银行体系逐步完善，功能日趋完整。

知识链接 1-2

截至 2024 年 12 月末，我国银行业金融机构法人共有 4 295 家，包括：开发性金融机构 1 家；政策性银行 2 家；国有大型商业银行 6 家；股份制商业银行 12 家；城市商业银行 124 家；民营银行 19 家；住房储蓄银行 1 家；农村商业银行 1 563 家；农村信用社 458 家；村镇银行 1 538 家；农村合作银行 23 家；农村资金互助社 21 家；外资法人银行 41 家；信托公司 67 家；金融资产管理公司 5 家；金融租赁公司 71 家；企业集团财务公司 239 家；汽车金融公司 25 家；消费金融公司 31 家；货币经纪公司 6 家；直销银行 2 家；其他金融机构 40 家。

资料来源：作者根据国家金融监督管理总局官网资料整理。

二、银行会计概述

（一）银行会计的含义

银行会计是以货币作为主要计量单位，采用专门的方法和程序，对银行的经营活动过程进行连续、全面、系统的核算和监督，为银行的管理者和有关方面提供有关银行财务状况、经营成果和现金流量等一系列财务会计信息的专业会计。

（二）银行会计的特点

银行经营的是货币资金的商业性买卖，该行业的业务特点、职能和作用与其他行业有明显区别。因此，银行会计同国民经济其他部门的行业会计相比较，具有以下特点：

1. 会计核算活动和业务处理活动的统一性

一般情况下，企业的生产活动和财务会计活动是分离的，生产活动处于整个企业生产经营过程的第一线，由生产部门完成；财务会计活动处于整个企业生产经营过程的第二线，由财务会计部门根据证明生产活动已发生或完成的会计凭证来完成。而银行由于是经营货币资金的商业性买卖的特殊企业，绝大部分业务活动的发生直接引起货币资金的增减变动。银行在处理各项业务的同时，必须通过会计部门来直接完成核算，银行会计核算的过程就是办理银行业务的过程。所以，银行会计核算活动和业务处理活动是同步进行的，是统一的。

2. 反映国民经济活动情况的综合性

银行是国民经济的一个综合部门，它的业务活动是由国民经济各部门、各单位和广大城乡居民的经济活动引起的。所以，银行会计在微观上反映的是银行本身的业务活动情况和国民经济各部门、各单位及城乡居民个人的经济活动情况，而通过将各分支行的会计报表逐级上报汇总，就可以综合反映出一个地区、省（自治区、直辖市）和全国的经济活动情况。如果说银行是国民经济的总会计，那么银行会计则是总会计的会计。

3.会计核算方法的独特性

银行经营的商品具有特殊性，各项业务活动的资金运动从发生到完成，只具有货币资金这一运动形态；其他行业企业的资金在运动过程中形态经常发生变化，除货币资金这一种形态外，还有储备资金、生产资金、成品资金等形态。所以，银行会计具有其独特的会计核算方法。

4.提供会计核算资料的及时性

银行与国民经济各部门、各单位和广大城乡居民的经济活动具有密切联系。它对外提供的有关资料是国家有关部门了解国民经济活动情况、制定宏观政策、进行宏观决策的重要依据。另外，银行经营的商品具有特殊性，所有这一切都要求银行会计必须及时对外提供会计核算资料。银行的会计核算活动与业务处理活动同步进行，已经体现出了这一特点。更重要的是，银行每天的业务活动当日核算完毕后，在对当日账务核对无误的基础上，要编制当日的内部会计报表——日计表。银行会计提供核算资料的及时性，是其他任何行业会计所无法比拟的。

5.会计核算和内部监督的严密性

银行经营商品的特殊性决定了银行会计在核算手续和内部监督措施上比其他行业会计更严密。应当按照《金融企业财务规则》的要求，推行财务管理信息化，严格财务评价制度的要求，对财务状况和经营成果进行总结、评价与考核。

（三）银行会计要素

银行会计要素是银行会计对象的具体化，包括资产、负债、所有者权益、收入、费用、利润6大会计要素。

1.资产

资产是指过去的交易或者事项形成的、由银行拥有或者控制的、预期会给银行带来经济利益的资源。银行的资产按其流动性分类，主要分为流动资产、贷款、金融投资、长期股权投资、投资性房地产、固定资产、在建工程、无形资产、递延所得税资产和其他资产等。其中，流动资产是指可以在1年内（含1年）变现或耗用的资产。银行的流动资产主要包括现金及存放中央银行款项、货币资金、结算备付金、存放同业款项、拆出资金、衍生金融资产、应收款项、买入返售金融资产等。

知识链接 1-3

《数据资产全过程管理试点方案》发布与实施

2024 年 12 月 19 日，财政部发布《关于印发〈数据资产全过程管理试点方案〉的通知》，指出：为贯彻落实党中央、国务院关于数字经济的决策部署，充分激发数据资产潜能，防范数据资产价值应用风险，推动数字经济高质量发展，财政部选取部分中央部门、中央企业和地方财政部门（以下统称试点单位），从 2025 年年初至 2026 年年底，组织开展数据资产全过程管理试点。根据《财政部关于印发

〈关于加强数据资产管理的指导意见〉的通知》（财资〔2023〕141号）等文件的精神，我们研究制定了《数据资产全过程管理试点方案》，将围绕数据资产台账编制、登记、授权运营、收益分配、交易流通等重点环节，试点探索有效的数据资产管理模式，完善数据资产管理制度标准体系和运行机制。现印发给你们，请对照《数据资产全过程管理试点方案》，结合本单位实际，认真开展试点工作，抓好贯彻落实。

资料来源：作者根据中华人民共和国财政部官网资料整理。

2.负债

负债是指银行过去的交易或者事项形成的、预期会导致经济利益流出银行的现时义务。银行的负债按其流动性分类，可分为流动负债、长期借款、应付债券和其他负债等。

（1）流动负债是指将在1年（含1年）内偿还的债务，主要包括短期借款、向中央银行借款、同业及其他金融机构存放款项、拆入资金、交易性金融负债、衍生金融负债、卖出回购金融资产款、应付款项、应付职工薪酬、应交税费等。

（2）长期借款是指金融企业借入的长期资金等。

（3）应付债券是指金融企业发行的优先股和金融债券。

3.所有者权益

所有者权益是指银行资产扣除负债后由所有者享有的剩余权益。银行的所有者权益主要包括实收资本（或股本）、资本公积、其他综合收益、盈余公积和未分配利润等。另外，银行从事存贷款业务按一定比例从净利润中提取的一般风险准备，也是所有者权益的组成部分。

4.收入

收入是指银行在日常活动中形成的、会使所有者权益增加的、与所有者投入资本无关的经济利益的总流入。银行的收入主要包括利息收入、手续费及佣金收入、投资收益、公允价值变动收益、汇兑收益、其他业务收入、资产处置收益等。收入不包括为第三方或者客户代收的款项，如企业代垫的工本费、代邮电部门收取的邮电费等。

5.费用

微课1-1

费用是指银行在日常活动中发生的、会导致所有者权益减少的、与向所有者分配利润无关的经济利益的总流出。银行的费用主要是银行在业务经营过程中发生的与业务经营有关的成本费用，包括利息支出、手续费及佣金支出、业务及管理费、资产减值损失等。

6.利润

利润是指银行在一定会计期间的经营成果，主要包括收入减去费用后的净额、直接计入当期利润的利得和损失等，包括营业利润、利润总额和净利润。

任务二 了解银行会计工作的组织与管理

银行的会计工作，要依据国家有关法律、法规、制度的规定，建立健全各项会计规章制度，结合银行业务活动和财务收支的特点，通过设置会计机构，并配备必要的专业会计人员来具体完成。按照科学的原则正确、合理地组织银行的会计工作，是完成银行会计任务，充分发挥其职能作用的重要保证。

一、银行会计核算法规制度体系

目前，我国的银行会计核算法规和制度体系由《中华人民共和国会计法》（以下简称《会计法》）、会计准则体系、《金融企业财务规则》3个层次构成。

（一）《会计法》

《会计法》是银行会计核算法规制度体系的第一层次内容。《会计法》是一切会计工作最重要的根本大法，是我国会计法规制度体系的基本法，是会计核算工作最高层次的规范。《会计法》1985年1月经第六届全国人民代表大会常务委员会第九次会议通过后以国家主席的命令发布，同年5月开始实施，并分别于1993年12月、1999年10月、2017年11月和2024年6月进行了第一次、第二次、第三次和第四次修订。

（二）会计准则体系

会计准则体系是会计核算工作的基本规范。它就会计核算的原则和会计处理方法及程序做出规定，为会计制度的制定提供直接依据。我国会计准则体系由财政部负责制定和解释，报国务院批准后颁布施行。我国新的会计准则体系于2006年2月15日由财政部发布，自2007年1月1日在上市公司范围内实施，鼓励其他企业执行。我国新的会计准则体系充分借鉴了国际会计惯例，符合我国加入世界贸易组织（WTO）后企业参与国际竞争对信息质量的要求。新会计准则体系的贯彻和实施，对于进一步规范我国的资本市场，提高企业会计信息质量，建立和完善企业制度，促进社会主义市场经济的健康发展将发挥重要的作用。新会计准则体系包括1个基本准则、42项具体准则和应用指南、解释公告等。

1.基本准则

基本准则是企业进行会计核算工作必须共同遵守的基本要求，体现了会计核算的基本规律，是对会计核算要求所做的原则性规定，为具体准则的制定提供基本架构。基本准则规定了整个会计准则体系的目的、假设和前提条件、会计信息质量要求、会计要素及其确认与计量、会计报表的总体要求等内容，对42项具体准则具有统驭和指导作用，各具体准则的基本原则均来自基本准则。对企业发展中存在的特殊经济业务，会计人员需要根据基本准则的精神对经济业务进行判断和处理。

2.具体准则

具体准则是根据基本准则制定，用来指导企业各类经济业务的确认、计量、记录和报告的规范。具体准则共有42项，分为一般业务准则、特殊行业的特定业务准则和报告准则3类。2017年，财政部修订了6项会计准则，即《企业会计准则第22

号——金融工具确认和计量》《企业会计准则第23号——金融资产转移》《企业会计准则第24号——套期会计》《企业会计准则第37号——金融工具列报》《企业会计准则第16号——政府补助》《企业会计准则第14号——收入》；新增了一项会计准则，即《企业会计准则第42号——持有待售的非流动资产、处置组和终止经营》，同时新增6项会计准则解释。2018年，财政部修订了1项会计准则，即《企业会计准则第21号——租赁》。2019年，财政部修订了2项企业会计准则，即《企业会计准则第7号——非货币性资产交换》《企业会计准则第12号——债务重组》。2007—2024年，财政部先后发布了18个企业会计准则解释。

3.《企业会计准则——应用指南》（以下简称《应用指南》）

《应用指南》是根据基本准则和具体准则制定的、指导企业会计实务的操作性指南。《应用指南》对各项准则的重点、难点和关键点进行具体解释与说明，着眼于增强准则的可操作性，有助于完整、准确地理解和掌握新准则，并对会计科目和主要账务处理做出操作性规定。由于金融企业的业务与一般企业具有很大区别，《应用指南》中，财务报表（含附注）的列报说明较为详尽，而且区分了一般企业、商业银行、保险公司和证券公司等不同企业类型，基本满足了所有企业各类经济业务的财务报告需要，以及信息使用者的要求。《应用指南》的发布标志着我国企业会计准则体系的构建工作已基本完成。

知识链接 1-4

关于印发《企业可持续披露准则——基本准则（试行）》的通知

2024 年 11 月 20 日，为贯彻落实党的二十大精神，推动经济、社会和环境可持续发展，稳步推进我国可持续披露准则体系建设，规范企业可持续发展信息披露，财政部会同外交部、国家发展改革委、工业和信息化部、生态环境部、商务部、中国人民银行、国务院国资委、国家金融监管总局、中国证监会制定了《企业可持续披露准则——基本准则（试行）》，在实施范围及实施要求做出规定之前，由企业自愿实施。

《企业可持续披露准则——基本准则（试行）》指出：为推动高质量发展，引导企业践行可持续发展理念，规范企业可持续发展信息（以下简称可持续信息）披露，保证可持续信息质量，制定本准则。

企业可持续披露准则包括基本准则、具体准则和应用指南。具体准则和应用指南的制定应当遵循基本准则。基本准则对企业可持续信息披露提出一般要求。具体准则对企业在环境、社会和治理等方面的可持续议题的信息披露提出具体要求。应用指南对本准则和具体准则进行解释和细化，对有关行业应用本准则和具体准则提供指引，以及对重点难点问题进行操作性规定。

企业披露的可持续信息，是指企业在环境、社会和治理等方面的可持续议题相关风险、机遇和影响（以下简称可持续风险、机遇和影响）的信息，包括国家法律法规要求披露的可持续信息。

2025 年 4 月 27 日，财政部办公厅、生态环境部办公厅发布《企业可持续披露准则第 1 号——气候（试行）（征求意见稿）》。

资料来源：作者根据中华人民共和国财政部官网资料整理。

（三）《金融企业财务规则》

2006年12月，财政部颁发了《金融企业财务规则》（以下简称《规则》），自2007年1月1日起施行。2019年9月26日，财政部发布《金融企业财务规则（征求意见稿）》（以下简称《征求意见稿》）。《征求意见稿》共15章164条，与现行规定相比，未做修改4条，修订60条，新增105条，删除5条，增加了预算管理、资本金管理、投资管理、考核与评价等内容，并对原有内容进行了较大幅度的调整。《征求意见稿》明确了修订宗旨和依据，增加了金融企业财务管理遵循的原则，并提出各级财政部门对金融企业财务行为进行监督管理的同时，要与审计部门、金融监管部门加强沟通协作。按照第五次全国金融工作会议统一规制、防范风险的精神，《征求意见稿》明确规定，依法获得金融业务许可证的各类金融企业，以及虽没有金融牌照，但主要经营金融业务的投资运营机构和金融基础设施企业或机构，以及小额贷款公司、融资担保公司、区域性股权市场、典当行、融资租赁公司、商业保理公司、地方资产管理公司等均适用于本规则。同时，本着实质重于形式的原则，《征求意见稿》规定，经营活动在境内的境外注册机构比照适用，并将在境外离岸中心、金融自由港等注册的境外注册机构也一并纳入适用范围。

二、银行会计机构的设置

银行会计机构是银行内部领导、组织和直接从事会计工作的职能部门，是银行职能机构体系中的重要组成部分。

银行会计机构的设置，应当与该行的管理体制、业务量的多少相适应。目前，我国银行的管理体制实行总分行制，相应地在每一级银行都要设置会计机构，一般实行4级核算制：总行设会计司、分行设会计处、地（市）中心支行设会计（部）科、县（市）支行设会计科（股），办事处或营业所不设置独立的会计机构，但必须配备专职会计人员和会计主管，负责处理会计工作。

银行实行统一核算、分级管理体制，即由全行汇总为一张会计报表，全行效益由总行负责；总行对各分行下达考核目标责任制，分行对各支行下达考核目标责任制，支行为基本核算单位，各下级行处的会计部门，除应在行长的领导下进行会计工作外，还应接受上级行处会计部门的领导。因此，从银行会计机构的领导关系来看，实行的是自上而下的纵向领导关系；从银行会计机构的账表划报程序来看，实行的是自下而上的纵向逐级划报。另外，从银行会计机构的业务范围来看，支行及其所属办事处或营业所是直接对外办理业务的基层行处，称为基层行（或经办行）；支行以上的中心支行、分行及总行的会计机构不直接对外办理业务，是银行内部会计工作的领导管理机构，称为管理行（或管辖行）。

三、银行会计工作的劳动组织和银行会计人员

（一）银行会计工作的劳动组织

银行会计工作的劳动组织是指基层的经办行会计机构人员的分工和组织形式。由于各经办行的会计人员的素质高低不齐，业务量多少不一，业务范围不同，会计核算手段有先进与落后之分，因而所选择的劳动组织形式也不完全相同。目前，支行及其所属的办事处或营业所的劳动组织形式主要有以下两种：

1.专柜制

专柜制是指按照经济业务的内容，由3～5人组成专柜或小组，负责办理对各客户的资金收付存取、系统内往来、综合核算等业务的劳动组织形式。这种形式主要适用于实行手工操作的支行及其所属的办事处或营业所。

2.柜员制

柜员制也称综合柜员制，是指银行专设的接柜员，在受理业务的同时，兼办出纳、记账、复核等项工作的劳动组织形式。这种形式主要适用于电算化程度非常高的支行及其所属的办事处或营业所，在一定程度上可以从服务端提高柜面窗口的利用率。

我国银行现阶段的管理水平得到较大提高，目前所采取的劳动组织形式以柜员制为主。

随着我国经济的不断发展、人们生活水平的不断提高，人们的消费观念和消费水平有了很大的转变与提升。在这个契机下，银行自助服务终端得到了快速发展。中国银联2015年6月8日宣布，ATM跨行转账业务已在全国所有银行开通，持卡人可在任意银行ATM上，用任何一张银联卡向其他银联卡跨行转账，限额是每天5万元。大部分银行ATM跨行转账收费标准设定得比柜台转账略低，但比网银、手机银行转账收费要高，目前实际执行的是暂免手续费。2019年3月，中国人民银行发布通知，ATM转账可实时到账，无须等24小时。

（二）银行会计人员

银行会计机构是由会计人员组成的，会计机构的工作任务是由会计人员操作完成的，因此会计人员的政治素质、业务水平是决定银行会计工作质量的关键因素。

知识拓展1-1

银行会计部门处于银行业务活动的第一线，是银行的“钱柜”，而会计人员则是掌管“钱柜”钥匙的人。因此，银行会计人员必须具备较高的政治素质和业务水平，熟悉国家颁布的财经法规、会计准则，同时要精通业务，懂得电脑操作。随着金融业的改革和我国加入WTO后金融服务业的逐步开放，会计人员必须不断提高业务水平和综合素质，才能适应客观形势的需要。

知识链接 1-5

柜员权限指纹验证管理

柜员权限指纹验证是指通过指纹识别技术对柜员进行身份验证，规范柜员主机业务操作的岗位级别、处理范围等权限的管理措施，包括柜员指纹采集和管理、柜员权限的申请和审批等事项。

柜员指纹的采集和管理通过身份认证与集中授权平台的指纹管理模块实现。柜员指纹由二级分行（含）以上人力资源部门的指纹管理用户负责集中采集。指纹采集完成并复核通过后，须由柜员本人登录身份认证与集中授权平台—个人设置—个人指纹中对常用指纹进行指纹比对确认，比对通过后系统自动启用该指纹。

资料来源：作者根据相关资料整理编写。

任务三 掌握银行会计核算的基本原则和信息质量要求

一、会计核算的基本假设与会计基础

（一）会计核算的基本假设

会计核算的基本假设是企业会计确认、计量和报告的前提，是对会计核算所处时间、空间环境等所做的合理假定。它主要包括：

1.会计主体

会计主体是指企业会计确认、计量和报告的空间范围。为了向财务报告使用者反映企业财务状况、经营成果和现金流量，提供决策有用的信息，会计核算和财务报告的编制应当集中反映特定对象的活动，并将其与其他经济实体区别开来，才能实现财务报告的目标。会计主体不同于法律主体。一般来说，法律主体必然是一个会计主体，但是会计主体不一定是法律主体。

2.持续经营

持续经营是指在可以预见的将来，企业将会按当前的规模和状态继续经营下去，不会停业，也不会大规模削减业务。在持续经营前提下，会计确认、计量和报告应当以企业持续、正常的生产经营活动为前提。

3.会计分期

会计分期是指将一个企业持续经营的生产经营活动划分为一个个连续的、长短相同的期间。会计分期的目的，在于通过会计期间的划分，将持续经营的生产经营活动划分成连续、长短相同的期间，据以结算盈亏，按期编报财务报告，从而及时向财务报告使用者提供有关企业财务状况、经营成果和现金流量的信息。

4.货币计量

货币计量是指会计主体在财务会计确认、计量和报告时以货币计量，反映会计主体的生产经营活动。但在有些情况下，统一采用货币计量也有缺陷，某些影响企业财务状况和经营成果的因素，如经营战略、研发能力、市场竞争能力等，往往难以用货币计量，为此，企业可以在财务报告中补充披露有关的非财务信息弥补缺陷。

课堂讨论 1–1

企业所有的业务与活动是否都能够进行货币计量？如果为否，试举例说明。

提示：企业并不是所有的业务与活动都能够进行货币计量。比如，企业内部的管理决策过程，员工工作态度与创造力，企业与供应商等的关系质量等。

（二）会计基础

企业会计的确认、计量和报告应当以权责发生制为基础。权责发生制要求：凡是当期已经实现的收入和已经发生或应当负担的费用，无论款项是否收付，都应当作为当期的收入和费用，计入利润表；凡是不属于当期的收入和费用，即使款项已在当期收付，也不应当作为当期的收入和费用。

收付实现制是与权责发生制相对应的一种会计基础，是以收到或支付的现金作为确认收入和费用等的依据。目前，部分商业银行的表外业务记账采用收付实现制。

二、会计信息质量要求

会计信息质量要求是对企业财务报告中所提供会计信息质量的基本要求，是使财务报告中所提供的会计信息对使用者决策有用应具备的基本特征，主要包括以下8项，见表1–1。

表1–1 会计信息质量要求及具体内容

序号	项目	具体内容
1	可靠性	要求企业应当以实际发生的交易或者事项为依据进行确认、计量和报告，如实反映符合确认和计量要求的各项会计要素及其他相关信息，保证会计信息真实可靠、内容完整
2	相关性	要求企业提供的会计信息应当与投资者等财务报告使用者的经济决策需要相关，有助于投资者等财务报告使用者对企业过去、现在或者未来的情况做出评价或者预测
3	可理解性	要求企业提供的会计信息应当清晰明了，便于投资者等财务报告使用者理解和使用
4	可比性	要求企业提供的会计信息应当相互可比。这主要包括两层含义：第一，同一企业不同会计期间可比；第二，不同企业相同会计期间可比
5	实质重于形式	要求企业应当按照交易或者事项的经济实质进行会计确认、计量和报告，不仅以交易或者事项的法律形式为依据
6	重要性	要求企业提供的会计信息应当反映与企业财务状况、经营成果和现金流量有关的所有重要交易或者事项。重要性的应用需要依赖职业判断，企业应当根据其所处环境和实际情况，从项目的性质和金额大小两方面加以判断
7	谨慎性	要求企业对交易或者事项进行会计确认、计量和报告应当保持应有的谨慎，不应高估资产或者收益、低估负债或者费用
8	及时性	要求企业对于已经发生的交易或者事项，应当及时进行确认、计量和报告，不得提前或者延后

三、会计要素计量属性及其应用原则

（一）会计要素计量属性

会计计量是将符合确认条件的会计要素登记入账并列报于财务报表而确定其金额的过程。企业应当按照规定的会计要素计量属性进行计量，确定相关金额。从会计角度，计量属性反映的是会计要素金额的确定基础，主要包括历史成本、重置成本、可变现净值、现值和公允价值等。会计要素计量属性的含义及具体内容见表1-2。

表1-2 会计要素计量属性的含义及具体内容

序号	计量属性	含义及具体内容
1	历史成本	又称实际成本，就是取得或制造某项财产物资时所实际支付的现金或者其他等价物。在历史成本计量下，资产按照其购置时支付的现金或者现金等价物的金额，或者按照购置资产时所付出的对价的公允价值计量。负债按照其因承担现时义务而实际收到的款项或资产的金额，或者承担现时义务的合同金额，或者按照日常活动中为偿还负债预期需要支付的现金或现金等价物的金额计量
2	重置成本	又称现行成本，是指按照当前市场条件，重新取得同样一项资产所需支付的现金或现金等价物金额。在重置成本计量下，资产按照现在购买相同或者相似资产所需支付的现金或者现金等价物的金额计量
3	可变现净值	是指在正常生产经营过程中，以预计售价减去进一步加工成本和销售所必需的预计税金、费用后的净值。在可变现净值计量下，资产按照其正常对外销售所能收到的现金或者现金等价物的金额扣减该资产至完工时估计将要发生的成本、估计的销售费用以及相关税金后的金额计量
4	现值	是指对未来现金流量以恰当的折现率进行折现后的价值，是考虑货币时间价值因素等的一种计量属性。在现值计量下，资产按照预计从其持续使用和最终处置中所产生的未来净现金流入量的折现金额计量。负债按照预计期限内需要偿还的未来净现金流出量的折现金额计量
5	公允价值	是指市场参与者在计量日发生的有序交易中，出售一项资产所能收到或者转移一项负债所需支付的价格

（二）计量属性的应用原则

企业在对会计要素进行计量时，一般应当采用历史成本。采用重置成本、可变现净值、现值、公允价值计量的，应当保证所确定的会计要素金额能够取得并可靠计量。

在企业会计准则体系建设中适度、谨慎地引入公允价值这一计量属性，是因为随着我国资本市场的发展，股权分置改革已基本完成，越来越多的股票、债券、基金等金融产品在交易所挂牌上市，使得这类金融资产的交易已经形成了较为活跃的市场，因此具备了引入公允价值的条件，使其更能反映企业的现实情况，对财务报告使用者的决策更加有用，并且使我国的会计准则与国际财务报告准则趋同。

课堂讨论 1-2

如果企业持有一项专利技术，如何确定其公允价值，试举例说明。

提示：如果市场上有类似专利技术的交易案例，可参考这些案例的交易价格来确定该专利技术的公允价值。

职业能力训练

一、填空题

1.（ ）是我国金融管理机关。

2.银行会计要素包括资产、（ ）、所有者权益、（ ）、费用、（ ）。

3.我国的中央银行是（ ）。

4.我国新会计准则体系包括（ ）项具体准则。

5.会计核算基本假设包括会计主体、（ ）、会计分期、（ ）。

二、单项选择题

1.（ ）是国家金融管理机构。

A.财政部　B.中央银行

C.商业银行总行　D.政策性银行

2.（ ）是银行的资产。

A.存款　B.贷款

C.借款　D.利息收入

3.会计是一种（ ）。

A.经济活动　B.经济监督活动

C.经济管理活动　D.经济核算活动

4.会计主体是从事经济活动，并对其进行会计核算的（ ）。

A.企业　B.单位

C.特定企业　D.特定单位

5.（ ）是指折现价值。

A.重置成本　B.可变现净值

C.现值　D.公允价值

三、多项选择题

1.银行体系一般由（ ）组成。

A.中央银行　B.商业银行

C.政策性银行　D.投资银行

2.（　　）是我国的商业银行。

A.中国银行　　B.中国人民银行

C.交通银行　　D.华夏银行

3.银行会计核算的法规制度体系包括（　　）。

A.《会计法》　　B.《中华人民共和国商业银行法》

C.会计准则体系　　D.《金融企业财务规则》

4.（　　）是银行的费用。

A.利息支出　　B.招待费

C.广告费　　D.手续费及佣金支出

5.（　　）是银行的负债。

A.向中央银行借款　　B.拆入资金

C.应收利息　　D.吸收存款

四、判断题

1.企业会计准则于2007年1月1日起在所有企业执行。（　　）

2.目前我国银行的业务经营属于混业经营。（　　）

3.银行的会计核算活动和业务处理活动一般是同步进行的。（　　）

4.银行会计具有反映国民经济活动情况的综合性的特点。（　　）

5.商业银行是各国金融体系的主体。（　　）

6.现在对我国银行业的管理和监督工作由银监会完成。（　　）

7.目前我国的商业银行都是国有商业银行。（　　）

8.重置成本是指按照当前市场条件，重新取得一项新资产所需支付的现金或现金等价物金额。（　　）

9.金融企业发行的债券属于长期资金来源。（　　）

10.目前我国商业银行的利润主要来源于贷款利息收入。（　　）

项目二

基本核算方法

学习目标

知识目标：了解银行会计科目、账户；掌握表内科目和表外科目的记账方法；了解银行会计凭证的种类、特点及处理过程；理解银行账簿的种类及账务组织系统；了解银行财务报告的基本构成及编制要求。

能力目标：通过理解会计科目与报表的勾稽关系，厘清财务数据背后的业务关系，提升逻辑推理和系统性思考能力。

素养目标：明确会计核算的基本规则和方法，树立合规操作意识，具备识别财务风险的基本素养。

课前导入

技术发展推动银行业务深度变革——营业大厅的机器人

在一家知名银行的营业厅里，一位客户正在等待办理业务。这时，一个可爱的迎宾机器人走了过来："您好，欢迎光临本行！我是您的服务机器人，有什么可以帮助您的吗？"客户有些惊讶，但很快适应了这种新的服务方式："你好！我想办理一张银行卡。"迎宾机器人快速地回答道："好的，请跟我来。"客户跟着迎宾机器人来到了一个办理柜台前，新的机器人礼貌地向客户问好并提示客户出示身份证件。客户将身份证递给了该机器人，该机器人迅速地扫描了证件并询问了一些必要的问题。在办理过程中，该机器人不仅解答了客户的各种疑问，还向客户介绍了一些银行的服务项目和优惠活动。机器人的到来，可以提高银行业务处理效率，减少客户等待时间；可以智能分析和记录客户行为，为银行挖掘潜在客户；可以协助银行进行营销推广等。智慧银行的出现是银行物理网点的一个创新，是转型的一种选择，将成为未来银行发展的主流趋势。可以说，技术的创新引领了全融服务模式改革的新时代。

资料来源：作者根据相关资料编写。

引例

2024年，政府工作报告中明确提出“深化大数据、人工智能等研发应用，开展‘人工智能+’行动，打造具有国际竞争力的数字产业集群”。这不仅顺应了全球AI发展的潮流，更与中国产业升级的大势紧密相连。从近年行业实践来看，发展包括金融AI在内的新一代人工智能技术，有助于以“人工智能+金融”的新型范式塑造数字经济创新生态，为构建现代化经济体系、实现高质量发展提供有力支撑。

现实中，人工智能在会计凭证录入与审核、银行对账、规则化自动记账、实时核算反馈、报表生成与趋势预测等诸多方面发挥越来越重要的作用，在提升会计业务效率的同时，对我们的理论学习与业务实践提出了更高要求。

资料来源：作者根据相关资料编写。

任务一 了解会计科目、银行账户和记账方法

一、会计科目

（一）会计科目的含义

商业银行会计科目反映银行会计要素的构成及其变化情况，是商业银行综合核算的工具。

在银行会计核算中会计科目是连接基本核算方法各组成部分的纽带，是保证会计核算资料系统化的前提，是会计信息记录、生成、归类、传输的重要手段，是统一会计核算口径的基础。

（二）会计科目的分类

为了便于正确掌握和使用会计科目，了解会计科目的性质和特点，有必要对商业银行的会计科目从不同的角度、按照不同的标准划分为不同的种类。银行业统一会计科目表见表2-1。

表2-1 银行业统一会计科目表

序号	编号	会计科目	序号	编号	会计科目
		一、资产类	55	2021	贴现负债
1	1001	库存现金	56	2101	交易性金融负债
2	1002	银行存款	57	2111	卖出回购金融资产款
3	1003	存放中央银行款项	58	2201	应付票据
4	1011	存放同业	59	2202	应付手续费及佣金
5	1012	其他货币资金	60	2203	预收账款
6	1021	结算备付金	61	2211	应付职工薪酬

续表

序号	编号	会计科目	序号	编号	会计科目
7	1031	存出保证金	62	2221	应交税费
8	1101	交易性金融资产	63	2231	应付利息
9	1111	买入返售金融资产	64	2232	应付股利
10	1121	应收票据	65	2241	其他应付款
11	1123	预付账款	66	2311	代理买卖证券款
12	1124	应收手续费及佣金	67	2312	代理承销证券款
13	1131	应收股利	68	2313	代理兑付证券款
14	1132	应收利息	69	2314	代理业务负债
15	1221	其他应收款	70	2501	长期借款
16	1231	坏账准备	71	2502	应付债券
17	1301	贴现资产	72	2701	长期应付款
18	1302	拆出资金	73	2702	未确认融资费用
19	1303	贷款	74	2801	预计负债
20	1304	贷款损失准备	75	2901	递延所得税负债
21	1311	代理兑付证券			
22	1321	代理业务资产			三、共同类
23	1431	贵金属	76	3001	清算资金往来
24	1441	抵债资产	77	3002	货币兑换
25	1461	融资租赁资产	78	3101	衍生工具
26	1501	债权投资	79	3201	套期工具
27	1502	债权投资减值准备	80	3202	被套期项目
28	1503	其他债权投资			
29	1504	其他权益工具投资			四、所有者权益类
30	1511	长期股权投资	81	4001	实收资本
31	1512	长期股权投资减值准备	82	4002	资本公积
32	1521	投资性房地产	83	4003	其他综合收益

续表

序号	编号	会计科目	序号	编号	会计科目
33	1531	长期应收款	84	4101	盈余公积
34	1532	未实现融资收益	85	4102	一般风险准备
35	1601	固定资产	86	4103	本年利润
36	1602	累计折旧	87	4104	利润分配
37	1603	固定资产减值准备	88	4201	库存股
38	1604	在建工程			
39	1605	工程物资			五、损益类
40	1606	固定资产清理	89	6011	利息收入
41	1611	未担保余值	90	6021	手续费及佣金收入
42	1701	无形资产	91	6041	租赁收入
43	1702	累计摊销	92	6051	其他业务收入
44	1703	无形资产减值准备	93	6061	汇兑损益
45	1711	商誉	94	6101	公允价值变动损益
46	1801	长期待摊费用	95	6111	投资收益
47	1811	递延所得税资产	96	6301	营业外收入
48	1901	待处理财产损溢	97	6402	其他业务成本
			98	6411	利息支出
		二、负债类	99	6421	手续费及佣金支出
49	2001	短期借款	100	6602	业务及管理费
50	2002	存入保证金	101	6701	资产减值损失
51	2003	拆入资金	102	6702	信用减值损失
52	2004	向中央银行借款	103	6711	营业外支出
53	2011	吸收存款	104	6801	所得税费用
54	2012	同业存放	105	6901	以前年度损益调整

资料来源：企业会计准则编审委员会. 企业会计准则——应用指南（含企业会计准则及会计科目）[M]. 上海：立信会计出版社，2017.

1.按照会计科目反映的经济内容分类

按照会计科目反映的经济内容，会计科目可分为资产类、负债类、所有者权益类、损益类和资产负债共同类科目。这是商业银行会计科目最基本的分类。

资产类科目反映商业银行资金的占用和分布情况，余额在借方。其具体包括表2-1中的1～48项。

负债类科目反映商业银行债务资金的形成和来源情况，余额在贷方。其具体包括表2-1中的49～75项。

所有者权益类科目反映商业银行投资者对银行净资产的所有权情况，余额在贷方。其具体包括表2-1中的81～88项。

损益类科目反映商业银行的财务收支和经营成果情况。期末结账前，各种收入类科目的余额在贷方，各种费用支出类科目的余额在借方；结账时，损益类科目的余额均要转入本年利润科目，以便计算本会计期间的财务成果。其具体包括表2-1中的89～105项。

在实际工作中，各商业银行根据会计核算的需要，在以上4类的基础上又加了一类，即资产负债共同类科目。该类会计科目根据其反映的经济业务的内容不同，有时反映负债的形成，有时反映资金的占用，会计科目的性质取决于余额的方向。当余额在贷方时，是负债性质；当余额在借方时，是资产性质。其具体包括表2-1中的76～80项。

2.按照会计科目与会计报表的关系分类

按照会计科目与会计报表的关系，会计科目可分为表内科目和表外科目。

表内科目是指反映银行资金增减变化，并且该增减变化过程及其结果能够在会计报表上得到反映的会计科目。按照经济内容划分的5类会计科目都是表内科目。

表外科目是指用来反映业务内容并未引起银行资金增减变化，因而不能在会计报表上得到反映的主要会计事项的会计科目。

知识链接 2-1

表外科目的分类

一般情况下，商业银行表外科目划分为或有事项、委托代理业务和备查登记类三大类。

1. 或有事项类

或有事项类科目用于核算签发银行承兑汇票、开出信用证及保函、保兑信用证及保函、开出提货担保等或有事项以及期权、掉期等衍生金融产品中所拥有的权利和承担的责任。

2. 委托代理业务类

委托代理业务类科目用于核算代理开发银行贷款、代理开发银行逾期贷款及代理开发银行贷款利息等。

3. 备查登记类

备查登记类科目用于核算有价单证、空白重要凭证、代保管有价值品、应收托收款项、代收托收款项、收到信用证及保函、未收贷款利息、未履行贷款承诺等。

资料来源：作者根据相关资料整理编写。

3.按照会计科目的使用范围分类

按照会计科目的使用范围，会计科目可分为银行业统一会计科目（见表2-1）和各商业银行专用会计科目。

银行业统一会计科目是指《企业会计准则——应用指南》中提供的会计科目。

各商业银行专用会计科目是指各商业银行总行根据本行的实际情况自行增设、分拆、合并的会计科目。

目前，我国商业银行采用电脑记账，账册、凭证及摘要栏以核算代码（二级核算代码称为子码）表示相应的会计科目名称，以电子方式存档。核算代码由各总行按照业务种类和资金性质统一设置，一种业务对应一个核算代码，有会计科目及核算代码表对照，每年有所变动，各行的核算代码有所不同。

二、银行账户

（一）银行账户的含义

银行账户是在银行会计科目下按照单位类别或资金性质划分的户头，是具有一定的结构和格式、用来对会计对象的具体内容进行分类核算和监督的一种工具。在实际工作中，根据核算的详细程度不同，账户可分为总分类账户和明细分类账户；根据开户的对象不同，账户可分为内部账户和外部账户。

（二）银行账户和会计科目的关系

银行账户和会计科目之间既有联系又有区别。

两者的联系：会计科目与账户都是对会计对象具体内容的科学分类，两者口径一致，性质相同，会计科目是账户的名称，也是设置账户的依据，账户是会计科目的具体运用。没有会计科目，账户便失去了设置的依据；没有账户，就无法发挥会计科目的作用。

两者的区别：会计科目的作用主要表现为将会计对象的具体内容分为若干个相对独立的项目。会计科目由国家统一制定，是会计准则的组成部分；而账户则是在会计科目的基础上，再赋予一定的结构，能指明记账的方向，以核算各会计要素的增减变动和金额。账户由各单位根据会计科目的要求，结合本单位的实际情况开设。

三、记账原则和记账方法

（一）记账原则

（1）数据输入必须由有权人办理，非有权人不得输入任何数据。

（2）数据输入必须根据合法、有效的凭证，按照事权划分的原则办理，做到数字准确，摘要齐全，处理及时。

（3）现金收入先收款后记账，现金付出先记账后付款；抵现业务先记付款账后收款；转账业务先借后贷，先记账后签回单；代收他行票据，收妥入账。

（二）记账方法的含义

记账方法是指按照一定的记账规则，采用一定的记账符号，对经济业务分类整理后在账簿中进行登记的一种技术方法。

（三）记账方法的分类

记账方法分为复式借贷记账法和单式收付记账法两种。

1.复式借贷记账法

复式借贷记账法是指对发生的每笔经济业务，都以相等的金额、在相互联系的两个或两个以上的会计科目中同时进行登记的记账方法。银行对表内科目所反映的经济业务，都要采用复式借贷记账法进行登记。

2.单式收付记账法

单式收付记账法是指对发生的经济业务只通过一个会计科目进行登记的记账方法。这种记账方法的手续比较简单，各会计科目之间的记录没有直接的联系，也没有内在的平衡关系，因而不能全面反映资金运动的内在联系和经济活动的全貌，也不能检查账簿记录是否正确。一般情况下，银行对表外科目所涉及的会计事项，主要采用单式收付记账法进行登记。

知识链接 2-2

我国银行记账方法的变革

1948 年 12 月，中国人民银行成立，采用复式收付记账法。1949 年 11 月，第一次全国银行会计工作会议召开，规定采用复式借贷记账法。不到 1 年，1950 年，改用以科目为主的复式收付记账法。1954 年，又改用复式借贷记账法。1965 年，改用不设现金科目的现金收付复式记账法。1979 年，改用以资金为主的资金收付记账法。

改革开放后，专业银行恢复成立，中国银行由收付记账法改用借贷记账法，中国农业银行、中国工商银行、中国建设银行仍然沿用收付记账法。1993 年 7 月，银行会计制度发生重大变化，全国银行系统开始采用统一的借贷记账法。

资料来源：作者根据相关资料编写。

（四）表内科目的记账方法——复式借贷记账法

1.基本规定

复式借贷记账法以资金平衡公式“资产=负债+所有者权益”为理论基础；以“借”和“贷”作为记账符号，用来标明会计科目记账的方向；以“有借必有贷，借贷必相等”作为记账规则。

银行在其经济活动和财务收支过程中，发生的经济业务可以概括为以下 4 种类型：①引起资产和负债或所有者权益同时增加相等的金额；②引起资产和负债或所有者权益同时减少相等的金额；③引起资产内部此增彼减相等的金额；④引起负债或所有者权益内部此增彼减相等的金额。

会计账户的结构见表2-2。

表2-2　　会计账户的结构

账户名称	借方	贷方	余额
资产类	增加	减少	借方
负债类	减少	增加	贷方
所有者权益类	减少	增加	贷方
损益类	收益减少	收益增加	贷方
	支出增加	支出减少	借方
资产负债共同类	资产增加	资产减少	借方
	负债减少	负债增加	贷方

2.试算平衡

试算平衡是指检查和验证一定时期内会计科目及其所属账户记录是否正确的方法。

借贷记账法的试算平衡有科目发生额试算平衡和科目余额试算平衡两种，分别用公式表示如下：

全部科目本期借方发生额合计=全部科目本期贷方发生额合计

全部科目借方余额合计=全部科目贷方余额合计

前者是根据借贷记账法的记账规则确定的，后者是根据资金平衡公式“资产=负债+所有者权益”确定的。

（五）表外科目的记账方法——单式收付记账法

单式收付记账法，即以“收入”和“付出”作为记账符号，当表外科目反映的经济业务发生或增加时记“收入”方，当表外科目反映的经济业务销账或减少时记“付出”方，余额表示结存或剩余的表外经济业务。表外科目的记账金额，一般是按经济业务发生额或凭证的票面额记载，有些控制实物数量的表外科目则按假定价格记载。

知识链接 2-3

错账处理

发生错账，查实后进行冲正处理。冲正错账影响利息计算时，应计算应加、应减积数，于错账冲正时一并进行积数调整（现为天数）。办理错账冲正时，涉及客户回单的应及时收回客户回单。

1. 当日错账冲正

当日发生的差错，必须由原经办柜员当日进行反交易冲正。

2. 隔日错账冲正

隔日或以后发生的差错，必须先查对原始凭证，通过电子制单交易，经现场管理人员审查签批后办理冲正。

（1）记账串户的处理

通过电子制单交易办理同一方向红、蓝字冲正。记账时，按红字凭证记入错账串户账户，按蓝字凭证记入正确的账户。记账后，在原错账凭证上用红字注明“已于×月×日冲正”字样。

（2）凭证上的金额或账户填制错误的处理

通过电子制单交易将原错误金额全数冲销，重新按正确借、贷方蓝字方向补记入账。记账后，在原错账凭证上用红字注明“已于×月×日冲正”字样。

3. 跨年错账

发生上年度错账，通过电子制单交易转出，凭证的摘要栏应注明情况，不得更改决算报表。记账后，原错账凭证上用红字注明“已于×年×月×日冲正”字样。

资料来源：作者根据相关资料整理编写。

任务二　了解会计凭证

一、会计凭证的含义

银行会计凭证是记录经济业务、明确经济责任、具有法律效力的书面证明，是登记账簿的依据，也是核对账务和事后查考的依据。取得或填制会计凭证并对其进行审核，是银行会计核算的重要内容。

二、会计凭证的特点

银行会计凭证与其他行业会计凭证相比，有以下特点：

1. 多采用单式记账凭证

由于银行业务量大，岗位分工比较细，采用单式记账凭证可以方便会计凭证的传递和按照会计科目汇总轧账，提高工作效率。

2. 原始凭证可代替记账凭证

银行大量以客户提交的原始凭证代替记账凭证作为记账的依据。由于银行的业务量大，凭证填写得是否正确直接涉及银行与客户之间的经济利益，因此银行为了提高工作效率和分清经济责任，多采用客户办理业务时所提交的原始凭证代替记账凭证。

三、重要空白凭证的管理

重要空白凭证是指由银行印制、具有特定用途但尚未填写签章的各项空白重要凭证，如支票、存单、存折、银行汇票等。对于重要空白凭证，必须指定专人负责保管，在请领、出库、入库、发放、领用、作废、注销、停用、上缴、销毁、挂失、保管等手续方面上都有严格规定。重要空白凭证要通过表外科目核算，设置登记簿进行控制，并由会计主管人员定期对账面结余和库存数字进行检查核对。

四、会计凭证的分类

银行会计凭证按填制程序和用途，分为原始凭证和记账凭证两大类。

（一）原始凭证

原始凭证是指在经济业务发生时取得或填制的会计凭证，是反映经济业务发生的原始书面证据。按照来源不同，原始凭证可分为外来原始凭证和自制原始凭证。外来原始凭证是指在经济业务发生时，从银行以外的其他单位、部门或个人取得的会计凭证。自制原始凭证是银行在办理业务过程中，根据经济业务的需要而自行填制的各种会计凭证。

（二）记账凭证

记账凭证是指由会计部门根据审核无误的原始凭证编制的、作为登记账簿直接依据的会计凭证。银行的记账凭证由于需要在银行内部的不同部门之间传递，所以俗称“传票”。

银行记账凭证可以按照不同标准分为不同种类，主要有以下几种分类方法：

1.按照所登记的账簿不同，可分为明细账记账凭证和总账记账凭证

（1）明细账记账凭证。明细账记账凭证是指用来登记明细账簿的记账凭证。银行的明细账记账凭证按照格式和用途的不同，可分为基本凭证和专用凭证两大类。

基本凭证是指银行根据原始凭证或业务事实自行编制的具有通用格式的记账凭证，因此又叫通用凭证。基本凭证按照性质的不同主要分为以下8种：①库存现金收入传票和库存现金付出传票（其格式分别见表2-3和表2-4）。当银行发生内部现金收付业务时编制该类传票。②转账借方传票和转账贷方传票（其格式分别见表2-5和表2-6）。当银行发生内部转账业务时编制该类传票。③特种转账借方传票和特种转账贷方传票（其格式分别见表2-7和表2-8）。当银行发生转账业务，主动代开户单位收款入账或从开户单位账户上扣款出账时编制该类传票。④表外科目收入传票和表外科目付出传票（其格式分别见表2-9和表2-10）。当银行发生不涉及资金增减变化但必须记录的重要经济业务，即表外科目要核算的经济业务时，编制该类传票。当表外经济业务发生或增加时，编制表外科目收入传票；当表外经济业务销账或减少时，编制表外科目付出传票。

表2-3　　**库存现金收入传票**

<u>中国××银行库存现金收入传票</u>

（贷）______　　　　年　　月　　日　　　　总字第　号

（借）库存现金　　　　　　　　　　　　　　字第　号

户名或账号	摘　　要	金　额 （位　数）
合　　计		

附件　张　　白纸红油墨

会计　　出纳　　复核　　记账　　制票

表2-4 **库存现金付出传票**

中国××银行库存现金付出传票

(贷) ______　　　　年　月　日　　　　总字第　号

(借) 库存现金　　　　　　　　　　　　　字第　号

户名或账号	摘　要	金　额 (位　数)
合　计		

附件　张　　白纸黑油墨

会计　出纳　复核　记账　制票

表2-5 **转账借方传票**

中国××银行转账借方传票

年　月　日　　　　总字第　号

字第　号

科目(借)		对方科目	(贷)
户名或账号	摘　要	金　额 (位　数)	
合　计			

附件　张　　浅蓝纸黑油墨

会计　复核　记账　制票

表2-6 **转账贷方传票**

中国××银行转账贷方传票

年　月　日　　　　总字第　号

字第　号

科目(贷)		对方科目	(借)
户名或账号	摘　要	金　额 (位　数)	
合　计			

附件　张　　浅蓝纸红油墨

会计　复核　记账　制票

表 2-7

特种转账借方传票

中国××银行特种转账借方传票

年 月 日

总字第 号
字第 号

<table>
<tr><td rowspan="3">付款单位</td><td>全称</td><td colspan="3"></td><td rowspan="3">收款单位</td><td>全称</td><td colspan="3"></td></tr>
<tr><td>账号或
地 址</td><td colspan="3"></td><td>账号或
地 址</td><td colspan="3"></td></tr>
<tr><td>开户银行</td><td></td><td>行号</td><td></td><td>开户银行</td><td></td><td>行号</td><td></td></tr>
<tr><td>金额</td><td colspan="7">人民币
（大写）</td><td colspan="2">金额（位数）
</td></tr>
<tr><td colspan="2">原凭证金额</td><td></td><td>赔偿金</td><td></td><td colspan="5" rowspan="2">科目(借)________
对方科目(贷)________</td></tr>
<tr><td colspan="2">原凭证名称</td><td></td><td>号 码</td><td></td></tr>
<tr><td>转账原因</td><td colspan="4">银行盖章</td><td colspan="5">会计 复核 记账 制票</td></tr>
</table>

附件 张 白纸蓝油墨

表 2-8

特种转账贷方传票

中国××银行特种转账贷方传票

年 月 日

总字第 号
字第 号

<table>
<tr><td rowspan="3">付款单位</td><td>全称</td><td colspan="3"></td><td rowspan="3">收款单位</td><td>全称</td><td colspan="3"></td></tr>
<tr><td>账号或
地 址</td><td colspan="3"></td><td>账号或
地 址</td><td colspan="3"></td></tr>
<tr><td>开户银行</td><td></td><td>行号</td><td></td><td>开户银行</td><td></td><td>行号</td><td></td></tr>
<tr><td>金额</td><td colspan="7">人民币
（大写）</td><td colspan="2">金额（位数）
</td></tr>
<tr><td colspan="2">原凭证金额</td><td></td><td>赔偿金</td><td></td><td colspan="5" rowspan="2">科目(借)________
对方科目(贷)________</td></tr>
<tr><td colspan="2">原凭证名称</td><td></td><td>号 码</td><td></td></tr>
<tr><td>转账原因</td><td colspan="4">银行盖章</td><td colspan="5">会计 复核 记账 制票</td></tr>
</table>

附件 张 白纸红油墨

表 2-9

表外科目收入传票

中国××银行表外科目收入传票

年 月 日

总字第 号
字第 号

<table>
<tr><td>科目</td><td></td></tr>
</table>

<table>
<tr><td>户名或账号</td><td>摘 要</td><td>金 额
（位 数）</td></tr>
<tr><td></td><td></td><td></td></tr>
<tr><td colspan="2">合 计</td><td></td></tr>
</table>

附件 张 白纸橘油墨

会计 出纳 复核 记账 制票

表2-10 表外科目付出传票

中国××银行表外科目付出传票

年 月 日

总字第 号
字第 号

科目		
户名或账号	摘 要	金 额 （位 数）
合 计		

附件 张

白纸深绿油墨

会计 出纳 复核 记账 制票

专用凭证是指银行根据具体经济业务的特殊需要制定的，用来代替记账凭证的外来原始凭证，因此又叫特定凭证。专用凭证一般由银行统一印制发行，由银行的客户领用并填写，也有某些专用凭证由银行填制。这类凭证一般采用一式数联套写方式填写，满足传递凭证的各方处理业务的需要。专用凭证种类较多，因此专用凭证的名称、格式及用途将在后面各章节中介绍。

（2）总账记账凭证。总账记账凭证是指用来登记总账的记账凭证，是根据有关明细账记账凭证汇总编制的。这类记账凭证的代表主要是综合核算系统中的科目日结单。

2.按照所包括的会计科目是否单一，分为单式记账凭证和复式记账凭证

（1）单式记账凭证。单式记账凭证是指一笔经济业务所涉及的每一个会计科目，都要分别填制一张凭证作为该科目记账依据的记账凭证。

（2）复式记账凭证。复式记账凭证是指一笔经济业务所涉及的所有会计科目都集中在一张凭证上的记账凭证。

目前银行使用的记账凭证主要是单式记账凭证。

五、会计凭证的处理过程

银行会计凭证的处理过程，一般包括以下4个环节：

（一）会计凭证的编制

编制会计凭证是银行会计核算的起点，包括两个方面的含义：一是指外来客户提交特定凭证时，在特定凭证的有关栏目内填写会计分录、记账日期等内容并签章；二是外来客户提交的原始凭证不能代替记账凭证记账以及没有外来凭证的经济业务时，根据业务内容自行编制基本凭证。

编制的会计凭证正确与否，直接影响会计核算的质量，因此编制会计凭证时要求做到：要素齐全、内容真实、数字正确、字迹清楚、书写规范、手续完整，不得任意涂改。对外签发的会计凭证，其金额除必须填写阿拉伯数字的小写金额外，应同时填写中文大写数字。

银行自行编制基本凭证时，由于现金收付业务的会计分录，一方必然是“库存现

金”科目，另一方必然是与“库存现金”科目对应的会计科目，因此为了简化手续，对现金收付业务按照复式记账凭证的做法，只编制“库存现金”科目对应科目的传票，不再编制“库存现金”科目的传票，即每笔现金付出业务，只编制一张库存现金付出传票，每笔现金收入业务只编制一张库存现金收入传票。而每笔转账业务，则必须按照单式记账凭证的做法，根据会计科目的对应关系同时编制转账借方传票和转账贷方传票，有几个科目就编制几张传票。

（二）会计凭证的审核

为了保证账务处理的正确、合法和会计核算的真实、完整以及监督银行资金的安全，对于编制的会计凭证特别是外来客户提交的特定凭证，必须由专人（或者相互交叉）严格审核。审核会计凭证，主要是审核会计凭证的真实性、正确性、合法性、完整性。

经过审核，对符合要求的会计凭证，应予以传递并进行账务处理；对不符合要求的会计凭证，应拒绝受理。若属于会计凭证内容记载不准确、不完整或填写有差错的，向客户解释清楚后予以退回，要求客户补充完整或重新填制。如发现伪造、变造会计凭证的违法行为，要认真追究有关单位、部门和人员的责任，严肃处理。

（三）会计凭证的传递

由于银行会计核算过程与业务处理过程是一致的，因此银行会计凭证的传递过程也就是处理业务和会计核算的过程。在确定银行会计凭证的传递程序时，由于各项业务处理手续以及会计核算技术条件的不同而有所区别，所以在总体上要求体现下列原则：准确及时、手续严密、先外后内、先急后缓。

各类凭证除有关业务核算手续有特殊规定外，一律由银行内部传递。现金收入凭证要“先收款、后记账”，现金付出凭证要“先记账、后付款”，以防止因客户交存现金多少而造成差错和未经收款而记入账户造成财产损失，防止存款透支、贷款和拨款超过限额以及错付事故发生。

转账凭证应“先记付款单位账户，后记收款单位账户”“他行票据收妥进账”，防止银行垫款，造成资金损失。

（四）会计凭证的整理、装订与保管

会计凭证是会计档案资料的重要组成部分，为了保证其完整无缺和便于事后查考，每天营业终了，核算处理完毕的会计凭证应整理装订成册，妥善保管。

知识链接 2-4

《关于推广应用电子凭证会计数据标准的通知》的发布与实施

2025 年 5 月 19 日，财政部、税务总局、中国人民银行、国务院国资委、国家档案局、国家标准委、国家电子文件管理部际联席会议办公室、中国民航局、中国国家铁路集团有限公司联合发布的《关于推广应用电子凭证会计数据标准的通知》（财会〔2025〕9 号）指出：为深入贯彻落实党中央、国务院有关决策部署，推动解决各类电子凭证接收难、报销难、入账难等问题，2022 年以来，财政部

会同税务总局、中国人民银行、国务院国资委、国家档案局、国家标准委、国家电子文件管理部际联席会议办公室（国家密码管理局）、中国民航局、中国国家铁路集团有限公司等部门（单位）联合组织开展了电子凭证会计数据标准试点工作，通过试点充分验证了电子凭证会计数据标准的科学性、规范性、有效性，打通了电子凭证报销入账归档“最后一公里”。在充分总结试点经验的基础上，决定自本通知印发之日起，在全国范围推广应用电子凭证会计数据标准。

电子凭证会计数据标准为电子凭证会计信息化处理提供了统一的技术规范和结构化数据标准，支持包含XML（可扩展标记语言）、XBRL（可扩展商业报告语言）等结构化数据的电子凭证，无须转换即可直接进行接收（含验签或验真、解析）、报销、入账、归档等全流程各环节处理。推广应用电子凭证会计数据标准，有利于顺应数字经济发展，充分发挥会计数据的基础资源和创新引擎作用，切实促进单位会计职能拓展和数字化转型；有利于降低各领域报销纸张打印需求、交易成本及保管成本，有效减少碳排放量，提升新质生产力的全要素组合水平，推动绿色低碳发展，有效节约社会整体资源；有利于增强会计信息的真实性和可靠性，实现对各类经济活动高效监管，从源头上防范财务造假，维护经济社会秩序；有利于解决各类电子凭证标准不统一等重点难点问题，真正实现“让数据多跑路，让群众少跑腿”，满足基层单位需求、提升群众获得感。

资料来源：作者根据中华人民共和国财政部官网资料整理。

任务三　理解银行会计账簿与账务组织

一、银行会计账簿的种类

（一）按用途不同分类

银行会计账簿按其用途的不同，可分为总分类账簿、明细分类账簿、序时账簿和备查账簿4种。

1.总分类账簿

总分类账簿简称总账，是各会计科目的总括记录，是编制会计报表的主要依据。

2.明细分类账簿

银行的明细分类账簿一般通称“分户账”，是各会计科目的明细记录，是银行同开户单位对账的依据。分户账按照单位或具体对象立户，根据传票逐笔连续记载，并随时结出余额，以具体反映各账户的资金活动情况。

3.序时账簿

序时账簿又称日记账，是按照业务发生时间的先后顺序，逐日逐笔登记经济业务的账簿。银行的日记账有库存现金收入日记簿和库存现金付出日记簿两种。

4.备查账簿

银行的备查账簿一般通称“登记簿”，是指对某些在分户账上未能记载或没有必要记载而又需要日后查考的业务事项和重要空白凭证、有价单证等进行登记的辅助性账簿。

（二）按外表形式不同分类

银行会计账簿按其外表形式的不同，可分为订本式账簿、活页式账簿和卡片式账簿3种。

1.订本式账簿

订本式账簿是指把许多账页装订成册的账簿。这种账簿，账页固定，既可防止账页散失，也可防止抽换账页。

2.活页式账簿

活页式账簿是指账页不固定，采用活页形式的账簿。这种账簿，页数可根据需要确定，但在使用时要连续编号，防止散失。

3.卡片式账簿

卡片式账簿是指印有记账格式的卡片，以登记各项经济业务的账簿。

二、银行会计账务组织

银行会计账务组织是指银行会计采用一定的记账方法和程序，设置并登记账簿，核对账务和编制会计报表等会计核算环节的有机结合。它包括明细核算和综合核算两大系统。

（一）明细核算系统

明细核算系统是按账户进行的核算系统，详细反映各个单位、各种资金的变动情况，由分户账、库存现金收付日记簿、登记簿和余额表4部分组成。其账务处理程序是：首先，根据传票记载分户账，若为现金收付业务，则还要分别登记库存现金收入日记簿和库存现金付出日记簿；其次，对不能入账而又需要记载的重要业务事项，则在登记簿中进行记载；最后，营业终了，按分户账各户当日最终余额编制余额表。

1.分户账

根据银行不同业务核算的需要，除有特别规定外，分户账一般有下列4种通用格式：

（1）甲种账。甲种账主要设有借方发生额、贷方发生额和余额3栏，一般适用于不计息科目的账户或用余额表计息科目的账户，以及银行内部科目的账户。其格式见表2-11。

表 2-11

甲种账格式

中国××银行

账

本账总页数	
本户页数	

账号：　　户号：　　领用凭证记录：

年		摘要	凭证号码	对方科目代号	借方	贷方	借或贷	余额	复核盖章
月	日				位数	位数		位数	

（2）乙种账。乙种账主要设有借方发生额、贷方发生额、余额、日数和积数 5 栏，一般适用于在分户账账页上加计积数并计算利息科目的账户。其格式见表 2-12。

表 2-12

乙种账格式

中国××银行

账

本账总页数	
本户页数	

账号：　　户号：　　领用凭证记录：

年		摘要	凭证号码	对方科目代号	借方	贷方	借或贷	余额	日数（天）	积数	复核盖章
月	日				位数	位数		位数		位数	

（3）丙种账。丙种账主要设有借方发生额、贷方发生额、借方余额和贷方余额 4 栏，一般适用于借贷双方反映余额的账户。其格式见表 2-13。

表 2-13

丙种账格式

中国××银行

账

本账总页数	
本户页数	

账号：　　户号：　　领用凭证记录：

年		摘要	凭证号码	对方科目代号	借方	贷方	借方余额	贷方余额	复核盖章
月	日				位数	位数	位数	位数	

（4）丁种账。丁种账主要设有借方发生额、贷方发生额、余额、销账4栏，一般适用于逐笔记账、逐笔销账，记载一次性账务的账户。其格式见表2-14。

表2-14　　丁种账格式

中国××银行

______账

本账总页数	
本户页数	

账号：　　　　　　户号：　　　　　　领用凭证记录：

年		账号	户名	摘　　要	凭证号码	对方科目代号	借方	销账			贷方	借或贷	余额	复核盖章
月	日						位数	年	月	日	位数		位数	

2.库存现金收付日记簿

库存现金收付日记簿分为库存现金收入日记簿和库存现金付出日记簿，它们是记载与控制库存现金收入、付出笔数和金额的账簿，是库存现金收入和付出的明细记录。

库存现金收入日记簿和库存现金付出日记簿的登记方法是：业务发生时，根据库存现金收入传票和库存现金付出传票逐笔序时分别登记库存现金收入日记簿和库存现金付出日记簿；每日营业终了，应当分别结出合计数，编制收入结数表和付出结数表，然后登记库存现金簿，结出库存现金账面余额，最后与实际库存现金数核对相等。

3.登记簿

登记簿一般设借方（或收入）、贷方（或付出）和余额3栏，在3栏里分别列有数量和金额两个小栏目。

4.余额表

余额表是核对总账与分户账余额和计算利息的重要工具，分为计息余额表和一般余额表两种。

计息余额表适用于计息科目。每日营业终了，根据各科目分户账当日最后余额填列，若当天未发生收付业务，则根据上一日的最后余额填列。该表每日余额的累计数，为各账户在一定时期内的计息积数，是计算利息的依据。每日营业终了，该表中各分户账余额的合计数应当与当日该科目总账的余额核对相等。

一般余额表适用于不计息的科目，定期抄列各科目所属分户账的余额，以便与总账余额核对相等。

（二）综合核算系统

综合核算系统是按会计科目进行的核算系统，总括反映各系统、各类资金的变动情况，由科目日结单、总账和日计表3部分组成。其账务处理程序是：首先，根据同一科目的传票填制科目日结单；其次，根据科目日结单中的发生额和余额登记总账；最后，根据总账各科目当日发生额和余额编制日计表。

1.科目日结单

科目日结单也称总传票，是每一个会计科目当日借、贷方发生额和传票张数的汇总记录，是控制明细核算系统的发生额和轧平当日账务的重要工具，是登记总账的依据。其格式见表2-15。

表2-15 科目日结单格式

中国××银行

科目日结单

科目代号： 年 月 日 第 号

借方													贷方												
传票张数	金额												传票张数	金额											
	十	亿	千	百	十	万	千	百	十	元	角	分		十	亿	千	百	十	万	千	百	十	元	角	分
库存现金 张													库存现金 张												
转账 张													转账 张												
合计 张													合计 张												

复核 制表

科目日结单根据每天各科目的传票分别编制。每天营业终了，将每一个科目的库存现金传票和转账传票，分借方和贷方各自加计出传票张数和金额数，填列在该科目日结单的有关栏目内。应当注意的是，按照规定库存现金收入传票和库存现金付出传票应当归集在“库存现金”科目对应的那个科目的日结单中，因此“库存现金”科目日结单应根据其他科目日结单中现金部分的合计数反方向填列。

所有科目日结单编制完毕，当天全部科目日结单的借方金额合计数应当等于贷方金额合计数。

2.总账

总账按会计科目采用活页形式设置，设有借方发生额、贷方发生额、借方余额和贷方余额4栏，账页每月更换一次，按年装订保管。

总账的登记方法是：每天营业终了，根据各科目日结单的借方金额合计和贷方金额合计填列相应总账科目的借方发生额栏和贷方发生额栏，并结出余额。如果某科目当天未发生业务，应当将上日余额填入当日余额栏内。对于借贷双方反映余额的总账科目，其总账上的余额应根据余额表或各分户账的借方、贷方余额分别加总填列，不得轧差登记。总账10天一小计；每月终了，应加计本月的借、贷方发生额和本年累计发生额。

3. 日计表

日计表是反映当天业务活动和轧平当天全部账务的主要工具，主要是为了满足分析研究本行处日常业务活动状况的需要，属于内部报表。其格式见表2-16。

表2-16 **日计表格式**

中国××银行

日 计 表

年 月 日 共 页第 页

科目代号	科目名称	本日发生额		余 额	
		借方	贷方	借方	贷方
		位数	位数	位数	位数
	⋮				
	合 计				

行长（主任） 会计 复核 制表

日计表的编制方法是：每天营业终了，根据各总账科目的当天发生额和余额填入日计表的相应栏目。日计表上借方发生额合计数与贷方发生额合计数应当平衡相等，借方余额合计数与贷方余额合计数也应当平衡相等。

（三）两个核算系统的关系

综合核算系统是按照会计科目进行的核算，明细核算系统是按照各科目所属账户进行的核算。两个核算系统根据同一记账凭证、按照双线核算原则分别进行会计核算。综合核算系统是明细核算系统的概括，对明细核算系统起统驭作用；明细核算系统是综合核算系统的具体化，对综合核算系统起补充作用。根据账务核对的要求，将两个核算系统紧密地联结在一起，组成完整的账务组织体系。

（四）账务核对

账务核对是指为了防止差错、保证账务核算正确无误而采取的技术措施和方法，主要是核对账务处理程序有关组成内容是否相符。通过账务核对，达到账账、账款、账据、账实、账表、内外账等全部相符。

银行账务核对可分为每日核对和定期核对两种方式。

1. 每日核对

每日核对是指每日会计核算结束后，对账务的有关内容进行核对，主要核对以下内容：①总分核对。每日营业终了，总账各科目余额与同科目分户账或余额表各户余额合计数核对相符。②账款核对。库存现金收入、付出日记簿的合计数，必须与“库存现金”科目总账借方、贷方发生额核对相符；库存现金簿的库存现金数，应与实际库存现金数和“库存现金”科目总账的余额核对相符。③表外科目核对。各表外科目余额应与有关登记簿核对相符，其中重要空白凭证、有价单证应核对当日领入、使用、售出及库存数，并与实际库存数核对相符。

2.定期核对

定期核对是核对未能纳入每日核对的账务，主要核对以下内容：①借款借据应按月与贷款科目分户账核对相符。②存折户在办理业务时要账折见面，支票户应定期通过对账单与开户单位对账。③各丁种账格式的账页上未销户的各笔金额的合计总数，应按月与该科目总账余额核对相符。④余额表上的计息积数，应当与同科目总账上累计积数核对相符。⑤有关科目各卡片账上的合计数，应当与该科目总账余额核对相符。⑥存贷款科目的分户账余额，应当与该科目总账余额核对相符。

银行会计的账务组织程序如图2-1所示。

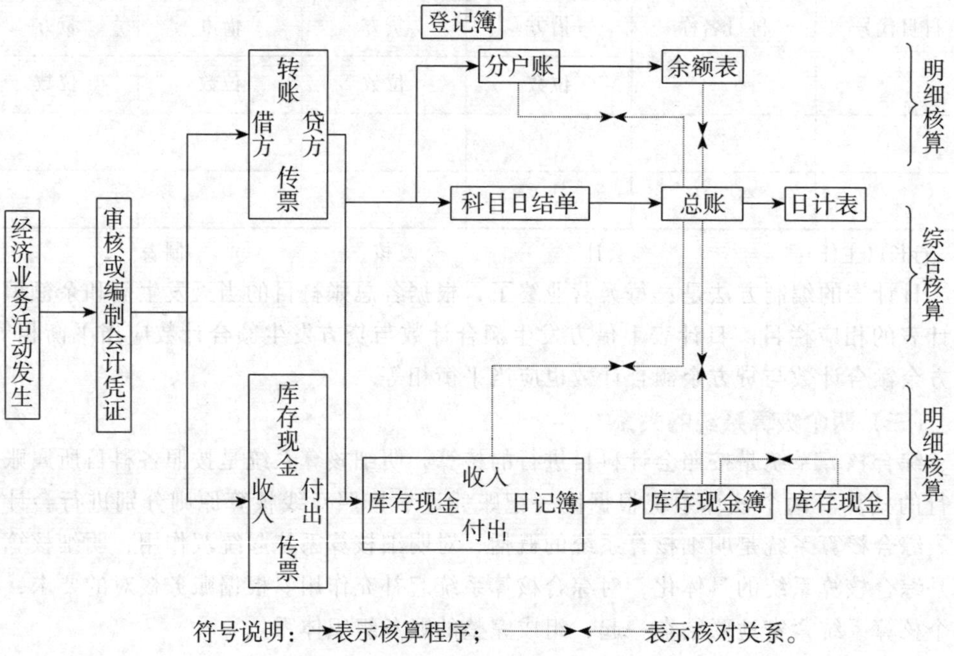

图2-1 银行会计的账务组织程序

任务四 了解银行财务报告

一、银行财务报告的作用和编制要求

银行财务报告是指银行对外提供的反映银行某一特定日期的财务状况和某一会计期间的经营成果、现金流量等会计信息的文件。

（一）银行财务报告的作用

（1）能满足国家宏观经济管理部门制定宏观金融政策的需要。

（2）能满足现实和潜在的投资者、债权人了解银行的经营成果、营运能力、偿债能力等财务会计信息的需要。

（3）能反映银行的业务活动和财务收支情况，满足银行加强内部管理的需要。

（二）银行财务报告的编制要求

1.数字真实、准确

真实、准确地反映银行的财务状况、经营成果和现金流量信息，是对银行会计工作的一项基本要求。因此，在编制财务报告之前，应认真核对账务，保证账账、账实、账据、账款、内外账等全部相符。编制完毕后应当换人复核，全面查对，逐项勾对。

2.内容完整、齐全

银行财务报告内容的完整、齐全有两个方面的含义：一是要求按照会计准则规定的项目和内容进行编报；二是要求能充分反映银行全部经济活动情况。因此，对应当填报的财务报表，必须填报齐全，应当填列的报表指标，无论是表内科目还是表外科目，都必须全部填列，不能漏报漏填。

3.报送及时

只有及时编制并报送财务报告，才能发挥其应有的作用，因此银行应该在会计期间结束后及时编制财务报告，并在规定时间内及时上报。

二、银行财务报告的构成

银行财务报告包括银行财务报表和其他应当在银行财务报告中披露的相关信息与资料。其中，银行财务报表由报表本身及其附注两部分构成，附注是银行财务报表的重要组成部分。

（一）银行财务报表的种类

1.按所反映的经济内容分类

按所反映的经济内容，银行财务报表可以分为以下3类：

（1）反映银行在某一特定日期的财务状况的会计报表，如资产负债表。

（2）反映银行在一定会计期间的经营成果及其分配情况的会计报表，如利润表、所有者权益变动表。

（3）反映银行在一定会计期间的现金和现金等价物流入与流出的会计报表，如现金流量表。

上述3类主要财务报表的具体格式及其编制方法，将于第13章中关于年度决算报表的编制与分析中再做详述。

2.按编制的时间分类

按编制的时间，银行财务报表主要分为4类：

（1）日计表。日计表是当天营业终了编制的反映当天业务情况的报表。

（2）月报表。月报表简称月报，是用来反映银行一个月内业务活动和财务收支情况的财务报表，该表由基层行处逐级上报省分行，如资产负债表、利润表。

（3）季度报表。季度报表简称季报，是用来反映银行一个季度内业务活动和财务收支情况的财务报表，如资产负债表、利润表。

（4）年度报表。年度报表简称年报，是用来总括反映银行年终的财务状况、经营成果和现金流量等信息的财务报表，如资产负债表、利润表和现金流量表。

上述4类报表中，年度报表要求编制的报表种类和反映的信息最为齐全完整，日计表反映的信息最简单。

除此以外，各金融企业根据管理需要设置了其他一些报表，如固定资产表、季度财务收支项目电报汇总表等专项报表，以适应各项管理的需要。

（二）商业银行报表附注

商业银行应当按照42项具体准则要求在附注中至少披露下列内容，但是非重要项目和商业银行不具有的项目除外：

（1）商业银行的基本情况。具体披露信息比照一般企业处理。

（2）财务报表的编制基础。具体披露信息比照一般企业处理。

（3）遵循企业会计准则的声明。具体披露信息比照一般企业处理。

（4）重要会计政策和会计估计。商业银行披露的重要会计政策和会计估计除比照一般企业进行处理外，应披露的重要会计政策包括公允价值的确定、利息收入、手续费及佣金收入、利息支出、手续费及佣金支出、抵债资产等。

职业能力训练

一、填空题

1.（　　）类科目反映商业银行资金的占用和分布情况。

2.（　　）是在银行会计科目下按照单位类别或资金性质划分的户头，是具有一定的结构和格式、用来对会计对象的具体内容进行分类核算和监督的一种工具。

3.记账方法分为（　　）和（　　）两种。

4.（　　）是在经济业务发生时取得或填制的会计凭证。

5.（　　）是由会计部门根据审核无误的原始凭证编制的，作为登记账簿直接依据的会计凭证。

6.银行的会计账簿按其用途的不同分为总分类账簿、（　　）、序时账簿、（　　）4种。

7.（　　）是每一个会计科目当日借、贷方发生额和传票张数的汇总记录，是登记总账的依据。

8.（　　）是反映当天业务活动和轧平当天全部账务的主要工具，主要是为了满足分析研究本行处日常业务活动状况的需要，属于内部报表。

9.银行的对外报表包括（　　）、利润表和（　　）等。

二、单项选择题

1.复式借贷记账法中，哪方登记增加数或减少数，取决于（　　）。

A.账户性质　　　　　　B.记账方法

C.记账规律　　D.账户性质和记账方法

2.（　　）是记录经济业务、明确经济责任、登记账簿的依据。

A.会计科目　　B.会计账户

C.会计凭证　　D.会计报表

3.（　　）不属于重要空白凭证。

A.库存现金收付凭证　　B.支票

C.存单　　D.银行汇票

4.（　　）等式是复式借贷记账法的平衡公式。

A.资产-成本=收入　　B.收入-成本=利润

C.资产=负债+所有者权益　　D.资产-负债=利润

5.（　　）是总账记账凭证。

A.库存现金收付凭证　　B.专用凭证

C.科目日结单　　D.日计表

6.（　　）明细账设有借方发生额、贷方发生额、余额、销账4栏。

A.甲种账　　B.乙种账

C.丙种账　　D.丁种账

7.（　　）是反映银行资产负债状况的报表。

A.资产负债表　　B.利润表

C.所有者权益变动表　　D.现金流量表

8.（　　）是银行的权益。

A.贷款　　B.吸收存款

C.资本公积　　D.利息收入

9.负债类项目增加记入（　　）。

A.借方增加　　B.借方减少

C.贷方增加　　D.贷方减少

10.资产账户的借方、贷方、余额分别表示为资金的（　　）。

A.减少、增加、借方　　B.增加、减少、借方

C.减少、增加、贷方　　D.增加、减少、贷方

三、多项选择题

1.（　　）是会计报表的编制要求。

A.数字真实准确　　B.内容完整齐全

C.所有报表内容公开　　D.报送及时

2.银行账务的每日核对包括（　　）。

A.总分核对　　B.支票户核对

C.账款核对　　D.表外科目核对

3.（　　）是综合核算系统的内容。

A.余额表　　B.总账

C.日计表　　D.科目日结单

4.银行的会计账簿按其用途不同可以分为（　　）。

A.总分类账　　B.订本式活页账

C.明细分类账　　D.卡片式账簿

5.下列说法正确的是（　　）。

A.库存现金收入凭证，必须"先记账、后收款"

B.库存现金付出凭证，必须"先记账、后付款"

C.转账业务凭证，先记付款单位账，后记收款单位账

D.转账业务凭证，先记收款单位账，后记付款单位账

6.下列对会计凭证的说明正确的是（　　）。

A.要素齐全　　B.数字正确

C.必须自制　　D.手续完整

7.下列（　　）是单式记账凭证的优点。

A.方便会计凭证传递

B.每张凭证可以记录几个科目

C.方便会计科目汇总

D.方便检查经济业务的科目使用是否正确

8.下列（　　）是基本凭证。

A.转账借方传票　　B.库存现金收入传票

C.贷款凭证　　D.特种转账借方传票

9.银行发生的经济业务可以引起（　　）。

A.资产和负债一增一减　　B.资产和负债同时增加

C.负债或权益一增一减　　D.资产内部一增一减

10.按照会计科目与报表的关系，科目可分为（　　）。

A.表内科目　　B.统一科目

C.表外科目　　D.专用科目

四、判断题

1.表外科目反映的业务也会引起银行资产负债的增减变化。（　　）

2.会计科目是银行综合核算的基础。（　　）

3.各商业银行可以自行设置专用会计科目。（　　）

4.银行表内科目一般采用复式借贷记账法核算。（　　）

5.银行的记账凭证可以由原始凭证代替。（　　）

6.现在银行已经不使用单式收付记账法了。（　　）

7.未使用的支票和存单均属于重要空白记账凭证。（　　）

8.明细分类账是编制会计报表最重要的依据。（　　）

9.日计表每天编制一次，属于对外报表。（　）

10.银行的账务组织是由综合核算系统和明细核算系统有机结合而成的。（　）

11.结账后，资产类科目一般没有余额。（　）

12.负债反映银行的资金来源途径。（　）

13.基本凭证是银行根据原始凭证自行编制的，是登记总账的基础。（　）

14.所有者权益是银行的债权人享有的经济利益。（　）

15.使用单式记账凭证时，涉及几个科目就要填制几张凭证。（　）

16.资产反映了资金的运用，负债反映了资金的来源，两者具有依存关系。（　）

17.资产负债表和利润表都是静态报表。（　）

18.银行的库存现金收入和付出日记簿属于序时账簿。（　）

19.余额表是核对总账与分户账余额和计算利息的重要工具，分为计息余额表和一般余额表两种。（　）

20.银行账务核对分为每日核对和定期核对。（　）

五、实践应用题

1.目的：练习会计等式的平衡关系

资料：甲工商银行2025年2月1日资产、负债和所有者权益各项目的余额见表2-17：

表2-17　资产、负债和所有者权益项目余额

2025年2月1日　　单位：元

资产项目	金额	负债和所有者权益项目	金额
库存现金及银行存款	134 500	吸收存款	1 730 800
存放中央银行款项	354 600	长期借款	421 700
交易性金融资产	405 500	实收资本	418 700
贷款	1 419 600		
固定资产	257 000		
合计	2 571 200	合计	2 571 200

2月份发生下列经济业务：

（1）收到储户李鸿存入活期存款10 000元。

（2）开户单位新兴百货归还短期借款120 000元。

（3）收到储户王刚存入定期存款50 000元。

（4）向人民银行缴存现金110 000元。

（5）开户单位红星乳品厂提取现金8 000元。

（6）开户单位服装厂将活期存款20 000元转存定期。

（7）购入设备一套，价值为54 000元，以银行存款支付。

（8）发放给开户单位油漆厂中长期贷款600 000元。

（9）投资者以现金投入银行资本750 000元。

要求：将发生的每一笔经济业务编制一张会计要素增减变动表，并检查其变动结果是否平衡。

2.目的：练习复式记账的方法

资料：实践应用题1资料。

要求：（1）根据实践应用题1资料编制甲工商银行会计分录。

（2）根据实践应用题1资料开设账户，根据甲工商银行会计分录登记账户。

（3）根据账户登记的结果编制本期发生额及余额试算表进行试算平衡。

3.目的：练习日计表的编制

资料：实践应用题1资料（假设发生的经济业务都是在2025年2月1日）。

要求：根据实践应用题1资料编制2025年2月1日甲工商银行日计表。

4.目的：练习错账的更正方法

资料：2025年5月甲工商银行发生如下错账：

（1）客户王刚将40 000元活期存款转为定期存款，做如下分录，已登记入账。

借：吸收存款——定期存款　　40 000

　贷：吸收存款——活期存款　　40 000

（2）向人民银行缴存现金143 000元，做如下分录，已登记入账。

借：存放中央银行款项　　134 000

　贷：库存现金　　134 000

（3）开户单位通信公司从活期存款账户提取现金58 000元，做如下分录，已登记入账。

借：吸收存款——定期存款　　85 000

　贷：库存现金　　85 000

（4）开户单位服装厂存入销货现金4 500元，已入库，做如下分录，已登记入账。

借：库存现金　　5 400

　贷：吸收存款——活期存款　　5 400

（5）开户单位油漆厂以活期存款归还短期贷款，金额为750 000元，做如下分录，未登记入账。

借：吸收存款——活期存款　　75 000

　贷：贷款——短期贷款　　75 000

要求：采用最恰当的方法更正错账。

项目三

存款业务的核算

学习目标

知识目标：学习银行存款业务的含义及分类；掌握存款业务的科目设置、单位存取现金的核算、利息的计算方法及核算；理解活期储蓄存款、定期储蓄存款的存入、支取及利息的核算。

能力目标：具备识别存款业务中潜在风险的能力；提升与客户沟通的技巧，根据客户需求妥善解决客户咨询，开展业务处理。

素养目标：在存款业务中加强责任意识，以严谨态度对待存款业务，避免因工作失误导致的错误和损失，维护银行和客户资金安全。

课前导入

强化存款管理　展现服务客户精神

一直以来，我国都是储蓄大国。我国人民币存款余额呈稳定增长趋势，截止到2024年12月末，人民币存款余额为302.25万亿元，资金供给能力不断增强。商业银行最主要的负债资金来源于存款，存款为立行之本。耐心细致的服务体现银行的职责与精神。保障客户资金安全，是银行的义务；让客户满意，是银行的责任。一位客户经理朴实地说："储蓄业务'无小事、无小钱'，除了要对业务知识熟悉了解外，要以客户为中心，设身处地为客户着想，才能保证客户满意。"每位客户都能在银行便捷、顺心地办理每项业务，体现了银行最根本的服务质量与为民服务的宗旨。

资料来源：作者根据相关资料编写。

引 例

小王是一名个体工商户，他拿着刚办好的营业执照和个人身份证到银行要求办理活期储蓄存款账户，以便进行日常经营款项的存取。银行告知，他这种情况不能办理个人银行结算账户，要办理单位银行结算账户，并按照该账户的有关规定管理和使用。这就涉及本项目所讲述的银行吸收单位和个人各种存款业务的管理与核算。

截至 2024 年年末，全国共开立银行账户 149.51 亿户。其中，单位银行账户为 1.11 亿户，同比增长 8.62%；个人银行账户为 148.40 亿户，同比增长 3.32%。[①]

资料来源：作者根据相关资料编写。

任务一 了解存款业务

一、存款的含义

存款是指商业银行吸收的居民个人、企事业单位及政府机关等的闲散资金，是形成商业银行营运资金的主要来源。

二、存款业务的分类

（一）按存款对象不同分类

按照中国人民银行颁布的《人民币银行结算账户管理办法》（2003 年 9 月 1 日起施行）的规定，银行结算账户按照存款对象不同，分为单位银行结算账户和个人银行结算账户。

1. 单位银行结算账户

单位银行结算账户是指存款人以单位名称开立的银行结算账户。单位银行结算账户一般是活期存款账户，按照用途不同，分为基本存款账户、一般存款账户、专用存款账户、临时存款账户。

（1）基本存款账户。基本存款账户是存款人因办理日常转账结算和现金收付需要开立的银行结算账户。凡开立基本存款账户的单位，必须是独立核算的单位，基本存款账户是存款人的主办账户，只能开设一个。

（2）一般存款账户。一般存款账户是存款人因借款或其他结算需要，在基本存款账户开户银行以外的银行营业机构开立的银行结算账户。一般存款账户用于办理存款人借款转存、借款归还和其他结算的资金收付。该账户可以办理现金缴存，但不得办理现金支取。

（3）专用存款账户。专用存款账户是存款人按照法律、行政法规和规章的规定，对其特定用途资金进行专项管理和使用而开立的银行结算账户。专用存款账户用于办

① 中国人民银行. 2024 年支付体系运行总体情况［EB/OL］.［2025-02-14］. http: //www.pbc.gov.cn/zhifujiesuansi/128525/128545/128643/5589365/index.html. 以下涉及类似数据来源同此.

理基本建设资金、更新改造资金、财政预算外资金、粮棉油收购资金、证券交易结算资金、期货交易保证金、信托基金、金融机构存放同业资金、政策性房地产开发资金、单位银行卡备用金、住房基金、社会保障基金、收入汇缴资金和业务支出资金等各项需要专项管理与使用的资金收付。

（4）临时存款账户。临时存款账户是存款人因临时需要并在规定期限内使用而开立的银行结算账户。临时存款账户应根据有关开户证明文件确定的期限或存款人的需要确定其有效期限，临时存款账户的有效期最长不得超过2年。临时存款账户支取现金，应按照国家现金管理的规定办理。

截至2024年年末，全国开立的单位银行账户中，基本存款账户7 753.43万户，一般存款账户2 814.68万户，专用存款账户526.06万户，临时存款账户21.43万户，同比分别增长7.76%、11.75%、5.37%、4.62%，分别占单位银行账户总量的69.75%、25.32%、4.73%和0.20%。

单位存款除活期之外，还有定期存款、通知存款、协定存款以及中国人民银行批准的其他存款。

2.个人银行结算账户

个人银行结算账户是指存款人凭个人身份证件以自然人名称开立的银行结算账户。个人银行结算账户是自然人因投资、消费、结算等而开立的可办理支付结算业务的存款账户。

此外，个人可以在银行开立储蓄账户。城乡居民个人将自己结余或待用的货币资金存入银行营业网点，由银行营业网点开具存折或存单作为凭证。自然人既可以根据需要申请开立个人银行结算账户，也可以在已开立的储蓄账户中选择并向开户银行申请确认为个人银行结算账户。

知识链接 3-1

我国银行账户分类管理机制

2015 年 12 月 25 日，中国人民银行发布《关于改进个人银行账户服务 加强账户管理的通知》（以下简称《通知》），建立银行账户分类管理机制。

《通知》中将个人银行账户分为Ⅰ类银行账户、Ⅱ类银行账户和Ⅲ类银行账户，开户渠道也分为 3 种，分别为柜面、自助机具、电子渠道。

（1）3 类账户的功能区分

Ⅰ类账户：存款、购买理财产品、转账、消费和缴费支付、支取现金等。

Ⅱ类账户：存款、购买理财产品、限定金额的消费和缴费支付等。与Ⅰ类账户的区别在于不能存取现金，而且消费和缴费都是有限定金额的，单日最高额度不超过 10 000 元。

Ⅲ类账户：限定金额的消费和缴费支付。Ⅲ类户账户余额不得超过 1 000 元，账户剩余资金应原路返回同名Ⅰ类账户。

（2）3类账户的开户渠道区分

Ⅰ类账户：柜面，远程视频柜员机和智能柜员机等自助机具（银行工作人员现场核验身份信息）。

Ⅱ类账户：自助机具（银行工作人员未现场核验身份信息）、网上银行和手机银行等电子渠道。

Ⅲ类账户：同Ⅱ类账户。

（3）3类账户的异同

① Ⅰ类账户功能最全，是目前手中持有的银行卡账户类型，Ⅱ类账户只有部分功能，Ⅲ类账户只有一种功能，后两者都不可以存取现金。

② 开户更方便，以前只能在柜面办理。以后不仅Ⅱ类和Ⅲ类账户无须通过柜面开户，就连Ⅰ类账户也可以在自助机具办理。

③ Ⅱ类和Ⅲ类账户不能独立存在，必须依附在Ⅰ类账户之上，如果需要开通Ⅱ类和Ⅲ类账户，前提条件是开通Ⅰ类账户。

④ Ⅱ类和Ⅲ类账户只有虚拟账户，银行不提供实体卡。

⑤ 对身份信息进行进一步核验，可以对现有账户进行升级，即Ⅱ类账户可以升级为Ⅰ类账户，Ⅲ类账户可以升级为Ⅰ类和Ⅱ类账户。

⑥ 银行账户分3类对个人的优点：一是可以打击银行卡被盗刷、不法分子洗钱等金融犯罪事件；二是方便存款人支付，可以为家人开放Ⅱ类和Ⅲ类账户功能。

资料来源：作者根据中国人民银行官网资料整理。

（二）按存款币种不同分类

按存款币种不同可以分为人民币存款和外币存款。外币单位存款是指境内机构和境外机构存入的各项外币存款；外币储蓄存款是指居民个人及来华人员存入的各种外币储蓄存款，或是指以外国货币表示的或用于国际结算的支付手段作为存款对象的一种信用活动。

三、单位存款管理的基本规定

（一）单位活期存款的管理

（1）按照中国人民银行颁布的《人民币银行结算账户管理办法》的要求实行账户管理。存款人开立单位银行结算账户，自正式开立之日起3个工作日后，方可办理存款业务，但注册验资的临时存款账户转为基本存款账户和因借款转存开立的一般存款账户除外。

（2）单位活期存款，必须坚持“先存后用，不得透支”的原则。

（3）临时存款账户、专用存款账户需支取现金，应符合现金管理的有关规定，一般存款账户不得支取现金。

（二）单位定期存款的管理

（1）单位定期存款实行定期一本通账户管理。单位定期存款一本通指某一单位对公客户在同一经办行办理的所有定期存款和通知存款共用一个主账户，共用一套印鉴。

（2）单位定期存款期限分为3个月、半年、1年3档，起存金额为1万元。

（3）单位定期存款每笔开具“存款开户证实书”。证实书仅对存款单位开户证实，不得作为质押的权利凭证，单位如需办理质押贷款，可向开户银行申请开具“单位定期存单”。

（4）单位支取定期存款只能以转账方式转入原存款账户，不得用于结算或从定期存款账户中提取现金。

（5）支取单位定期存款时，须出具证实书并交回印鉴卡，经办行审核无误后办理支取手续，同时收回证实书。一本通账户在办理最后一笔存款支取时交回印鉴卡。

（6）单位定期存款可约定多次自动转存。办理人民币单位定期存款自动转存，必须与客户事先签订《人民币单位定期存款自动转存协议书》，协议书正本由会计部门专夹保管，副本由业务部门留存。人民币单位定期存款自动转存可为本金转存或本金与利息之和一并转存。

（7）单位定期存款可以全部或部分提前支取，部分提前支取仅限于一次。部分提前支取的，剩余部分如不低于起存金额，可按原存期、利率、账号开具新的证实书。

（8）存款单位因机构合并或分立，其定期存款需要过户或分户，必须持原单位公函，市场监督管理部门的变更、注销或设立登记证明及新印鉴等有关证明向开户行办理过户或分户手续。

（9）单位定期存单可以为信贷业务提供质押担保，存单质押操作机构应归属于同一核算网点，不得跨核算网点办理业务，物理网点仅可对本网点开具的存款证实书进行相应的质押操作。单位定期存单只能以质押贷款为目的开具和使用，不得转让。存款证实书不得作为质押的权利凭证。

（三）单位协定存款的管理

（1）协定存款是指客户通过与银行签订《协定存款合同》，约定期限、商定结算账户需要保留的基本存款额度，由银行对基本存款额度内的存款按结息日或支取日活期存款利率计息，超过基本存款额度的部分按结息日或支取日中国人民银行公布的高于活期存款利率、低于6个月定期存款利率的协定存款利率给付利息的一种存款。

（2）单位应与开户行签订《协定存款合同》，合同期限最长为1年（含1年），到期任何一方如未提出终止或修改，则自动延期。凡申请开立协定存款账户的单位，须同时开立基本存款账户或一般存款账户用于正常经济活动的会计核算（该账户称为A户），同时电脑自动生成协定存款账户（以下简称B户）。如单位已有结算账户，则将原有的结算账户作为A户，为其办理协定存款手续。

（3）协定存款是在原来单位活期存款基础上延伸出来的，协定存款账户与其相对应的活期存款账户有着密切的联系，在活期存款账户的存款超过约定额度后，超过额度部分可享受协定存款利率，若活期账户销户，协定存款账户必须同时销户。

（4）协定存款的最低约定额度为人民币10万元，客户可根据实际情况与银行约定具体的基本额度。

（5）协定存款的A户视同基本存款账户或一般存款账户管理使用，A户、B户均不得透支。

（6）协定存款账户月均余额两年或两年以上低于最低约定额度的，将利息结清后，作为基本存款账户或一般存款账户处理，不再享受协定存款利率。客户在合同期内如需清户，必须提出书面声明，银行审核无误后，方可办理。

（四）单位保证金存款的管理

保证金存款是商业银行为客户对外出具具有结算功能的信用工具，或提供资金融通后按约履行相关义务，而与其约定将一定数量的资金存入特定账户所形成的存款类别。在客户违约后，商业银行有权直接扣划该账户中的存款，以最大限度地减少银行损失。

（1）保证金存款按照保证金担保的对象不同，可分为银行承兑汇票保证金、信用证保证金、黄金交易保证金、远期结售汇保证金4类。

（2）单位保证金存款账户仅用于保证项下的支付，不得作为日常结算户使用，不得支取现金。

（3）单位保证金存款账户的开立，要有相关业务部门的书面通知方可办理，单位保证金的收款、支付凭证，必须经业务部门签字授权后办理。

（五）单位通知存款的管理

单位通知存款是指存款人在存入款时不约定存期，支取时需提前通知金融机构，约定支取日期和金额方能支取的存款。其账户不得作为结算户使用，不得支取现金。

（1）通知存款不管实际存期的长短，统一按存款人取款提前通知的期限长短划分为1天通知存款和7天通知存款两个品种。1天通知存款必须至少提前1天通知约定支取存款，7天通知存款必须至少提前7天通知约定支取存款。单位选择通知存款品种后不得变更。

（2）通知存款为记名式存款，起存金额为50万元，需要一次性存入，可以选择现金存入或转账存入，存入时不约定期限。

（3）单位通知存款可一次或分次支取，分次支取每次最低支取额为10万元，支取存款利随本清，支取的存款本息只能转入存款单位的其他存款户，不得支取现金。

知识链接 3-2

集团账户存款

集团账户是指集团性客户的总部及其成员单位在商业银行营业网点开立的构成一级账户和二级账户或多级账户关系的人民币结算账户。集团账户存款业务主要是指集团总公司一级账户的存款业务。集团总公司通过集团一级账户资金的上收和下拨，在其子公司等之间进行资金的灵活调剂，达到加强资金的集中管理、提高资金使用效率的目的。

资料来源：作者根据相关资料编写。

四、存款业务的科目设置

（一）“吸收存款”科目

本科目是负债类科目，核算银行吸收的除同业存放款项以外的其他各种存款，包括单位存款（企业、事业单位、机关、社会团体等存款）、个人存款、信用卡存款、特种存款、转贷款资金和财政性存款等。本科目按存款类别及存款单位，分别“本金”“利息调整”等进行明细核算。本科目的主要账务处理：

（1）银行收到客户存入的款项，应按实际收到的金额，借记“库存现金”等科目，贷记本科目（本金），如存在差额，借记或贷记本科目（利息调整）。

（2）资产负债表日，应按摊余成本和实际利率计算确定的存入资金的利息费用，借记“利息支出”科目，按合同利率计算确定的应付未付利息，贷记“应付利息”科目，按其差额，借记或贷记本科目（利息调整）。实际利率与合同利率差异较小的，也可以采用合同利率计算确定利息费用。

（3）支付存入资金利息，借记“应付利息”科目，贷记本科目。

（4）支付本金时，借记本科目（本金），贷记“存放中央银行款项”“库存现金”等科目，按应转销的利息调整金额，贷记本科目（利息调整），按其差额，借记“利息支出”科目。

本科目期末贷方余额，反映银行吸收的除同业存放款项以外的其他各项存款。

（二）“利息支出”科目

本科目是损益类科目，核算银行发生的利息支出，包括吸收的各种存款（单位存款、个人存款、信用卡存款、特种存款、转贷款资金等）、与其他金融机构（中央银行、同业等）之间发生资金往来业务、卖出回购金融资产等产生的利息支出以及按期分摊的未确认融资费用等。本科目按利息支出项目进行明细核算。

本科目的主要账务处理：资产负债表日，应按摊余成本和实际利率计算确定的利息费用金额，借记本科目，按合同利率计算确定的应付未付利息，贷记“应付利息”科目，按其差额，借记或贷记“吸收存款——利息调整”科目。实际利率与合同利率差异较小的，也可以采用合同利率计算确定利息费用。

期末，应将本科目余额转入“本年利润”科目，结转后本科目无余额。

（三）“应付利息”科目

本科目是负债类科目，核算银行按照合同约定应支付的利息，包括吸收存款、分期付息到期还本的长期借款、企业债券等应支付的利息。本科目可按存款人或债权人进行明细核算。本科目的主要账务处理：

（1）资产负债表日，应按摊余成本和实际利率计算确定的利息费用，借记“利息支出”科目，按合同利率计算确定的应付未付利息，贷记本科目，按其差额，借记或贷记“吸收存款——利息调整”科目。合同利率与实际利率差异较小的，也可以采用合同利率计算确定利息费用。

（2）实际支付利息时，借记本科目，贷记“吸收存款”等科目。

本科目期末贷方余额，反映企业应付未付的利息。

五、吸收存款和利息费用的确认与计量

（一）吸收存款的初始确认

商业银行的金融负债包括两类，商业银行吸收的客户存款属于其他金融负债。根据《企业会计准则第22号——金融工具确认和计量》的规定，商业银行办理存款业务，应在其成为金融工具合同的一方时，将吸收的存款确认为商业银行的金融负债，并应该将吸收存款的公允价值和相关交易费用之和作为吸收存款的初始确认金额。

（二）吸收存款的后续计量

知识拓展3-1

吸收存款的后续计量，应当采用实际利率法，按摊余成本进行计量。商业银行应在吸收存款的现时义务全部或部分已经解除时，终止确认该吸收存款的全部或部分。吸收存款在终止确认或摊销时产生的利得或损失，应计入当期损益。实际利率法是指按照金融资产或金融负债（含一组金融资产或金融负债）的实际利率计算其摊余成本及各期利息收入或利息费用的方法。实际利率是指将金融资产或金融负债在预计存续期间或适用的更短期间内的未来现金流量，折现为该金融资产或金融负债当前账面价值所使用的利率。

微课3-1

（三）利息费用的确认

商业银行应于资产负债表日，按照吸收存款的摊余成本和实际利率计算的金额，确认为利息费用。实际利率与合同利率差异较小的，也可以采用合同利率计算确定利息费用。

任务二 掌握单位存款业务的核算

单位存款业务的核算，包括存入、支取和计息3个方面，存入和支取又分为现金存取和转账存取两种方式。本节只讲述现金存取这种方式，转账存取方式在支付结算业务中讲述。

一、现金存取款的核算

（一）存入现金

存款单位向开户银行存入现金时，应填制一式两联现金缴款单，连同现金一并送交开户银行出纳部门。出纳部门审核现金缴款单、清点现金无误后，将第一联盖上现金收讫章作为回单退交存款单位；然后根据现金缴款单第二联登记库存现金收入日记簿，登记完毕后将第二联送会计部门代库存现金收入传票登记单位存款分户账。其会计分录为：

借：库存现金

　　贷：吸收存款——××收款单位户

（二）支取现金

存款单位向开户银行支取现金时，应签发现金支票（其格式见表3-1），并在支票上加盖预留银行印鉴，由取款人背书后送交开户银行会计部门。会计部门接到现金

支票后，应对支票内容进行严格审查。经审查无误后，以现金支票代库存现金付出传票，登记取款单位分户账后，再将现金支票交出纳部门凭其付款。其会计分录为：

借：吸收存款——××取款单位户

　贷：库存现金

表 3-1　　现金支票的格式

××银行现金支票存根	本支票付款期限十天	××银行现金支票		地名　支票号码
支票号码		出票日期（大写）　年　月　日		付款行名称：
科　目		收款人：		出票人账号：
对方科目		人民币（大写）	千 百 十 万 千 百 十 元 角 分	
出票日期　年　月　日				
收款人：		用途________	科目（借）________	
金　额：			对方科目（贷）________	
用　途：		上列款项请从我账户内支付	付讫日期　年　月　日	
			出纳　复核　记账	
单位主管　会计		出票人签章	贴对号单处	出纳对号单

二、单位存款户的对账

单位存款户一般使用复写账页，其对账方式可采用随时对账与定期对账相结合的方法。如有不符，单位应在对账回单联注明未达账项金额，以便双方及时查找。如核对相符，单位应将对账回单联加盖预留银行印鉴送还开户银行。银行对于对账回单联应按科目、账号顺序排列、装订保管，以备查考。

三、单位活期存款利息的核算

利息计算的基本公式是“利息=本金×存期×利率”。在运用该公式时，必须注意存期和利率在计算单位上的一致性。在实际工作中，本金与以天数为计算单位的存期的乘积为“计息积数”。这样，利息计算公式演变为“利息=计息积数×月利率÷30”。

单位活期存款一般按季结算利息，结息日为每季度末月20日，次日列账。存款期内如遇利率调整，应分段计息。未到结息日清户时，按清户日挂牌公告的活期存款利率计息。

计息方法有余额表计息法和分户账账页计息法两种。

（一）余额表计息法

采用该方法计息是在每日营业终了时，将各计息分户账的当天最后余额按户抄列在计息余额表内；如果计息分户账当日余额没有发生变动，则照抄上日余额；如果遇到错账冲正或补记账款使记账日期与起息日期不一致时，应在计息余额表的“应减积数”“应加积数”栏内调整计息积数。结息日，逐户将全季的累计积数乘以日利率，即得出各户应计利息数。

(二) 分户账账页计息法

采用该方法计息的存款户使用分户账乙种账格式。它是在单位存款账户资金发生增减变化后，按上次最后余额乘以该余额的实存天数，即为积数，并分别把日数与积数记入账页上的“日数”和“积数”栏内。如更换账页，应将累计积数过入新账页第一行内。待结息日营业终了，再计算出该季每笔余额的实存天数的合计数，以检验总积数的计算是否正确。其中，第一季度计息天数为90天（平年）或91天（闰年），第二季度计息天数为91天，第三季度和第四季度计息天数均为92天。无误后计算总积数，以总积数乘以日利率，即得出应付利息数。其计算方法举例见表3-2。

表3-2　　存款分户账账页计息方法举例

××存款分户账

户名：××单位　　账号：×××　　利率：月息2.625‰　　金额单位：元

20××年		摘　要	凭证号码	对方科目	借方	贷方	借/贷	余额	日数（天）	积数	复核盖章
月	日				位数	位数		位数		位数	
6	1	承前页					贷	60 000.00	72	3 850 000.00	
									3	180 000.00	
	4	转收				10 000.00	贷	70 000.00	5	350 000.00	
	9	提现			30 000.00		贷	40 000.00	4	160 000.00	
	13	汇入				2 000.00	贷	42 000.00	8	336 000.00	
	20	结息					贷	42 000.00	92	4 876 000.00	
	21	利息转存				426.65	贷	42 426.65			

该单位第二季度计息总积数为4 876 000.00元，所以本季度的应付利息数为：

应付利息数=4 876 000.00×2.625‰÷30=426.65（元）

银行于结息日计算出单位活期存款各户应付利息数，于结息日的次日编制特种转账凭证，办理转账。其会计分录为：

借：利息支出

　贷：应付利息——活期存款利息支出户

借：应付利息——活期存款利息支出户

　贷：吸收存款——××存款单位户

四、单位定期存款的核算

(一) 定期存款的存入

柜员受理、审核相关凭证无误后，做交易处理，打印定期存款证实书。其会计分录为：

借：吸收存款——××存款单位户

　贷：吸收存款——××单位定期存款户

（二）定期存款的转存

柜员根据与客户签订的《人民币单位定期存款自动转存协议书》，办理约定转存。只约定转存本金的，结计的利息转入活期存款账户核算；约定本息转存的，结计的利息转入该定期存款户核算。其会计分录为：

借：应付利息——应付单位定期存款利息户

　贷：吸收存款——××存款单位户

　　（或）吸收存款——××单位定期存款户

（三）定期存款的支取

单位支取定期存款时，转账支票作为借方记账凭证，证实书及印鉴卡作为借方记账凭证附件。其会计分录为：

借：吸收存款——××单位定期存款户

　应付利息——应付单位定期存款利息户

　贷：吸收存款——××存款单位户

课堂讨论 3-1

某日，某公司会计小张要求在公司定期存款账户支取现金10 000元。银行应该怎样办理这笔业务？是否可以直接记为“借：吸收存款——××单位定期存款户，贷：库存现金”？

提示：不可以。单位定期存款账户不可以直接提取现金。

任务三　理解储蓄存款业务的核算

储蓄存款是指银行通过信用方式吸收城乡居民个人手中的资金形成的存款，是银行存款业务的重要组成部分。积极开展储蓄存款业务，可以扩大银行营运资金，积聚建设资金，有利于稳定货币和调节货币流通，蕴蓄购买力，还有利于帮助公民合理安排生活。

为了正确贯彻执行国家保护和鼓励公民储蓄的政策，银行对个人的储蓄存款，实行“存款自愿，取款自由，存款有息和为储户保密”的原则。

一、活期储蓄存款业务的核算

活期储蓄存款开户时1元起存，多存不限，一般凭存折办理款项的续存或支取。

（一）开户与续存

储户第一次到储蓄所存款，称为开户。柜员登记“开销户登记簿”编列账号，开立并登记“活期储蓄分户账”，根据存款金额查算出应计利息积数，记入“活期储蓄分户账”，填写活期储蓄存折。其会计分录为：

借：库存现金

贷：吸收存款——活期储蓄存款——××户

如储户要求凭印鉴支取，则应在分户账上预留印鉴。

储户续存时，处理手续与开户时基本相同。

（二）支取与销户

储户取款时，应将存折交柜员；凭印鉴支取的，应提示预留印鉴。柜员抽出分户账卡，同存折核对相符后，先登记存折，后登记分户账，结出新存款余额；根据取款金额从积数查算表上查出应扣积数，结出积数余额，记入分户账。其会计分录为：

借：吸收存款——活期储蓄存款——××户

贷：库存现金

储户支取全部存款，不再续存时称为销户。销户时，储户应按最后存款余额支取款项。柜员除按支取手续处理账务外，应计算存款利息，并在存折和分户账上加盖“结清”戳记，登记“开销户登记簿”。其会计分录为：

借：吸收存款——活期储蓄存款——××户

利息支出——活期储蓄利息支出户

贷：库存现金

除按支取手续办理销户外，应在利息清单上加盖“现金付讫”章，将一联利息清单连同现金一起交取款人。

（三）利息的计算

1.活期储蓄存款利息计算的一般规定

（1）计息起点。活期储蓄存款元位起息，元位以下不计息，利息计至分位。

（2）结息期和结息日。活期储蓄存款每季度结息一次。每季度末月20日为结息日。

2.活期储蓄存款利息的核算

现行活期储蓄存款因按季度结息，利息计算采用积数法。

活期储蓄存款利息的结算有两种情况：一是结息日结息；二是销户日结息。

（1）结息日结息。

每季度末月20日营业终了，分户账上的计息积数就是本计息季度的应计积数。结息时，先将应计积数乘以结息日挂牌公告的活期储蓄存款利率，计算出该计息季度的利息数，转入本金，结出新的存款余额。

根据结息日结出的各户入账利息，填制活期储蓄存款结息清单，并结出合计数，据以编制传票记账。其会计分录为：

借：利息支出——活期储蓄利息支出户

贷：应付利息

实际支付利息时：

借：应付利息

贷：吸收存款——活期储蓄存款——清单所列各户

结息后，储户第一次来行办理存取款业务时，应先将利息补登存折，然后办理存取款手续。

（2）销户日结息。

储户中途销户时，按照上一个结息日至销户日计算计息积数，再乘以当日挂牌公告的活期储蓄存款利率，得出应付储户的利息数。

二、定期储蓄存款业务的核算

定期储蓄存款是指存入时约定存期，存款到期时才能支取的储蓄存款，其特点是：存款时间较长，存期固定。按本息的存取方式不同，定期储蓄存款主要分为整存整取、零存整取、存本取息、整存零取4种。

（一）整存整取定期储蓄存款

整存整取定期储蓄存款是指储户1次存入本金，约定存款期限，由银行发给存单，到期凭存单1次支取本息的储蓄存款。一般50元起存，多存不限，存期分3个月、6个月、1年、2年、3年、5年等不同档次。

1.开户

储户存入该种存款时，应填写定期储蓄存款开户单，连同现金一起交柜员；柜员收妥款项无误后，填写一式三联“定期整存整取储蓄存单”，以第一联代库存现金收入传票。其会计分录为：

借：库存现金

　贷：吸收存款——定期储蓄存款——整存整取户

2.到期支取

储户持到期存单来行取款时，柜员首先应审查存单是否确系本行签发，无误后找出留存的第三联卡片账与存单进行核对。凭印鉴支取的，储户须在存单上加盖预留印鉴。经核对相符后，按规定利率计算利息，填写两联储蓄存款利息清单，并将利息金额和支取日期分别填记在存单与卡片账上，并加盖“结清”戳记，登记“开销户登记簿”，以存单代库存现金付出传票。其会计分录为：

借：吸收存款——定期储蓄存款——整存整取户

　　利息支出——定期储蓄利息支出户

　贷：库存现金

记账后，分别在存单及利息清单上加盖名章和现金付讫章，核对无误后将利息清单及现金交给储户。

整存整取定期储蓄存款可按有关规定提前支取和过期支取。

课堂讨论 3-2

2022年3月1日，小李在银行存入一笔3年期整存整取定期储蓄存款50 000元，2025年1月要求提前支取，因即将到期，小李认为至少应支付给其两年定期存款利息。他的想法合理吗？为什么？

提示：不合理。定期储蓄存款提前支取按照活期存款利率计算利息。

(二)零存整取定期储蓄存款

零存整取定期储蓄存款是分次存入本金，到期1次支取本息的定期储蓄存款。一般5元起存，存期分1年、3年、5年3个档次，每月固定存入1次本金，中途如有漏存，应在次月补存，未补存者，到期支取时按实存金额和实际存期计算利息。如有急需，可以提前支取，但不能办理部分提前支取。

教育储蓄存款为零存整取定期储蓄存款，最低起存金额为50元，本金合计最高限额为2万元，存期分1年、3年、6年3个档次。

1.开户与续存

零存整取定期储蓄存款的开户及续存手续，与活期储蓄存款手续基本相同。其会计分录为：

借：库存现金

　贷：吸收存款——定期储蓄存款——零存整取户

储户按月续存时，将存折、现金一起交银行柜员。其余处理手续与开户手续基本相同。

2.支取

储户取款时，应将存折交银行柜员。柜员将账折见面核对无误后按规定结出利息，填制利息清单，分别在存折、账页上填写本金数、利息数和本息合计数，并加盖支付日期和"结清"戳记及名章，以存折代库存现金付出传票。其会计分录为：

借：吸收存款——定期储蓄存款——零存整取户

　　利息支出——定期储蓄利息支出户

　贷：库存现金

其余手续与整存整取定期储蓄存款相关手续基本相同。

3.利息的计算

零存整取定期储蓄存款利息计算通常采用固定基数计息法和月积数计息法两种方法。

(1)固定基数计息法。

该方法是以每月存入1元，存满所定期限，到期按规定利率计算出应支付的利息作为基数，然后乘以每月固定金额。适用于每月存入固定金额，中途无漏存的零存整取定期储蓄存款利息的计算。其计算公式为：

利息=每月固定存储金额×每元存款到期利息

每元存款到期利息=1×累计存储月数×月利率

(2)月积数计息法。

该方法是根据分户账上每月余额，求出支取时该分户的累计余额(即累计月积数)，然后乘以月利率。该方法适用于存期内有漏存的零存整取定期储蓄存款利息的计算，也可用于逐月全存无漏存的零存整取定期储蓄存款利息的计算。其计算公式为：

利息=累计存款月余额×月利率

累计存款月余额=每月存储额×［存储月数×（存储月数+1）÷2-漏存存期］

漏存存期=预定所存次数+1-漏存期次

漏存期次即第几次漏存，可在分户账上查到。如中间无漏存，则漏存存期为零。

（三）存本取息定期储蓄存款

存本取息定期储蓄存款是指1次存入本金，约定存款期限，分期支取利息，到期1次支取本金的储蓄存款。一般5 000元起存，存期分1年、3年、5年3个档次，利息支取可以1个月或几个月取息1次，由储户与储蓄机构协商确定。

1.开户和取息

开户时由储户填写开户书，注明姓名、存期及每次取息日期，连同现金交柜员。经柜员审核无误后，填写三联“定期存本取息储蓄存单”，以第一联代库存现金收入传票，第二联为储户存单，第三联为分户账。其会计分录为：

借：库存现金

　贷：吸收存款——定期储蓄存款——存本取息户

开户的其余手续与整存整取定期储蓄存款相关手续相同。

储户按照规定时间前来取息时，应持存单并填写存本取息定期储蓄存款取息凭条，经柜员审核无误后，凭此登记存单、账卡并付款，以取息凭条代库存现金付出传票。其会计分录为：

借：利息支出——定期储蓄利息支出户

　贷：库存现金

其余处理手续与整存整取定期储蓄存款计付利息手续基本相同。

2.到期支取

存款到期时，储户支取最后一次利息的手续与前面所述相同。支取本金，以存单代库存现金付出传票并凭此付款。

3.利息的计算

存本取息定期储蓄存款利息计算，先根据整存整取储蓄利息计算方法，计算出应付利息总数，然后根据支取利息的次数，算出每次应付利息数，其计算公式为：

每次支取利息数=本金×存期×利率÷支取利息次数

（四）整存零取定期储蓄存款

整存零取定期储蓄存款是指1次存入本金，约定存期和支取本金的次数，分期支取本金，期满1次支取利息的定期储蓄存款。一般1 000元起存，存期分1年、3年、5年3个档次，本金支取期分1个月、3个月、半年1次，由储户与储蓄机构协商确定，利息于期满时支取。

1.开户

开户时柜员根据储户姓名、存入金额、期限以及支取的次数和时间，填写三联“定期整存零取储蓄存单”，第一联代库存现金收入传票，第二联为存单，第三联为卡片账。柜员在卡片账上注明每次支取的时间和金额。其会计分录为：

借：库存现金

　贷：吸收存款——定期储蓄存款——整存零取户

其余手续与整存整取定期储蓄存款相关手续基本相同。

2.支取

储户按约定时间来行取款时，应填写定期储蓄整存零取取款凭条，连同存单一并交柜员。柜员抽出卡片账核对无误后，在存单和卡片账上填写支取记录，以取款凭条代库存现金付出传票。其会计分录为：

借：吸收存款——定期储蓄存款——整存零取户

　贷：库存现金

记账并复核无误后配款，然后将现金、存单交给储户。

储户最后一次取款时，以存单作为取款凭条附件一并支付本金和利息。如过期支取，应在存单和卡片账上注明过期支付的日期，并按规定利率计付过期利息。

3.利息的计算

这种储蓄存款由于分期支取本金，利息则在到期结清时支付，本金逐期递减，因此整存零取定期储蓄存款利息计算方法采用本金存期等差级数平均值的方法。其计算公式为：

本金平均值=（全部本金+每期支取本金数）÷2

到期应付利息=本金平均值×存期×利率

知识链接 3-3

对存款人的保护

商业银行办理个人储蓄存款业务，应当遵循存款自愿、取款自由、存款有息、为存款人保密的原则。

对个人储蓄存款，商业银行有权拒绝任何单位或者个人查询、冻结、扣划，但法律另有规定的除外。

对单位存款，商业银行有权拒绝任何单位或者个人查询，但法律、行政法规另有规定的除外；有权拒绝任何单位或者个人冻结、扣划，但法律另有规定的除外。

商业银行应当按照中国人民银行规定的存款利率的上下限，确定存款利率，并予以公告。

商业银行应当按照中国人民银行的规定，向中国人民银行交存存款准备金，留足备付金。

商业银行应当保证存款本金和利息的支付，不得拖延、拒绝支付存款本金和利息。

资料来源：作者根据《中华人民共和国商业银行法》内容整理。

职业能力训练

一、填空题

1.单位银行结算账户按照用途不同分为（　　）、一般存款账户、（　　）、临时存款账户。

2.单位活期存款，必须坚持（　　）的原则。

3.单位活期存款的计息方法分为（　　）和（　　）两种。

4.单位保证金存款按照保证金担保的对象不同，可分为（　　）、信用证保证金、（　　）和远期结售汇保证金4类。

5.定期储蓄存款包括整存整取、（　　）、存本取息、（　　）4种。

二、单项选择题

1.（　　）是单位的主账户。

A.基本存款账户　　B.一般存款账户

C.专用存款账户　　D.临时存款账户

2.单位支取现金应使用（　　）。

A.存折　　B.存单

C.现金支票　　D.转账支票

3.单位活期存款利息采取（　　）方法核算。

A.按天支付　　B.定期支付

C.半年支付　　D.按季支付

4.一次存入本金，约定存期，分期支取利息，到期一次支取本金的储蓄存款方式是（　　）定期储蓄存款。

A.整存整取　　B.零存整取

C.存本取息　　D.整存零取

5.单位协定存款的最低约定额度为人民币（　　）。

A.1万元　　B.5万元

C.10万元　　D.50万元

三、多项选择题

1.单位存入现金，银行记账为（　　）。

A.借：库存现金　　B.贷：库存现金

C.借：吸收存款　　D.贷：吸收存款

2.单位活期存款计息采用（　　）方法。

A.定期计息　　B.余额表计息

C.分户账账页计息　　D.利息查算表计息

3.单位人民币存款账户按照用途不同，分为（　　）。

A.基本存款账户　　B.一般存款账户

C.专用存款账户　　D.临时存款账户

4.储蓄存款的原则为（　　）。

A.存款自愿　　B.取款自由

C.存款有息　　D.为储户保密

5.通知存款不管实际存期的长短，统一按存款人取款提前通知的期限长短划分为（　　）。

A.1天通知存款　　B.3天通知存款

C.7天通知存款　　D.30天通知存款

四、判断题

1.现行规定单位活期存款不计付利息。（　　）

2.单位活期存款按月结息。（　　）

3.单位活期存款计息按实际天数计息。（　　）

4.单位一般存款账户可提取现金。（　　）

5.单位可以开立多个基本存款账户。（　　）

6.单位可以财务人员个人名义办理活期储蓄存款。（　　）

7.单位可以从其定期存款账户中提取现金。（　　）

8.活期储蓄存款角位起息，利息计至分位。（　　）

9.利息支出是损益类科目。（　　）

10.定期储蓄存款不得提前支取。（　　）

五、实践应用题

1.目的：练习单位存款业务的会计处理

资料：2025年5月甲工商银行的开户单位发生如下经济业务：

（1）3日，新兴百货商场存入现金，现金缴款单上的合计数为80 000元。

（2）5日，红星乳品厂提取现金，开出现金支票，金额为30 000元。

（3）20日，第3季度红星乳品厂活期存款账户累计积数为860 000元，由于错账更正应冲减积数5 000元，结息后，21日将利息转入红星乳品厂活期存款账户。活期存款年利率为0.36%。

要求：根据甲工商银行上述经济业务编制相关会计分录。

2.目的：练习活期储蓄存款业务的核算

资料：甲工商银行活期储蓄存款的结息日为每季度的末月20日。该行的储户张江2025年分别在该行办理如下存款业务（活期储蓄存款月利率为0.3‰）：

（1）1月5日开户，存入10 000元。

（2）2月18日支取1 500元。

（3）3月20日结息，21日将利息转入储户账户。

（4）5月26日存入4 000元。

（5）6月15日张江要求销户，银行计算应付利息后支付本息。

要求：根据甲工商银行上述业务计算积数的变化情况；计算储户最后的利息数；编制相关会计分录。

3. 目的：练习整存整取定期储蓄存款的核算及利息的计算

资料：储户陈强于2024年8月20日在甲工商银行存入3年期整存整取定期储蓄存款20 000元；陈强于2024年9月20日要求提前支取5 000元，剩余部分续存。开户时3年期定期储蓄存款年利率为5%，2021年9月20日活期储蓄存款月利率为0.4‰。

要求：1）做出2024年8月20日存入存款的相关会计分录。

2）计算2024年9月20日应付陈强利息并做出甲工商银行相关会计分录。

3）计算甲工商银行到期日支付剩余款项及利息并做出相关会计分录。

4. 目的：练习零存整取定期储蓄存款核算及利息的计算

资料：储户赵永于2024年12月21日在甲工商银行办理零存整取业务，每月存入100元，期限为3年，年利率为3.5%。

要求：1）分别按月积数法和固定基数法计算银行到期应支付赵永的利息数。

2）做出存款、到期支付本息的会计分录。

5. 目的：练习存本取息定期储蓄存款及利息的计算

资料：2024年9月储户王刚存入存本取息现金100 000元，存期为3年，年利率为3.6%；约定每半年支取利息，2022年3月王刚按约支取利息。

要求：1）计算王刚每期支取的利息数。

2）做出存款、取息的会计分录。

6. 目的：练习整存零取定期储蓄存款及利息的计算

资料：2024年9月储户李鸿存入整存零取现金60 000元，存期为3年，年利率为3.6%，本金支取为每半年一次。2025年3月，李鸿按约支取本金。

要求：1）计算银行到期应付利息数。

2）做出存款、每次支取本金的会计分录。

项目四

贷款业务的核算

学习目标

知识目标：了解贷款的含义和分类；掌握贷款业务的核算原则、基本规定和核算方法；理解抵债资产的核算方法；掌握贴现、再贴现、转贴现的核算方法。

能力目标：提升贷款业务操作能力，系统掌握贷款发放、贷后处理及收回、抵债资产等业务处理方法，提升信贷分析与评估能力。

素养目标：树立强烈的合规意识，严格遵守贷款相关法律法规及银行内部规章制度，坚持职业操守，维护金融市场秩序和银行信誉。

课前导入

诚实守信　展现契约精神

中国自古以来倡导诚实守信，要求人言为信，故“画指为信”“立据为信”。古人云：一言既出，驷马难追。2019年4月，中国人民银行征信中心推出新版个人征信报告。新版个人征信报告更加细化了个人信息，涵盖了生活的方方面面，在任何地方的失信，都可能会被新版个人征信报告记录在案，而且还款记录延长到了5年。当个人申请贷款时，无论是房贷、车贷还是消费贷款，金融机构大多数都会先去查看个人征信报告。因此，个人征信报告上一旦留下负面记录，会直接影响信贷获批，继而影响工作生活的诸多方面。所以，无论是金融机构，还是我们每一个个体，契约精神绝不只是一个口号，而是社会、政府、企业、个人践行的规范和准则。可以说，守信是最低的交易成本，契约无关人情、无关利益，是人格最光辉的体现之一。

资料来源：作者根据相关资料编写。

引例

某公司在银行申请5年期贷款800万元，该贷款为抵押贷款。合同约定每月归还利息，到期归还本金。第3年，由于市场环境改变，公司经营出现严重问题，财务状况恶化，不能正常归还银行贷款利息。期满后，贷款到期，公司不能归还本金及所欠利息，因而用抵押物偿还。这就涉及本项目中商业银行对贷款发放、收回的管理，以及正常贷款、减值贷款、抵债资产等的核算及处置。

资料来源：作者根据相关资料编写。

任务一　了解贷款业务

一、贷款业务的含义和种类

（一）贷款的含义

贷款也称放款，是指银行以收取利息和必须归还为条件，将货币资金提供给需求者的一种信用活动。贷款业务是银行的一项主要资产业务，也是银行会计核算的重要内容。

（二）贷款的种类

在对贷款进行管理时，按照不同标准，贷款可以分为以下种类：

1.按照贷款的流动性划分，可以分为短期贷款、中期贷款和长期贷款

（1）短期贷款是指银行根据有关规定发放的、期限在1年以下（含1年）的各种贷款，包括质押贷款、抵押贷款、保证贷款、信用贷款、进出口押汇等。

（2）中期贷款是指银行发放的贷款期限在1年以上5年以下（含5年）的各种贷款。

（3）长期贷款是指银行发放的贷款期限在5年（不含5年）以上的各种贷款。

2.按照贷款的保障程度划分，可以分为信用贷款、担保贷款和票据贴现

（1）信用贷款是指以借款人的信誉发放的贷款。

（2）担保贷款。按照《中华人民共和国民法典》（以下简称《民法典》）的规定，商业银行在借贷等民事活动中，为保障实现其债权，需要担保的，可以依照本法和其他法律的规定设立担保物权。设立担保物权，应当依照《民法典》和其他法律的规定订立担保合同。担保合同包括抵押合同、质押合同和其他具有担保功能的合同。担保合同是主债权债务合同的从合同。主债权债务合同无效的，担保合同无效，但是法律另有规定的除外。担保物权的担保范围包括主债权及其利息、违约金、损害赔偿金、保管担保财产和实现担保物权的费用。当事人另有约定的，按照其约定。担保期间，担保财产毁损、灭失或者被征收等，担保物权人可以就获得的保险金、赔偿金或者补偿金等优先受偿。被担保债权的履行期限未届满的，也可以提存该保险金、赔偿金或者补偿金等。

（3）票据贴现。票据贴现是贷款的一种特殊方式。按照2022年11月中国人民银行和银保监会发布的《商业汇票承兑、贴现与再贴现管理办法》的规定，贴现是指持票人在商业汇票到期日前，贴付一定利息将票据转让至具有贷款业务资质法人的行为。贴现纳入承兑人授信管理。金融机构办理贴现业务，应坚持服务实体经济原则，贴现资金投向应当符合国家产业政策和信贷政策，优先支持经济社会发展重点领域和薄弱环节。

3.按照贷款的风险程度划分，可以分为正常贷款、关注贷款、次级贷款、可疑贷款和损失贷款

（1）正常贷款是指借款人能够严格履行合同，没有足够理由怀疑贷款本息不能按时足额偿还的那部分贷款。

（2）关注贷款是指尽管借款人目前有能力偿还贷款本息，但存在一些可能对偿还产生不利影响因素的那部分贷款。

（3）次级贷款是指借款人的还款能力出现明显问题，完全依靠其正常营业收入无法足额偿还贷款本息，即使执行担保，也可能会造成一定损失的那部分贷款。

（4）可疑贷款是指借款人无法足额偿还贷款本息，即使执行担保，也肯定要造成较大损失的那部分贷款。相对而言，可疑贷款具有次级贷款的所有特征并且程度更加严重。

（5）损失贷款是指在采取所有可能的措施或一切必要的法律程序之后，本息仍然无法收回，或只能收回极少部分的那部分贷款。

上述5类贷款中，次级贷款、可疑贷款和损失贷款合称不良贷款。

4.按照贷款资金的来源划分，可分为自营贷款、委托贷款和特定贷款

（1）自营贷款是指银行以合法方式筹集的资金并自主发放的贷款，其风险由银行承担，并由银行收取本金和利息。自营贷款期限最长一般不得超过10年，超过10年应当报中国人民银行备案。

知识拓展4-1

（2）委托贷款是指由政府部门、企事业单位及个人等委托人提供资金，由贷款人（即受托人）根据委托人确定的贷款对象、用途、金额、期限、利率等代为发放、监督使用并协助收回的贷款。贷款人（受托人）只收取手续费，不承担贷款风险。

（3）特定贷款是指经国务院批准并对贷款可能造成的损失采取相应补救措施后责成国有独资商业银行发放的贷款。

知识链接 4-1

《关于加强商业银行互联网助贷业务管理提升金融服务质效的通知》

2025 年 4 月 1 日，国家金融监督管理总局发布《关于加强商业银行互联网助贷业务管理提升金融服务质效的通知》，指出：近年来，部分商业银行借助外部互联网平台发放贷款的互联网助贷业务快速发展，在提升贷款服务效率的同时，暴露出总行管理不到位、权责收益不匹配、定价机制不合理、业务发展不审慎、金融消费者权益保护不完善等问题。为加强规范和管理，根据《商业银行

互联网贷款管理暂行办法》等有关规定，现就有关事项发布通知，并自 2025 年 10 月 1 日起施行。

资料来源：作者根据国家金融监督管理总局官网资料整理。

二、贷款业务的核算原则

对银行发放的中长期贷款进行会计核算时，应当遵循以下原则：

（一）本息分别核算

银行发放的中长期贷款，应当按照实际贷出的贷款金额入账。期末，应当按照贷款本金和适用的利率计算应收取的利息，并分别对贷款本金和利息进行核算。

（二）商业性贷款与政策性贷款分别核算

商业性贷款是指银行自主发放的贷款；政策性贷款是指银行按照国家或有关政府部门规定，限定用途、贷款对象而发放的贷款。由于两者性质不同，应当分别进行核算。

（三）自营贷款与委托贷款分别核算

自营贷款的风险由银行承担，并由银行收取本金和利息；委托贷款的风险由委托人承担，受托人银行只收取手续费，不得代垫资金。

（四）贷款应以预期信用损失为基础计提减值准备

企业应当在资产负债表日对金融资产和信贷承诺等，以预期信用损失为基础确认减值损失，计提减值准备。企业应当考虑金融资产和信贷承诺等的未来预期信用损失情况，及时、足额地计提减值准备，更加有效反映和防控金融工具的信用风险。

三、贷款业务的基本规定

（一）单位贷款

（1）借款人不能按期归还贷款的，应当在贷款到期日之前，向贷款人申请贷款展期，是否展期由贷款人决定。申请保证贷款、抵押贷款、质押贷款展期的，还应当由保证人、抵押人、出质人出具同意的书面证明。已有约定的，按照约定执行。

（2）短期贷款展期期限累计不得超过原规定贷款期限；中期贷款展期期限累计不得超过原贷款期限的一半；长期贷款展期期限累计不得超过3年；贷款（除个人贷款）只能办理一次展期，个人消费贷款不能办理展期，国家另有规定的除外。借款人未申请展期或申请展期未得到批准，其贷款从到期日次日起，转入逾期贷款核算。

（3）贷款到期日遇法定节假日营业机构不营业，可提前或顺延还款。

（4）贷款人应当按照中国人民银行规定的贷款利率的上下限，确定每笔贷款利率，并在借款合同中载明。

（5）贷款人和借款人应当按借款合同和中国人民银行有关计息规定按期计收或交

付利息。贷款的展期期限加上原期限达到新的利率期限档次时，从展期之日起，贷款利息按新的期限档次利率计收。逾期贷款按规定计收罚息。

（6）抵押物权证以及权利质押的权利证明（票据、债券、存款单、仓单、提单等）由会计部门负责保管。非权利质押的质物及其权证由各行确定的保管部门负责保管。

（7）借款人到期不归还担保贷款的，商业银行依法享有要求保证人归还贷款本金和利息或者就该担保物优先受偿的权利。商业银行因行使抵押权、质权而取得的不动产或者股权，应当自取得之日起两年内予以处分。

知识链接 4-2

《流动资金贷款管理办法》和《固定资产贷款管理办法》的发布与实施

2024 年 1 月 30 日，国家金融监督管理总局颁布《流动资金贷款管理办法》，自 2024 年 7 月 1 日起实施。《流动资金贷款管理办法》指出：流动资金贷款，是指贷款人向法人或非法人组织（按照国家有关规定不得办理银行贷款的主体除外）发放的，用于借款人日常经营周转的本外币贷款。

2024 年 1 月 30 日，国家金融监督管理总局颁布《固定资产贷款管理办法》，自 2024 年 7 月 1 日起实施。《固定资产贷款管理办法》指出：固定资产贷款，是指贷款人向法人或非法人组织（按照国家有关规定不得办理银行贷款的主体除外）发放的，用于借款人固定资产投资的本外币贷款。

资料来源：作者根据国家金融监督管理总局官网资料整理。

（二）个人贷款

个人贷款的主要对象是具有完全民事行为能力的中国公民。

个人贷款发放原则：个人定期储蓄存单小额质押贷款坚持“先存后贷，存贷结合，存单质押，到期归还，逾期扣收”的原则；其他品种的个人贷款坚持“有效担保，专款专用，按期偿还”的原则。

可用于办理个人贷款的抵押物是指借款人或第三人具有完全产权的房屋、汽车等（必要时需办理保险）；可作为质押品的存单限于整存整取、存本取息本外币定期储蓄存单和其他依法可用于质押的储蓄存单，部分国债也可作为质押品。

个人贷款的保证人可以是自然人，也可以是法人。

借款人如提前归还贷款本息，应当提前一个月通知经办行，并征得经办行的同意。

知识拓展 4-2

个人贷款的发放分为直接提款和专项提款两种方法。直接提款即依据借款合同将贷款划转到借款人在经办行开立的储蓄存款账户；专项提款即依据借款合同以转账方式将贷款直接划转到特约商户在贷款行开立的存款账户。

个人贷款的归还主要有委托扣款和柜台还款两种方式。

知识链接 4-3

《个人贷款管理办法》的发布与实施

2024 年 1 月 30 日，国家金融监督管理总局颁布《个人贷款管理办法》，自 2024 年 7 月 1 日起实施。《个人贷款管理办法》指出：个人贷款，是指贷款人向符合条件的自然人发放的用于个人消费、生产经营等用途的本外币贷款。

资料来源：作者根据国家金融监督管理总局官网资料整理。

四、与确认和计量相关的定义

（一）金融资产的摊余成本

金融资产的摊余成本是指该金融资产的初始确认金额经调整后的结果。其具体调整有：

（1）扣除已偿还的本金。

（2）加上或减去采用实际利率法将该初始确认金额与到期日金额之间的差额进行摊销形成的累计摊销额。

（3）扣除累计计提的损失准备（仅适用于金融资产）。

（二）实际利率法

实际利率法是指按照金融资产或金融负债（含一组金融资产或金融负债）的实际利率计算其摊余成本及各期利息收入或利息费用的方法。

实际利率是指将金融资产或金融负债在预计存续期间或适用的更短期间内的未来现金流量，折现为该金融资产或金融负债当前账面价值所使用的利率。在确定实际利率时，应当在考虑金融资产（或金融负债）所有合同条款（如提前还款、展期、看涨期权或其他类似期权等）的基础上估计预期现金流量，但不应当考虑预期信用损失。

（三）利息收入

银行应当按照实际利率法确认利息收入。利息收入应当根据金融资产账面余额乘以实际利率计算确定，但下列情况除外：

（1）对于购入或源生的已发生信用减值的金融资产，银行应当自初始确认起，按照该金融资产的摊余成本和经信用调整的实际利率计算确定利息收入。

（2）对于购入或源生的未发生信用减值但在后续期间成为已发生信用减值的金融资产，银行应当在后续期间，按照该金融资产的摊余成本和实际利率计算确定利息收入。

银行按照上述规定对金融资产的摊余成本运用实际利率计算利息收入的，若该金融工具在后续期间因其信用风险有所改善而不再存在信用减值，并且这一改善在客观上可与应用上述规定之后发生的某一事件相联系（如债务人的信用评级被上调），银行应当转按实际利率乘以该金融资产账面余额来计算确定利息收入。

（四）金融资产减值

1.金融资产减值及预期信用损失的含义、计量

银行应当以预期信用损失为基础，对以摊余成本计量的金融资产、以公允价值计

量且其变动计入其他综合收益的金融资产进行减值会计处理并确认损失准备。在预期信用损失法下，减值准备的计提不以减值的实际发生为前提，而是以未来可能的违约事件造成的损失的期望值来计量当前（资产负债表日）应当确认的减值准备。

预期信用损失是指以发生违约的风险为权重的金融工具信用损失的加权平均值。这里的发生违约的风险，可以理解为发生违约的概率。这里的信用损失，是指企业根据合同应收的现金流量与预期能收到的现金流量之间的差额（以下称现金流缺口）的现值。

根据现值的定义，即使企业能够全额收回合同约定的金额，但如果收款时间晚于合同规定的时间，也会产生信用损失。

金融资产预期信用损失的计量：金融资产预期信用损失应为下列两者差额的现值，即企业依照合同应收取的合同现金流量、企业预期能收到的现金流量。

2.金融工具减值的三阶段及损失准备的计量和利息收入的确认

按照企业会计准则的相关规定，可以将金融工具发生信用减值的过程分为三个阶段，对于不同阶段的金融工具的减值有不同的计算及处理方法。该三阶段的划分，适用于购入或源生时未发生信用减值的金融工具。

（1）信用风险自初始确认后未显著增加（第一阶段）

对于处于该阶段的金融工具，企业应当按照未来12个月的预期信用损失计量损失准备，并按其账面余额（即未扣除减值准备）和实际利率计算利息收入。

（2）信用风险自初始确认后已显著增加但尚未发生信用减值（第二阶段）

对于处于该阶段的金融工具，企业应当按照该工具整个存续期的预期信用损失计量损失准备，并按其账面余额（即未扣除减值准备）和实际利率计算利息收入。

（3）初始确认后发生信用减值（第三阶段）

对于处于该阶段的金融工具，企业应当按照该工具整个存续期的预期信用损失计量损失准备，但对利息收入的计算不同于处于第二阶段的金融资产。对于已发生信用减值的金融资产，企业应当按其摊余成本（账面余额减已计提减值准备，即账面价值）和实际利率计算利息收入。

3.对信用风险显著增加的评估及考虑的因素

企业应当在资产负债表日评估金融工具信用风险自初始确认后是否已显著增加。评估信用风险变化所考虑的因素包括：

（1）信用风险变化所导致的内部价格指标的显著变化。例如，同一金融工具或具有相同条款及相同交易对手的类似金融工具，在最近期间发行时的信用利差相对于过去发行时的变化。

（2）若现有金融工具在报告日作为新金融工具源生或发行，该金融工具的利率或其他条款将发生的显著变化（如更严格的合同条款、增加抵押品或担保物或者更高的收益率等）。

（3）同一金融工具或具有相同预计存续期的类似金融工具的信用风险的外部市场指标的显著变化。这些指标包括：信用利差；针对借款人的信用违约互换价格；金融资产的公允价值小于其摊余成本的时间长短和程度；与借款人相关的其他市场信息（如借款人的债务工具或权益工具的价格变动）。

（4）金融工具外部信用评级实际或预期的显著变化。

（5）对借款人实际或预期的内部信用评级下调。如果内部信用评级可与外部信用评级相对应或可通过违约调查予以证实，则更为可靠。

（6）预期将导致借款人履行其偿债义务的能力发生显著变化的业务、财务或外部经济状况的不利变化。例如，实际或预期的利率上升，实际或预期的失业率显著上升。

（7）借款人经营成果实际或预期的显著变化。例如，借款人收入或毛利率下降、经营风险增加、营运资金短缺、资产质量下降、杠杆率上升、流动比率下降、管理出现问题、业务范围或组织结构变更（例如某些业务分部终止经营）。

（8）同一借款人发行的其他金融工具的信用风险显著增加。

（9）借款人所处的监管、经济或技术环境的显著不利变化。例如，技术变革导致对借款人产品的需求下降。

（10）作为债务抵押的担保物价值或第三方提供的担保或信用增级质量的显著变化。这些变化预期将降低借款人按合同规定期限还款的经济动机或者影响违约概率。例如，如果房价下降导致担保物价值下跌，则借款人可能会有更大动机拖欠抵押贷款。

（11）预期将降低借款人按合同约定期限还款的经济动机的显著变化。例如，母公司或其他关联公司能够提供的财务支持减少或者信用增级质量的显著变化。关于信用增级的质量变化，企业应当考虑担保人的财务状况，次级权益预计能否吸收预期信用损失等。

（12）借款合同的预期变更，包括预计违反合同的行为可能导致的合同义务的免除或修订、给予免息期、利率跳升、要求追加抵押品或担保或者对金融工具的合同框架做出其他变更。

（13）借款人预期表现和还款行为的显著变化。例如，一组贷款资产中延期还款的数量或金额增加、接近授信额度或每月最低还款额的信用卡持有人的预期数量增加。

（14）企业对金融工具信用管理方法的变化。例如，企业信用风险管理实务预计将变得更为积极或者对该金融工具更加侧重，包括更密切地监控或更紧密地控制有关金融工具、对借款人实施特别干预。

（15）逾期信息。在某些情形下，企业通过获得的定性和非统计定量信息，而无须统计模型或信用评级流程处理有关信息，就可以确定金融工具的信用风险是否已显著增加。但在另一些情形下，企业可能需要考虑源自统计模型或信用评级流程的信息。

4.金融资产已发生信用减值的证据

金融资产已发生信用减值的证据包括的可观察信息主要包括下列各项：

（1）债务人发生重大财务困难。

（2）债务人违反合同，如偿付利息或本金违约或逾期等。

（3）银行出于与债务人财务困难有关的经济或合同考虑，给予债务人在任何其他情况下都不会做出的让步。

（4）债务人很可能破产或进行其他财务重组。

（5）债务人财务困难导致该金融资产的活跃市场消失。

（6）以大幅折扣购买或源生一项金融资产，该折扣反映了发生信用损失的事实。

金融资产发生信用减值，有可能是多个事件的共同作用所致，未必是可单独识别的事件所致。

五、贷款业务的科目设置

（一）“贷款”科目

本科目是资产类科目，核算银行以摊余成本计量和发放的各种客户贷款，包括质押贷款、抵押贷款、保证贷款、信用贷款等（银行按规定发放的具有贷款性质的银团贷款、贸易融资、协议透支、信用卡透支、转贷款以及垫款等，在本科目核算；也可以单独设置“银团贷款”“贸易融资”“协议透支”“信用卡透支”“转贷款”“垫款”等科目）。本科目按照贷款类别、客户分别对“本金”“利息调整”等科目进行明细核算。本科目期末借方余额，反映银行按规定发放尚未收回贷款的摊余成本。

（二）“应收利息”科目

本科目是资产类科目，核算银行发放的贷款、各类债权投资、存放中央银行款项、拆出资金、买入返售金融资产等应收取的利息（银行购入的一次还本付息的债权投资持有期间取得的利息，在“债权投资”科目核算）。本科目按借款人或被投资单位进行明细核算。贷款的应收利息的主要账务处理：

（1）银行发放的贷款，应于资产负债表日按贷款的合同本金和合同利率计算确定的应收未收利息，借记本科目，按贷款的账面余额（或摊余成本）和实际利率（或经信用调整的实际利率）计算确定的利息收入，贷记“利息收入”科目，按其差额，借记或贷记“贷款——利息调整”科目。

（2）应收利息实际收到时，借记“存放中央银行款项”等科目，贷记本科目。

本科目期末借方余额，反映银行尚未收回的利息。

（三）“利息收入”科目

本科目是损益类科目，核算银行将资金提供给他人使用但不构成权益性投资，或者因他人占用本银行资金取得的收入，包括存款利息、贷款利息、债券利息、欠款利息等收入。资产负债表日，银行应按合同利率计算确定的应收未收利息，借记“应收利息”科目，按账面余额（或摊余成本）和实际利率计算确定的利息收入，贷记本科目，按其差额，借记或贷记“贷款——利息调整”等科目。

实际利率与合同利率差异较小的，也可以采用合同利率计算确定利息收入。

期末，应将本科目余额转入“本年利润”科目，结转后本科目无余额。

（四）“信用减值损失”科目

本科目是损益类科目，核算按照《企业会计准则第22号——金融工具确认和计量》（2017年修订）的要求计提的各项金融工具减值准备所形成的预期信用损失。期末，应将本科目余额转入“本年利润”科目，结转后本科目无余额。

（五）“贷款损失准备”科目

本科目是资产类科目，核算银行以摊余成本计量的贷款以预期信用损失为基础计提的损失准备。计提贷款损失准备的资产包括客户贷款、拆出资金、贴现资产、银团贷款、贸易融资、协议透支、信用卡透支、转贷款和垫款等。本科目按计提贷款损失准备的资产类别进行明细核算。本科目期末贷方余额，反映银行已计提但尚未转销的贷款损失准备。

（六）“抵债资产”科目

本科目是资产类科目，核算银行依法取得并准备按有关规定进行处置的实物抵债资产的成本。银行依法取得并准备按有关规定进行处置的非实物抵债资产（不含股权投资），也通过本科目核算。抵债资产不计提折旧或摊销。抵债资产发生减值的，可以单独设置“抵债资产跌价准备”科目进行处理。本科目按照抵债资产类别及借款人进行明细核算。本科目期末借方余额，反映银行取得的尚未处置的实物抵债资产的成本。

（七）“贴现资产”科目

本科目是资产类科目，核算银行办理商业票据的贴现、转贴现融出资金等业务的款项。银行买入的即期外币票据，也通过本科目核算。本科目应当按照贴现类别和贴现申请人进行明细核算。本科目期末借方余额，反映银行办理的贴现、转贴现等业务融出的资金。

（八）“贴现负债”科目

微课4-1

本科目是负债类科目，核算银行办理商业票据的转贴现融入资金等业务的款项。本科目应当按照贴现类别和贴现金融机构，分别“面值”“利息调整”进行明细核算。本科目期末贷方余额，反映银行办理的转贴现等业务融入的资金。

任务二　掌握一般贷款业务的核算

一、贷款的初始计量和后续计量

（一）贷款的初始计量

借款人向银行申请贷款时，银行采取逐笔核贷等方式进行核算，经银行信贷部门审批后签订贷款合同，立据审查，约定还款期限，到期一次或分次收回贷款本息。由银行会计部门办理贷款手续，同时，将发放的贷款转入借款人的存款账户后再行支用。

银行发放贷款时，按签订的贷款合同进行贷款发放，其会计分录为：

借：贷款——本金（合同本金）

贷：吸收存款（实际支付金额）

（或借）贷款——利息调整（差额）

知识链接 4-4

电子许可证的管理要求

柜员必须凭信贷部门的书面电子许可证、借款凭证办理贷款开户、发放、提前归还、展期、转呆坏账、呆坏账核销、调整借款凭证利率及利率启用日期等业务。

电子许可证原则上必须是信贷台账系统生成。除信贷台账系统无法与主机系统连接，所有贷款业务禁止做应急处理，通过应急流程发放电子许可证的，必须经信贷部门有权人审批同意。

资料来源：作者根据相关资料整理。

（二）贷款的后续计量

1.信用风险自初始确认后未显著增加（第一阶段）

资产负债表日，按照贷款的合同本金和合同利率计算确定应收未收利息，按其账面余额（即未扣除减值准备）和实际利率计算利息收入，其会计分录为：

借：应收利息

贷：利息收入

（或借）贷款——利息调整

合同利率与实际利率差异较小的，也可以采用合同利率计算确定利息收入。

资产负债表日，按照未来12个月的预期信用损失计量损失准备，其会计分录为：

借：信用减值损失

贷：贷款损失准备

2.信用风险自初始确认后已显著增加但尚未发生信用减值（第二阶段）

资产负债表日，按照贷款的合同本金和合同利率计算确定应收未收利息，按其账面余额（即未扣除减值准备）和实际利率计算利息收入，其会计分录为：

借：应收利息

贷：利息收入

（或借）贷款——利息调整

资产负债表日，按照整个存续期的预期信用损失计量损失准备，其会计分录为：

借：信用减值损失

贷：贷款损失准备

3.初始确认后发生信用减值（第三阶段）

资产负债表日，按照贷款的合同本金和合同利率计算确定应收未收利息，按其摊余成本（账面余额减已计提减值准备，即账面价值）和实际利率计算利息收入，其会计分录为：

借：应收利息

　贷：利息收入

　　（或借）贷款——利息调整

资产负债表日，按照整个存续期的预期信用损失计量损失准备，其会计分录为：

借：信用减值损失

　贷：贷款损失准备

4.购入或源生时已发生信用减值

资产负债表日，按照整个存续期的预期信用损失计量损失准备，其会计分录为：

借：信用减值损失

　贷：贷款损失准备

按照贷款的合同本金和合同利率计算确定应收未收利息，按其摊余成本和经信用调整的实际利率计算利息收入，其会计分录为：

借：应收利息

　贷：利息收入

　　（或借）贷款——利息调整

5.预期信用损失的调整

在资产负债表日计算的预期信用损失，如果该预期信用损失大于该金融资产当前减值准备的账面金额，应当将其差额确认为减值损失，其会计分录为：

借：信用减值损失

　贷：贷款损失准备

如果资产负债表日计算的预期信用损失小于该金融资产当前减值准备的账面金额（例如，从按照整个存续期预期信用损失计量损失准备转为按照未来12个月预期信用损失计量损失准备时，可能出现这一情况），则应当将差额确认为减值利得，做相反的会计分录。

二、贷款的收回和核销

（一）贷款收回

银行应分别对客户归还的金额、收回的贷款本金和“应收利息”“贷款——利息调整”等科目的余额进行核算。其会计分录为：

借：吸收存款（客户归还的金额）

　　贷款损失准备

　贷：贷款——本金

　　应收利息

　　（或借）贷款——利息调整（结转余额）

　　（或借）利息收入（差额）

（二）贷款核销

实际发生信用损失，认定相关金融资产无法收回，经批准予以核销的，根据批准的核销金额，进行处理，若核销金额大于已计提的损失准备，还应按其差额借记“信用减值损失”科目。其会计分录为：

借：贷款损失准备

　　信用减值损失（差额）

　贷：贷款（账面余额）

　　　应收利息

课堂讨论 4-1

某银行发放一笔贷款500万元，计划等到贷款发生减值时计提贷款损失准备，可以吗？

提示：不可以。应在发放贷款后的资产负债表日按照要求计量预期信用损失，计提贷款损失准备。

（三）收回已转销贷款和应收利息的处理

已确认并转销的贷款以后又收回的，银行应确认收回贷款的贷款损失准备并收回本金及应收利息。其会计分录为：

按照收回的贷款本金和利息：

借：贷款

　　应收利息

　贷：贷款损失准备

按照实际收回的金额：

借：吸收存款（或其他科目）

　贷：贷款

　　　应收利息

　　　（或借）信用减值损失（差额）

课堂讨论 4-2

某公司一笔贷款200万元发生减值后，已报经批准转销。该公司重组后，经营状况好转，有能力将该笔贷款归还，但该笔贷款已经转销，是否不用归还了？

提示：应该归还。按照已转销贷款归还的程序和会计核算方法进行处理。

任务三　理解抵债资产的核算

一、抵债资产的含义

抵债资产是指银行等金融机构依法行使债权或担保物权而受偿于债务人、担保人或第三人的实物资产或财产权利。抵债资产形式多样，处理时涉及较多环节。

二、抵债资产的账务处理

（一）抵债资产的取得

银行取得抵债资产时，按其公允价值入账。其会计分录为：

借：抵债资产
　　贷款损失准备
　　坏账准备
　　营业外支出（差额）
　贷：贷款（账面余额）
　　　应收利息
　　　应交税费
　　　资产减值损失（差额）

（二）抵债资产保管期间取得的收入或发生支出

银行在保管抵债资产期间，如果取得收入或发生支出，其会计分录为：

借：存放中央银行款项（或库存现金）
　贷：其他业务收入
借：其他业务成本
　贷：存放中央银行款项（或库存现金）

（三）抵债资产减值的处理

抵债资产发生减值的，其会计分录为：

借：资产减值损失
　贷：抵债资产跌价准备

（四）处置抵债资产的核算

抵债资产如进行处置收回资金，应按照实际取得的收入入账，收入与初始入账成本的差额记入“营业外收入”或者“营业外支出”科目。已计提抵债资产跌价准备的，应同时结转跌价准备。其会计分录为：

借：存放中央银行款项
　　抵债资产跌价准备
　　营业外支出（差额）
　贷：抵债资产（账面余额）
　　　应交税费
　　　营业外收入（差额）

课堂讨论 4-3

A公司一笔贷款到期未归还，本息530万元，以抵押的房屋一栋，市价550万元偿还。A公司认为银行只应收取530万元，将其余20万元退回给A公司。这种想法正确吗？

提示：不正确。银行在用抵债资产抵偿债务时，按照抵债资产的公允价值入账，抵偿债务及其他税费后，差额均由银行承担。

（五）抵债资产转为自用的核算

取得抵债资产后如转为自用，应在办妥相关手续后，按转换日抵债资产的账面余额，记入“固定资产”“长期股权投资”等科目。已计提抵债资产跌价准备的，应同时结转跌价准备。其会计分录为：

借：固定资产（长期股权投资）

　　抵债资产跌价准备

　贷：抵债资产

任务四　掌握贴现的核算

一、贴现概述

（一）贴现的含义

贴现是指商业汇票持票人为获得资金，以贴付一定利息的方式将未到期的商业汇票转让给银行而取得的一种贷款。它是银行信用和商业信用相结合的一种融资手段。商业汇票的持票人向银行办理贴现必须具备下列条件：必须是在银行开立存款账户的企业法人以及其他组织；与出票人或者直接前手之间具有真实的商品交易关系；提供与其直接前手之间的增值税发票和商品发运单据的复印件。

知识链接 4-5

中国人民银行《2024年支付体系运行总体情况》显示，2024年，上海票据交易所电子商业汇票系统承兑1 680.14万笔，同比下降40.19%，金额38.26万亿元，同比增长22.36%；贴现1 671.77万笔、金额30.51万亿元，同比分别增长37.94%和28.10%；转贴现1 842.74万笔，同比下降9.42%，金额74.40万亿元，同比增长1.40%。

资料来源：作者根据中国人民银行官网资料整理。

（二）贴现的特点

1.流动性高

票据贴现以后，票据所载权利完全属于银行，贴现银行如有急需，可向其他银行转贴现，或向中央银行再贴现，能随时收回资金，具有很高的流动性。

2.安全性大

由于贴现人及票据上的各个当事人均为债务人，所以贴现银行的资金运用具有更大的安全性。

3.自偿性强

票据贴现在票据产生时，兑现日期已在票据上载明，债务人不能要求转期。同时，商业汇票都以合法商品交易为基础，具有很强的自偿性，到期收回票款较之一般贷款更有保证。

4.用途确定

在用途上，贴现是针对每一笔票据具体操作的，其处理是否得当合理，根据票据内容可以清楚反映，所以贴现也最容易体现银行的工作质量。

5.信用关系简单

票据贴现业务是一种特殊放款方式，所涉及的关系人清晰简单。

（三）贴现与一般贷款的联系和区别

贴现与一般贷款相比，既有共同点，又有不同点。

1.两者共同点

两者共同点主要表现在：都是银行的资产业务，银行都要计收利息。

2.两者的不同点

两者的不同点主要表现在：

（1）融资依据不同。前者以未到期票据为融资依据；后者以借款人信用或资产为融资依据。

（2）计息的时间不同。前者在发放贷款时就预先从贴现金额中扣收利息；后者则是贷款到期时或定期计收利息。

（3）贷款期限不同。前者为短期贷款，最长不超过6个月；后者分为短、中、长期贷款。

（4）体现的信用关系不同。前者体现的是银行与贴现申请人之间的银行信用关系以及持票人、出票人、承兑人及背书人之间的商业信用关系；后者体现的是银行与借款人、担保人之间的银行信用关系。

知识链接4-6

商业汇票贴现的有关规定

1. 各商业汇票贴现业务经营网点办理票据贴现前，贴现业务客户经理应通过票交所系统查询已登记的票据承兑信息。票交所系统中登记的票据关键信息与票据实物记载不一致的，不得办理票据贴现。

2. 对于在票交所系统查询到的承兑登记信息的纸质票据，仍应进行传统查询查复，防止承兑行未对挂失止付、公示催告信息进行及时登记的风险。

3. 实地查询。经鉴别认为可疑或票面金额较大的银行承兑汇票，如需办理实地查询业务必须做到：

（1）贴现行必须派双人（其中至少一人应是会计或信贷人员）与持票人（或贴现申请人）一起到承兑行会计和信贷部门实地查询。持票人（或贴现申请人）不愿前往的，应与其办理交接手续，明确责任。

（2）实地查询人员要与承兑行留存的银行承兑汇票底卡进行全面核对（包括笔迹、经办人签章、汇票专用章印模等），必要时可以复印承兑行的承兑汇票底卡联，承兑行应予协助。

4. 真伪鉴别：

（1）票据审核实行初审、复审的“双人审核制度”。

（2）鉴别方法采取仪器鉴别和人工鉴别相结合的方式。

5. 追索。贴现到期，贴现银行应向付款人收取票款。不获付款的，贴现银行应向其前手追索票款。

资料来源：作者根据相关资料整理。

二、贴现资产的核算

（一）银行为客户办理贴现的核算

持票人持未到期的商业汇票到开户行申请贴现时，应填制一式五联的贴现凭证，在第一联上按照规定签章后，连同汇票一并送交银行信贷部门。

银行信贷部门接到持票人交来的贴现凭证和汇票后，应进行严格审查。审查无误后，同意贴现时，在贴现凭证的“银行审批”栏签注“同意”字样并加盖有关人员名章后送交会计部门。

会计部门接到贴现凭证及汇票后，按照支付结算办法的有关规定对汇票再进行审核，无误后按照规定的贴现率计算出贴现利息和实付贴现金额。其计算公式如下：

贴现利息=汇票金额×贴现天数×（月贴现率÷30天）

实付贴现金额=汇票金额-贴现利息

贴现天数的计算是从贴现之日起到汇票到期前一日为止。

计算完毕后，办理转账。其会计分录为：

借：贴现资产——贴现——面值

　贷：吸收存款——贴现申请人户（或存放中央银行款项）

　　　贴现资产——贴现——利息调整（差额）

（二）银行为其他金融机构办理转贴现的核算

银行为其他金融机构办理票据的转贴现，其会计分录为：

借：贴现资产——转贴现——面值（票面金额）

　贷：存放中央银行款项（实际支付金额）

　　　贴现资产——转贴现——利息调整（差额）

（三）贴现利息收入的核算

资产负债表日应按照实际利率计算确定的贴现利息收入记账，其会计分录为：

借：贴现资产——贴现——利息调整
　　　　　　——转贴现——利息调整
　贷：利息收入

如果实际利率与合同约定的利率差异很小，也可以采用合同约定的名义利率计算确定利息收入。

（四）贴现、转贴现到期收回贴现款的核算

当贴现或其他金融机构向银行的转贴现票据到期，收到委托收款划回的款项时，应按照实际收到的金额入账。其会计分录为：

借：吸收存款（或其他科目）（实际收到的金额）
　　贴现资产——贴现——利息调整
　　　　　　——转贴现——利息调整
　贷：贴现资产——贴现——面值（票面金额）
　　　　　　——转贴现——面值（票面金额）
　　利息收入（差额）

贴现银行应经常查看汇票到期情况，对到期的贴现汇票要及时收回票款，以防占用银行资金。

课堂讨论 4-4

客户A公司已经向甲银行申请贴现的一笔商业汇票60万元到期，付款人为在乙银行开户的B公司，但B公司没有付款。甲银行应向谁追偿这笔60万元的款项？

提示：应向客户A公司追偿。

三、贴现负债的核算

（一）转贴现的核算

银行持贴现票据向其他金融机构转贴现，应按照实际收到的金额记入“存放中央银行款项”科目。其会计分录为：

借：存放中央银行款项（实际收到的金额）
　　贴现负债——转贴现——利息调整（差额）
　贷：贴现负债——转贴现——面值（票面金额）

（二）贴现负债利息的核算

资产负债表日，应按实际利率计算确定的贴现利息费用，记入“利息支出”科目。其会计分录为：

借：利息支出
　贷：贴现负债——转贴现——利息调整

如果实际利率与合同约定的利率差异很小，也可以采用合同约定的名义利率计算

确定利息费用。

（三）贴现票据到期，归还转贴现款项的核算

知识拓展4-3

贴现票据到期时，应按照实际支付金额记入“存放中央银行款项”科目。存在利息调整的，应同时结转。其会计分录为：

借：贴现负债——转贴现——面值（票面金额）

　　利息支出（差额）

贷：存放中央银行款项（实际支付金额）

　　贴现负债——转贴现——利息调整

职业能力训练

一、填空题

1.（　　）是指银行以收取利息和必须归还为条件，将货币资金提供给需求者的一种信用活动。

2.银行的不良贷款包括（　　）、可疑贷款、（　　）。

3.信用贷款是指没有实物做抵押，而以借款人的（　　）做担保的贷款。

4.银行应当以（　　）为基础，对以摊余成本计量的金融资产、以公允价值计量且其变动计入其他综合收益的金融资产进行减值会计处理并确认损失准备。

5.金融企业依法取得并按规定进行处置的实物抵债资产设置（　　）科目进行核算。

6.按照《民法典》的规定，商业银行在借贷等民事活动中，为保障实现其债权，需要担保的，可以依照本法和其他法律的规定设立（　　）。

7.信用风险自初始确认后未显著增加（第一阶段）的贷款，资产负债表日，按照未来（　　）的（　　）计量损失准备。

8.（　　）可以办理贴现贷款。

9.长期贷款展期期限累计不得超过（　　）年。

10.个人贷款的归还主要有（　　）和（　　）两种方式。

二、单项选择题

1.下列（　　）风险最大。

A.抵押贷款　　B.质押贷款

C.信用贷款　　D.贴现贷款

2.发放贷款时合同本金和实际支付金额之间的差额记入“贷款”科目的（　　）明细科目核算。

A.利息调整　　B.本金

C.利息收入　　D.营业外收入

3.如果在资产负债表日计算的预期信用损失，大于该金融资产当前减值准备的账

面金额，应当将其差额确认为（　　）。

A.减值利得　　B.减值损失

C.营业外支出　　D.应收利息

4.银行处理抵债资产取得的处置收入大于抵债资产账面价值，差额记入（　　）科目。

A.库存现金　　B.营业外支出

C.活期存款　　D.营业外收入

5.下列（　　）不是贴现资产的特点。

A.风险较小　　B.期限较短

C.体现银行信用　　D.风险较大

三、多项选择题

1.按贷款资产的流动性划分，贷款可分为（　　）。

A.短期贷款　　B.正常贷款

C.中长期贷款　　D.可疑贷款

2.按照贷款的风险程度划分，贷款可分为（　　）。

A.正常贷款　　B.关注贷款

C.次级贷款　　D.信用贷款

3.按照贷款的保障程度划分，贷款可分为（　　）。

A.短期贷款　　B.担保贷款

C.票据贴现　　D.信用贷款

4.下列（　　）是发放中长期贷款的原则。

A.本息分别核算

B.商业贷款与政策性贷款分别核算

C.新客户贷款与老客户贷款分别核算

D.应计贷款和非应计贷款分别核算

5.贷款的明细科目包括（　　）。

A.本金　　B.利息调整

C.抵押贷款　　D.信用贷款

6.银行在担保贷款中签订的担保合同包括（　　）和其他具有担保功能的合同。

A.贷款合同　　B.抵押合同

C.质押合同　　D.还款合同

7.下列（　　）可以作为抵押物。

A.房产　　B.被查封的贷款

C.设备　　D.诉讼中的资产

8.商业汇票贴现，持票人应具备下列条件（　　）。

A.在银行开立账户

B.与出票人之间具有真实的商品交易关系

C.提供增值税发票和商品发运单据的复印件

D.没有被背书

9.担保期间，担保财产毁损、灭失或者被征收等，担保物权人可以就获得的（　　）等优先受偿。

A.保险金　　　　B.赔偿金

C.税金　　　　D.补偿金

10.核算贴现业务设置的会计科目为（　　）。

A.贴现　　　　B.贴现资产

C.贴现利息　　　　D.贴现负债

四、判断题

1.贷款是银行的负债业务。（　　）

2.关注贷款和可疑贷款均是不良贷款。（　　）

3.委托贷款的风险由银行承担。（　　）

4.贷款损失准备只有在贷款发生减值时才计提。（　　）

5.贷款可连续多次展期。（　　）

6.贷款利息收入按照合同约定的利率计算确定。（　　）

7.“抵债资产”属于负债类科目。（　　）

8.银行取得抵债资产时按照账面价值入账。（　　）

9.贴现资产核算银行办理商业票据的贴现、转贴现融出资金业务的款项。（　　）

10.个人贷款的保证人只能是自然人。（　　）

五、实践应用题

1.目的：练习贷款业务的核算

资料：甲工商银行给乙公司发放一笔以摊余成本计量的贷款，发放时间为2019年12月31日。贷款基本情况及后续情况如下：

（1）基本情况：该笔贷款本金5 000万元，期限5年，年利率4%，为信用贷款，每年12月31日付息，2024年12月31日到期还本。假设不考虑交易费用，该贷款的实际年利率为4%。

（2）2020年12月31日，乙公司按约定支付利息。甲工商银行评估认为该贷款信用风险自初始确认以来未显著增加，并计算其未来12个月预期信用损失为80万元。

（3）2021年12月31日，乙公司按约定支付利息。甲工商银行评估认为该贷款信用风险自初始确认以来已经显著增加，并计算剩余存续期预期信用损失为300万元。

（4）2022年6月30日，甲工商银行了解到乙公司面临重大财务困难，认定该贷款已发生信用减值。同日，甲工商银行计算剩余存续期预期信用损失为800万元。

（5）2022年12月31日，乙公司未按约定支付利息。甲工商银行计算剩余存续期预期信用损失为1 200万元。

（6）2023年6月30日，甲工商银行计算剩余存续期预期信用损失为1 600万元，乙公司以一项价值3 500万元的固定资产抵债归还贷款。

要求：假定不考虑其他因素，进行甲工商银行上述业务的账务处理。

2.目的：练习抵债资产业务的核算

资料：甲工商银行2024年7月发生下列业务：

（1）2日，借款人制药厂将一辆汽车作为抵债资产归还银行，其公允价值为230 000元，抵偿逾期贷款本金300 000元，应收利息20 000元，已提贷款损失准备100 000元，应交税费2 000元。

（2）17日，借款人乳品厂将一套房屋作为抵债资产归还银行，其公允价值为400 000元，抵偿逾期的贷款本金550 000元，应收利息30 000元，已提贷款损失准备150 000元，应交税费4 000元。

（3）20日，取得抵债资产汽车保管期间收入5 000元。

（4）21日，支付抵债资产厂房保管费用3 000元。

（5）25日，将抵债资产设备一套出售，抵债资产账面价值170 000元，出售所得185 000元。

（6）30日，将抵债资产汽车转为自用，账面价值230 000元。

要求：做出甲工商银行上述业务的会计分录。

3.目的：练习票据贴现业务的核算

资料：甲工商银行2024年7月发生下列业务：

（1）1日，开户单位通信公司持银行承兑汇票申请办理贴现，汇票金额350 000元，汇票到期日为2022年11月4日，经信贷部门审核后予以办理。（月贴现率为3‰）

（2）10日，收到承兑行同城建设银行划回的银行承兑汇票贴现票款85 000元。

（3）13日，收到异地工商银行划回的商业汇票贴现款6 000元。

（4）15日，收到异地建设银行划回的商业汇票贴现款7 500元。

（5）16日，收到异地工商银行退回的委托收款凭证和商业承兑汇票、付款人未付票款通知书，金额190 000元的汇票款未收回，甲工商银行将委托收款凭证、付款人未付票款通知书及商业承兑汇票退给蓝天贸易公司，同时从蓝天贸易公司账户内扣回贴现款。

（6）19日，乙工商银行向本行申请办理转贴现，汇票面值5 000 000元，向乙工商银行实际支付4 850 000元。

（7）20日，本行向同城建设银行申请转贴现，汇票面值2 000 000元，实际收到金额1 960 000元。

（8）25日，本行向交通银行申请的转贴现到期归还，汇票面值700 000元，利息6 000元。

要求：做出甲工商银行上述业务的会计分录。

项目五
现金出纳业务的核算和管理

学习目标

知识目标：了解银行现金出纳业务的含义和特点，以及现金出纳业务的原则；掌握向中国人民银行发行库交存、提取现金的核算，储蓄所及出纳柜台现金出纳业务、银行经费现金、出纳错款的核算；理解金库管理和现金运送的要求。

能力目标：提升基础业务操作能力；提高银行核心业务系统等应用能力；锻炼良好的与客户沟通等能力。

素养目标：培养严谨细致、诚实守信的工作态度，严守客户隐私与银行机密；树立以客户为中心的服务理念，提供优质、高效的现金服务体验。

课前导入

正确的金钱观是人生幸福的保障

党的二十大报告指出："我们经过接续奋斗，实现了小康这个中华民族的千年梦想，我国发展站在了更高历史起点上。"2024年，我国人均国内生产总值（GDP）为95 749元。经济的发展、人们生活水平的提高都离不开金钱。从普遍节俭到品质生活、从回避风险到积极投资、从奔波劳碌到享受当下……青年人金钱观的转变，是社会发展的时代缩影，也将影响中国的未来。"侈而堕者贫，力而俭者富。"勤俭节约是我国自古以来恪守的传统美德，具有深厚的文化底蕴。金钱观在不同代际会形成有差异的评价标准，要在更宏大的背景下树立不负于时代的正确金钱观，使"厉行节约，反对浪费"的社会风尚内化于心、外化于行，是教育的责任和使命。

资料来源：作者根据相关资料编写。

引　例

小李是某银行的柜员，长年与现金和存款打交道。某日，营业终了盘点时，发现实际款项比账面应有款项多出100元，出现长款。当时没有查找出原因，进行了挂账处理。第2天，他将100元据为己有，但在检查中被发现，受到领导批评并处罚。这件事说明，作为经常从事现金核算和管理工作的人员在日常业务处理时，要“细心”和“认真”，减少甚至杜绝长款、短款及其他差错。有了问题，要正确处理，最大限度减少客户、银行损失。这涉及本项目讲述的商业银行现金出纳业务的相关内容。

资料来源：作者根据相关资料编写。

任务一　了解现金出纳业务

一、现金出纳业务的含义

银行现金出纳业务是指现金（本、外币现钞）、有价单证、金银等物品的收付、兑换、整点、调运、保管等业务活动及其管理，是银行会计工作不可缺少的一个重要组成部分，也是实现商品生产和商品交换必不可少的经济活动。

二、现金出纳业务的特点

银行现金出纳业务是现金货币流通的基础。它既要服务于国家的货币政策和金融宏观调控的方针，又要服务于国民经济各部门、各单位和个人，还要满足银行自身业务的需求，银行的现金出纳业务具有以下特点：

（一）政策性强，涉及面广

银行现金出纳是全社会现金出纳中心，既是国家货币政策和现金管理的具体执行部门，又是银行对外服务的窗口，处于临柜一线，面对众多客户，因此对现金出纳工作有很高的政策性要求。

（二）专业性强，技术要求高

银行现金出纳业务技术性强，要负责现金、外币、有价单证等的收付、保管、调运等工作，每笔业务的处理要准确、及时、安全。在现金整点过程中，还要识别真假票币等，因此对现金出纳工作有很高的技术性要求。

（三）管理性强

由于银行现金出纳业务涉及面广，业务量大，营业机构、人员众多，客观上要求银行要专门设置出纳业务管理机构执行现金出纳职能，专门管理和处理日常业务，组织系统管理。

（四）风险直接，责任重大

出纳人员每天经手款项金额大、实物数量多，所承担的风险不仅大，而且直接。同时，银行现金出纳业务承担着执行国家货币政策、维护人民币信誉和保护国家财产安全的重大责任。

三、现金出纳工作的原则

为确保商业银行现金出纳工作的顺利完成，现金出纳工作必须建立健全内部控制制度，因此要求在工作中，必须做到手续严密、责任分明、及时准确，并坚持以下原则：

（一）钱账分管，责任明确

该原则是指管钱的不管账，管账的不管钱。对现金、金库钥匙、业务公章等要加强管理，分清责任，从制度上明确各自的职责分工界限，有利于相互核对和相互监督，确保银行账款相符和国家财产安全。

（二）双人经办

该原则是指在日常现金收付业务中，坚持双人临柜，换人复核；在库房管理业务中，坚持双人管库、双人守库；在库款运送业务中，坚持双人押运。这样经办人员可以互相帮助、互相监督，防止或减少差错事故的发生。一旦发生意外情况，便于互相协商和及时分工处理，确保经办人员生命安全和国家财产安全。

（三）按现金收付程序办理业务

该原则是指在现金收入业务中，出纳部门必须先收款后会计部门才能记账；在现金付出业务中，会计部门必须先记账后出纳部门才能付款。这样可以避免银行漏收款项或单位、个人套取银行货币而给银行和国家造成损失。

（四）坚持复核制度

该原则是指在日常现金收付业务中，收款要复点，付款要复核。复核的内容主要包括：查凭证的正确性、合法性；现金来源、现金使用是否符合国家政策和现金管理制度；清点现金、核对现金，确保收付现金正确。这样可以有效避免发生差错而影响银行的信誉和对国家财产造成不必要的损失。

（五）坚持交接手续和查库制度

该原则是指在交接款项或调换出纳人员时，必须办理交接手续；在库房管理中，坚持定期或不定期的查库制度，加强对库房的监督检查，严禁白条抵库。这样可以明确经办人员的责任，保证账实相符。

（六）对现金出纳人员的管理严格

现金出纳业务的上岗人员必须经过业务培训并考核合格，取得反假货币上岗资格证书等；临柜出纳人员必须遵守柜台纪律，履行岗位职责；严格执行大额现金授权、审批、报备制度。

（七）严密现金发行及回笼的审批制度

按业务需要量向中国人民银行办理领取及上交现金的手续，并按有关规定留足所需的库存现金，对超限额的现金应及时上交中国人民银行。

四、现金出纳业务的会计科目

“库存现金”科目是资产类科目，核算银行的库存现金。银行设置“库存现金日记账”，根据收付款凭证，按照业务发生顺序逐笔登记。每日终了，应当计算当日的现金收入合计额、现金支出合计额和结余额，将结余额与实际库存额核对，做到账款相符。本科目期末借方余额反映银行持有的库存现金。

任务二　掌握现金出纳业务的核算

一、向人民银行发行库提取、交存现金的核算

（一）提取现金的核算

向人民银行发行库提取和交存现金的任务主要由中心库完成。中心库向人民银行发行库领取现金时，由管库员根据库存现金情况及用款计划，填制“现金调拨单”一式两联，经审批后，会计部门签开人民银行现金支票提款。其会计分录为：

借：库存现金——××中心库现金户

　贷：存放中央银行款项——存××人民银行现金户

（二）交存现金的核算

向人民银行发行库交存现金时，由管库员填制“现金出/入库票”一式两联和人民银行“现金交款单”，审核后办理出库手续。其会计分录为：

借：存放中央银行款项——存××人民银行现金户

　贷：库存现金——××中心库现金户

二、储蓄所现金出纳业务的核算

储蓄所是管辖行的一个派出机构，其办理业务所需储蓄备用现金要从管辖行领取，超过规定限额的储蓄备用现金要上交给管辖行。

（一）领取储蓄备用现金的核算

储蓄所需要领取储蓄备用现金时，应填制一式两联“内部现金提款单”，由储蓄所负责人审查签章后，交储蓄所取款人员到管辖行提取现金。

管辖行会计柜台对有关凭证审核无误后，填制一式两联“内部往来划付款报单”，进行账务处理。其会计分录为：

借：系统内往来——××储蓄所往来户

　贷：库存现金

储蓄所领回现金后，进行账务处理。其会计分录为：

借：库存现金

　贷：系统内往来——××管辖行往来户

（二）交回储蓄备用现金的核算

储蓄所交回储蓄备用现金时，应填制“内部现金交款单”和“内部往来划付款报单”各一式两联，经储蓄所负责人审查并签章后，交管辖行出纳柜台。

管辖行出纳柜台收款员应认真审查“内部往来划付款报单”和“内部现金交款单”，并清点现金，无误后，登记“库存现金收入日记簿”，并按规定收款。其会计分录为：

借：库存现金

　　贷：系统内往来——××储蓄所往来户

储蓄所以留存的第二联“内部往来划付款报单”做借方凭证，管辖行退回的第一联“内部现金交款单”做其附件，进行账务处理。其会计分录为：

借：系统内往来——××管辖行往来户

　　贷：库存现金

三、出纳柜台现金收付的核算

（一）出纳柜台现金收入

交款单位或个人向银行交存现金时，应填制一式两联的“现金交款单”，连同现金一并交银行出纳柜台。

出纳柜台收款员应认真审查有关内容，审查无误后进行账务处理。其会计分录为：

借：库存现金

　　贷：吸收存款——××交款人户

最后，将现金交款单回单联退交款单位或个人。

知识链接 5-1

现金收款业务流程

1. 受理审核

（1）审核“现金存款凭条”大、小写金额是否一致，存款日期、款项来源、交款人等信息是否正确。

（2）核验大数，按券别顺序由大到小点捆、卡把、核验大数，清点后与“现金存款凭条”核对一致。

（3）清点现金，按规定挑假、剔残，款项未收妥前，不得与其他款项调换。

2. 业务处理

使用“往来户现金存入”交易，按提示输入业务信息，账务处理成功后，联机打印“通用机打凭证”一式两联，一联做回单交客户，一联做记账凭证，参与日终贷方轧账，“现金存款凭条”加盖“附件”戳记，作为该笔业务的附件，随当日会计凭证保管。

资料来源：作者根据相关资料整理。

（二）出纳柜台现金付出

取款单位或个人到银行支取现金时，应填制“现金支票”或其他取现票据等支款凭证，然后到会计柜台办理账务处理手续。其会计分录为：

借：吸收存款——××取款人户

　　贷：库存现金

经复核无误后，及时配现付款。

知识链接 5-2

现金付款业务流程

1.受理审核

现金支票要根据“受理时审核现金支票要点”进行审核。

2.业务处理

（1）使用“集中处理业务受理扫描”交易，选择大类对公现金业务/小类对公现金付款，录入、扫描业务凭证，选择凭证种类，提交凭证扫描影像，联机核验预留印鉴，正确后提交业务集中处理中心受理，将票据信息打印“通用机打凭证”。

（2）提交后，随时查询业务处理状态，状态为“待记账”时，选择“入账”，按提示信息完成配款、记账，账务处理成功后打印配款信息到“现金支票”背面，打印业务信息到“通用机打凭证”，参与日终轧账、勾对，“现金支票”加盖“附件”戳记，作为该笔业务的附件，随当日会计凭证保管。

（3）按照配款信息配款，现金付款当面点清、一笔一清。

资料来源：作者根据相关资料整理。

四、银行经费现金的核算

（一）提取现金

由经费出纳人员签开现金支票，经会计人员审核并加盖预留印鉴，现金提回后，登记“现金收付清单”。日终填制“经费记账凭证”，现金支票存根联做附件。其会计分录为：

借：库存现金——××机构经费现金户

　贷：银行存款——××机构银行存款户

（二）支付现金

银行用现金支付薪酬、奖金等费用或有关人员报销费用时，由领导和有关人员在原始凭证上签字，会计人员审核无误后交出纳人员支付现金。其会计分录为：

借：××科目——××户

　贷：库存现金——××机构经费现金户

五、出纳错款的核算

出纳错款是指出纳人员在办理现金收付业务过程中发生的现金长款或短款。一旦发生错款，出纳人员应及时向领导汇报，不论什么原因，都必须按照“长款不得寄库，短款不得空库，长、短款不能相互抵补”的原则来处理。

（一）出纳长款

每天营业终了，结账碰库时发生长款，应积极查找原因，不能侵占。如果当天未能查出长款原因，应由出纳部门出具证明，由会计主管审核批准后，由会计部门填制库存现金收入传票，暂列“其他应付款”科目入账。其会计分录为：

借：库存现金

贷：其他应付款——待处理出纳长款户

同时登记“库存现金收入日记簿”。

查明原因后，分别不同情况处理：

（1）如果长款属于客户多交或银行少付时，应及时退还客户，按规定办理退款手续。其会计分录为：

借：其他应付款——待处理出纳长款户

贷：库存现金

同时登记“库存现金付出日记簿”。

（2）如果经过认真查找，仍无法查清长款原因时，应按规定的审批权限报批后列作银行营业外收入。其会计分录为：

借：其他应付款——待处理出纳长款户

贷：营业外收入——出纳长款收入户

（二）出纳短款

每天营业终了，结账碰库时发生短款，应积极查找原因，不能自己补贴不报。如果当天未能查出短款原因，应由出纳部门出具证明，由行长（主任）审核批准后，暂列“其他应收款”科目入账，由会计部门填制库存现金付出传票，办理转账。其会计分录为：

借：其他应收款——待处理出纳短款户

贷：库存现金

同时登记“库存现金付出日记簿”。

查明原因后，分别不同情况处理：

（1）如果短款属于客户少交或银行多付时，应及时向客户追回短款。其会计分录为：

借：库存现金

贷：其他应收款——待处理出纳短款户

同时登记“库存现金收入日记簿”。

（2）如果经过认真查找，确实无法找回时，属于技术性短款或一般责任事故的，按规定的审批手续予以报损。其会计分录为：

借：营业外支出——出纳短款支出户

贷：其他应收款——待处理出纳短款户

（3）如属于有章不循、玩忽职守等原因而造成短款的，应追究当事人责任，并给予相应的处分；如属于监守自盗，按贪污论处，并追回全部赃款。

任务三 理解金库管理和现金运送

一、金库管理的规定

银行的金库是集中保管现金、金银、有价证券等贵重物品的重要场所。严格金库管理，是确保银行库款安全的重要措施之一。因此，在金库管理中必须达到以下要求：

（一）库房坚固，设施齐全

出纳专用库房，力求坚固隐蔽，并设有防潮、通风、防火及报警等安全装置。金库要保持干净整洁、摆放有序，在挂置标签上注明种类、券别等，标签注明的内容要与实物以及登记簿记载内容完全一致。

（二）严格出入库制度

每天营业终了，一切现金、金银、有价证券等贵重物品必须入库保管，并做好相应的账簿记载；上述物品出库时也应按规定手续办理，做到账款、账实相符，严禁挪用库款和以白条抵库。

（三）坚持双人管库制度

两名管库员同进同出，两把钥匙两把锁，对金库安全共同负责。非管库人员未经批准，禁止入库。

（四）严格查库制度

为了及时发现隐患，银行必须严格查库制度。出纳主管人员和基层行处负责人每天至少查库一次，主管行长应定期或不定期查库，每年应进行一次全面性查库。查库时，不仅要查对库存实物，而且要检查金库管理制度的贯彻执行情况。在查库过程中，管库员应在检查现场，但不能参与库款的清查工作。

二、现金运送的规定

银行现金业务库里库存现金的数量，应根据本行处现金出纳业务量的大小由人民银行当地分支行合理确定一个限额，当库存现金的数量超过或低于该限额时，应分别向人民银行当地分支行交存或提取现金。因此，现金运送工作是银行出纳部门的一项经常性工作。为了保证运送现金的安全，在运送现金时必须达到以下要求：

（一）必须双人押运

坚持双人押运，并派专人专车武装押运；禁止委托他人捎带。

（二）必须保守秘密

对运送现金的时间、地点、路线要注意保密，运钞车不准搭乘与运送现金无关的人员。

（三）必须严格交接手续

运送现金必须凭运送物款通知单和报单办理，现金起运和运达后，应当面点清。

职业能力训练

一、填空题

1.储蓄所和管辖行之间的现金往来采用（ ）科目核算。

2.在现金出纳业务中发生账面数少于实有数，称为（ ）。

3.发生出纳短款挂账时应记入（ ）科目。

4.发生的出纳长款最终没有查明原因，可以记入（ ）科目。

5.（ ）业务是指现金（本、外币现钞）、有价单证、金银等物品的收付、兑换、整点、调运、保管等业务活动及其管理。

二、单项选择题

1.出纳短款挂账时，应记作（ ）。

A.借：其他应付款　　B.借：其他应收款

C.贷：其他应付款　　D.贷：其他应收款

2.储蓄所在管辖行领回现金后，进行账务处理。其会计分录借方为（ ）。

A.库存现金　　B.系统内往来——××管辖行往来户

C.吸收存款　　D.存放中央银行款项

3.现金业务是银行的（ ）。

A.负债业务　　B.资产业务

C.权益业务　　D.投资业务

4.现金收付业务中，应做到（ ）。

A.收款记账同时进行　　B.先收款后记账

C.先记账后收款　　D.先付款后记账

5.下列（ ）是现金运送中不应有的行为。

A.双人押运　　B.可委托他人代运

C.保守秘密　　D.应武装押运

三、多项选择题

1.储蓄所的业务是（ ）。

A.现金储蓄　　B.更换残币

C.办理信用卡　　D.汇兑

2.下列（ ）是现金出纳业务的原则。

A.钱账分管　　B.双人经办

C.付款时先付款后记账　　D.坚持查库制度

3.现金出纳业务一般包括（ ）。

A.出纳柜台现金收付　　B.储蓄所现金收付

C.向人民银行存取现金　　D.出纳长款挂账

4.交款单位向银行交存现金，出纳柜台收款员应认真审查有关内容，审查无误后进行账务处理。其会计分录应为（ ）。

A.借：库存现金　　B.贷：库存现金

C.借：活期存款　　D.贷：吸收存款——××交款人户

5.现金出纳业务的原则包括（ ）。

A.钱账分管，责任明确　　B.双人经办

C.坚持复核制度　　D.坚持交接手续和查库制度

四、判断题

1.现金出纳业务是指直接用现金进行的收付业务。（ ）

2.现金出纳业务应坚持钱账分管和复核制度。（ ）

3.营业终了，发现现金账面数少于实有数，是出纳短款。（ ）

4.发生出纳长款不能查明原因时，可以记入“其他业务收入”科目。（ ）

5.现金出纳业务技术性不强，风险较小。（ ）

五、实践应用题

目的：练习现金出纳业务的核算

资料：甲工商银行2025年6月发生如下现金业务：

（1）2日，新兴百货销售商品收到现金总计154 000元，填制现金送款单，连同现金送交银行，银行审核无误后记账。

（2）3日，塑料厂采购员经批准后借差旅费7 000元，会计人员将现金支票交银行提取现金，经审核无误后办理。

（3）5日，甲工商银行营业终了后发现出纳长款200元，原因不明，经批准挂账。

（4）6日，上述出纳长款经查实为少付客户150元，另50元确实未查明原因，经批准转账。

（5）10日，银行营业终了发生出纳短款500元，当日未查明原因，经批准挂账。

（6）11日，上述出纳短款经查实为多付客户400元，现已追回，另100元确实未查明原因，经批准转账。

（7）红星乳品厂签发现金支票金额50 000元备发工资，经审核无误后办理。

（8）12日，从管辖行领回现金140 000元。

（9）15日，储户钱明存入活期存款1 000元。

（10）21日，储户张亮提取定期存款本金10 000元，利息180元。

（11）22日，向××人民银行发行库提取现金250 000元。

（12）25日，报销本行工作人员差旅费4 000元，支付现金。

要求：根据上述业务做出甲工商银行相关会计分录。

项目六

系统内电子汇划业务的核算

学习目标

知识目标：全面了解银行系统内电子汇划业务的基本内容和基本规定；掌握系统内电子汇划专用科目的内容及使用方法；理解上存及退回备付金存款的核算；掌握系统内电子汇划及清算汇差资金业务的核算。

能力目标：提升系统内往来业务的处理能力；提升识别异常交易等风险管理能力；具备系统应用等技术能力。

素养目标：强化保密意识，保护客户信息和交易数据，杜绝信息泄露；关注服务体验，提升电子汇划业务效率与满意度。

课前导入

紧跟时代发展　创新服务功能

各个金融机构充分挖掘并阐释金融服务国家战略、支持实体经济、创新提效展业的责任担当，展现了新时代金融服务理念。中国工商银行创新产品服务，强调数字赋能乡村振兴，构建了“总行统一支撑、分行特色对接”的数据服务体系，通过“工银兴农数智服务平台”共享高价值数据，支持分行特色融资场景创新。以卫星遥感监测、大数据、云计算等技术为支撑，为了加快农业卫星遥感等新技术的创新应用和场景拓展，进一步完善农业农村信用资产数据采集与风险监测机制，提升涉农金融服务质效，中国农业银行通过实施“金穗惠农通”工程，基础金融服务覆盖全国75%的行政村，将点多面广的传统优势与现代科技手段相结合，打造“五位一体”的县域农村渠道体系，提高农村基础金融服务覆盖面。中国银行发挥境内业务基石作用，全力支持国内市场大循环；境外业务突出稳中求进，重点服务国内国际双循环；加快提升综合服务水平，助力经济高质量发展。中国建设银行推出“建行惠懂你”手机移动端服务平台，服务覆盖小微、“双创”、涉农、扶贫等领域，搭建供应链金融服务平台，打造“建行裕农通”乡村振兴综合服务平台，推动普惠金融服务重心下沉乡村。

资料来源：作者根据相关资料整理。

引 例

中国人民银行支付系统的完善是服务于支付行业整体发展和效率提升的，通常伴随着支付总量和复杂性的增加。银行行内支付系统作为账户管理和资金清算的核心基础，其处理的交易活动保持了必要的规模和复杂性。

2022 年，银行行内支付系统共处理业务 188.60 亿笔、金额 2 183.00 万亿元，同比分别增长 2.22% 和 6.21%；日均处理业务 5 167.04 万笔、金额 5.98 万亿元。

2023 年，银行行内支付系统处理业务 215.92 亿笔，同比增长 14.49%，金额 2 168.89 万亿元，同比下降 0.65%；日均处理业务 5 915.67 万笔、金额 5.94 万亿元。

2024 年，银行行内支付系统共处理业务 233.43 亿笔，同比增长 8.11%，金额 2 144.50 万亿元，同比下降 1.12%；日均处理业务 6 377.77 万笔、金额 5.86 万亿元。

资料来源：作者根据中国人民银行官网资料整理。

本项目涉及商业银行行内往来业务的核算与管理，体现了商业银行行内资金管理和服务职能。

任务一 理解系统内电子汇划业务

一、系统内电子汇划业务的含义、特点和资金清算

（一）系统内电子汇划业务的含义

系统内电子汇划业务是指系统内各行际间通过资金清算系统进行异地资金汇划的业务。同一银行系统内各行处之间，由于办理支付结算、资金调拨等业务，相互代收、代付而发生的资金和账务往来使用系统内电子汇划进行处理；各单位发生的货币资金的结算、货币的发行与回笼、财政预算款项的上缴与下拨、商业银行系统内部资金的调拨与结算等，都需要通过这一行际间核算的工具来完成。因此，系统内电子汇划是银行间进行结算和资金划拨清算的工具，是银行会计核算的重要组成部分。

（二）系统内电子汇划业务的特点

由于系统内电子汇划发生在两个行处之间，往来的双方银行各以与自己对应的另一方行处作为往来的前提，因此在某一笔电子汇划往来中，一方收入一定金额的资金，另一方必定付出相等金额的资金；在该笔电子汇划往来账务中，双方的会计分录也必定是相互对应的，一方记在借方，另一方必定记在贷方。所以，系统内电子汇划业务会计核算的特点是有往有来、有收有付、有借有贷、金额相等。这体现了银行各行处之间相互配合、相互制约的对应关系，任何一方的错误，都会直接影响系统内电子汇划的账务平衡。

目前，中国工商银行、中国农业银行、中国银行、中国建设银行 4 家国有控股商业银行各自建立了独立的系统内电子汇划清算系统，中国人民银行建立了中国现代化支付系统；其他商业银行基本开通了电子汇兑，未建立系统内电子汇划清算系统的商

业银行与非银行金融机构的资金划拨，通过中国人民银行或有关商业银行的系统内电子汇划办理。

（三）系统内电子汇划资金的清算

由于系统内电子汇划是不同行处之间相互代收、代付款项而产生的资金账务往来，各行处在相互代收、代付款项过程中，一天的代收、代付金额一般不可能刚好相等，必定会产生汇差，所以为了保证系统内电子汇划账务的平衡和各行处的经济利益，必须正确轧算汇差，及时清算汇差资金。随着电子计算机网络技术和卫星通信技术的飞速发展，客观上为传统系统内电子汇划核算制度的改革提供了技术支持，因此目前各银行系统相继开办了系统内电子汇划与资金清算业务。

系统内电子汇划资金的清算是在系统内电子汇划资金的基础上，通过各级行处在上级管辖行开立的备付金存款账户，由上级管辖行逐级清算当天电子汇划汇差资金的一种做法。

二、系统内电子汇划业务的范围

系统内电子汇划业务的范围包括系统内行际间的异地划收、划付款业务。划收款业务主要包括汇兑、异地委托收款、托收承付、银行承兑汇票等款项的划转、系统内资金划拨等；划付款业务主要包括解付本系统银行汇票、系统内按规定扣划款项、贷款账户转移，以及办理按规定允许扣收的款项和特定的直接借记业务等。

三、系统内电子汇划业务的基本规定

（一）电子汇划业务全部采取无纸化电子信息传递

电子汇划业务始于汇出行发出的电子汇划信息，终于汇入行对电子汇划信息的确认核收。电子汇划业务主要包括汇出、汇入、事务类业务。

（二）电子汇划信息与纸式汇划凭证具有同等效力

汇出行、汇入行均以电子汇划信息为依据进行账务处理。记账所需的汇划凭证、清单、清算日报表等，由各行处按核算手续各自打印所需联次，并加盖相应转讫章或附件章。

（三）各营业机构必须指定专人负责

各营业机构由专人负责电子汇划来账的查询、接收工作，当天的来账业务必须在规定时间内处理完毕。

（四）坚持信息查询、查复原则

对查询、查复等事务类信息，必须坚持“有疑必查、有查必复、复必详尽、切实处理”的原则。

（五）加强保密工作

加强对密押器、电子汇划专用章、电子汇划收（付）款补充报单等物品及单证的管理，保证岗位制约等制度的落实。

任务二 掌握系统内电子汇划与清算汇差资金业务的核算

一、系统内电子汇划的基本做法

根据加强资金管理、加速资金周转、严密监督、简化业务手续的原则，系统内电子汇划业务采用“随发随收、直接往来、当时核对、每日逐级清算汇差资金”的基本做法。

电子汇划系统开通后，实现了汇划款项的全国联网。全国系统内电子汇划、省分行辖内往来和支行辖内往来业务发生时，汇出行发出的电子汇划信息经电子系统自动分解后直接发送至汇入行，并分别在总行资金清算中心、省分行资金清算中心和地（市）中心支行资金清算中心自动核对、汇总、结计汇差。每日营业终了，总行资金清算中心组织省分行资金清算中心对全国汇差资金进行清算；省分行资金清算中心清算全国汇差资金后，组织各地（市）中心支行资金清算中心对省辖往来汇差资金进行清算；地（市）中心支行资金清算中心清算省辖往来汇差资金后，组织所辖县支行、分理处清算汇差资金。每日逐级清算汇差资金，是通过各级行处在上级管辖行开立的备付金存款账户来完成的。

为了保证系统内电子汇划资金的安全，系统内电子汇划与资金清算业务采取了行号、密押、电子汇划专用章3项业务技术措施。

行号，是办理系统内电子汇划业务的各行处所使用的行名代号；密押，是辨别系统内电子汇划款项是否真实、合法的重要措施，是保证电子汇划资金安全的重要工具；电子汇划专用章，是证明系统内电子汇划划拨凭证真实性的专用印章。参加全国系统内电子汇划的行处这3项技术措施均由总行统一编发和管理。

二、科目设置

发生系统内电子汇划与资金清算业务的各行处，一般设置以下专用会计科目：

（一）“清算资金往来”科目

本科目属于资产负债共同类科目，用来核算银行间业务往来的资金清算款项。本科目可按资金往来单位进行明细核算。科目期末借方余额，反映银行应收的清算资金；科目期末贷方余额，反映银行应付的清算资金。

（二）“待汇出电子汇划款项”科目

本科目属于资产负债共同类科目，是汇出行用来核算当天已接收的汇划信息因故未能发出的电子汇划款项。汇出行在发生未发出的划收款业务时记在本科目的借方，在发生未发出的划付款业务时记在本科目的贷方。次日在汇划信息发出后应予转销。本科目下设“待汇出户”分户账。

（三）“存放系统内款项”科目

本科目属于资产类科目，用来核算各级行处存放在清算中心的用于汇差清算的资金。存入备付金或结转应收汇差时记在本科目的借方，调减备付金或结转应付汇差时记在本科目的贷方。期末余额一般在借方，表示本行实际存放的备付金款项。本科目应按对方行设立分户账进行核算。

（四）“系统内存放款项”科目

本科目属于负债类科目，用来核算汇划网点或其管辖行存入的用于本单位及辖属汇划网点汇差清算的资金。退回备付金时记在本科目的借方，收到存入的备付金时记在本科目的贷方。期末余额一般在贷方，表示实际结存的备付金款项。本科目应按对方行设立分户账进行核算。

三、上存与退回备付金存款

各级行之间上存和退回的电子汇划备付金存款应通过人民银行实汇资金。各级行上存和退回的用于清算电子汇划款项汇差的资金，应分别在“存放系统内款项”和“系统内存放款项”科目中核算。

（一）上存备付金

向上级行上存备付金存款时，会计部门应根据资金计划部门填制的汇款书面通知填制汇款凭证，送人民银行办理汇款手续。其会计分录为：

借：存放系统内款项——存××行备付金存款户

　贷：存放中央银行款项——备付金存款户

上级行会计部门收到下级行交存的备付金存款时，以开户人民银行的收账通知作为借方记账凭证，另填制特种转账贷方记账凭证一式二联进行会计处理。其会计分录为：

借：存放中央银行款项——备付金存款户

　贷：系统内存放款项——××行备付金存款户

（二）退回备付金

下级行某一时期备付金存款账户余额过多，需要调回资金时，应由其资金计划部门向上级资金计划部门发出调回部分资金的申请，经上级资金计划部门审核同意后办理有关退回手续。其会计分录与1）相反。

四、系统内电子汇划

（一）划收款业务

1.汇出行的处理手续

柜员对有关凭证审核无误后，分别不同情况做单位活期存入、汇兑汇出等相关交易处理，经复核无误后，提交主机，系统进行账务处理并生成报文，需要编押的汇出业务由系统联机自动编押或人工编押后发送。其会计分录为：

借：吸收存款——××付款人户（或××科目——××户）

　贷：清算资金往来——电子汇划款项户

应寄汇入行的通知、清单、证明等非记账凭证，由汇出行会计部门作为电子汇划信息的附件按规定寄汇入行或收款人开户行；或通过清算系统中的跟单业务方式录入信息发送汇入行。

2.汇入行的处理手续

汇入行进行联机核押或人工核押，对于密押不符的，系统自动发出押误的汇划查询，由柜员按规定视具体情况做挂账等处理。对于采用人工核押方式的，由柜员根据打印的核押清单确认密押是否正确，根据核押结果，做电子汇划来账自动核押入账确认。对密押正确、账号和户名均相符的报文系统自动入账。其会计分录为：

借：清算资金往来——电子汇划款项户

　贷：吸收存款——××收款人户（或××科目——××户）

（二）划付款业务

1.汇出行的处理手续

有关手续同划收款。其会计分录为：

借：清算资金往来——电子汇划款项户

　贷：吸收存款——××收款人户（或××科目——××户）

2.汇入行的处理手续

有关手续同划收款。区分不同的划付款业务分别处理：

（1）划付款业务为上、下级行间有关款项清算的，其会计分录为：

借：××科目——××户

　贷：清算资金往来——电子汇划款项户

（2）划付款业务为解付银行汇票的，分别做出如下处理：

全额兑付的，其会计分录为：

借：汇出汇款

　贷：清算资金往来——电子汇划款项户

有多余款的，其会计分录为：

借：汇出汇款

　贷：清算资金往来——电子汇划款项户

　　吸收存款——××户

（3）划付款业务为划转拨款支出、贷款账户余额的，其会计分录为：

借：××科目——××单位户

　贷：清算资金往来——电子汇划款项户

（三）对有问题的电子汇划业务的处理

（1）对账号正确、户名不完全一致的报文，柜员打印人工判别清单，对报文户名与系统账户户名进行核对，并根据核对结果做人工判别入账处理，对不能人工判别入账视具体情况做挂账或退回处理。

（2）对户名正确、账号不正确或户名、账号均不正确的划收款报文和未入账的划付款报文，柜员打印未入账补充报单，根据未入账补充报单的业务事项按实际情况分别做电子汇划来账退汇、汇兑汇入等交易处理，进行人工入账、挂账或退回处理。

（3）对需转发给其他机构处理的汇划报文，柜员做电子汇划来账人工清分处理进行转发。

（4）对接收到的加急跟单业务，柜员打印跟单信息。

对于自动入账和人工判别入账的报文，柜员打印入账报文客户回单，加盖转讫章后退客户。

五、事务类业务的处理

（一）发出事务类业务

柜员根据业务需要做电子汇划事务往函录入处理，系统自动生成事务报文，打印有关事务凭证。

（二）退回待查事务报文处理

当天退回待查事务，柜员打印退回待查事务清单，查明原因后，将错误事务删除，再做电子汇划事务往函录入，重新录入正确的事务信息。

（三）收到事务类业务

柜员查询到有未处理的事务报文，打印汇入业务查询查复书。对需要答复的事务报文，应按规定及时予以答复，对于应转发其他机构的事务报文，柜员将报文转发到指定机构。

六、清算汇差资金

（一）各级行处会计部门清算当日汇差资金

各级清算中心在当日电子汇划业务结束后，应填制一式三份“清算信息收（发）报日报表”（其格式见本章实践应用题），其中两份加盖清算部门电子汇划专用章后分别送资金计划部门和会计部门，另一份留存；有待汇出电子汇划款项的，还应填制一式三份“清算中心待汇出统计表”，其中两份加盖清算部门电子汇划专用章后分别送资金计划部门和会计部门，另一份留存。

各级管辖行会计部门在接到清算中心提交的“清算信息收（发）报日报表”后应即时清算汇差资金。清算汇差资金时应根据“清算信息收（发）报日报表”所列的借方汇差金额或贷方汇差金额按各行处逐个填制“特种转账借方（贷方）凭证”各一式二联。

汇出行、汇入行会计部门在收到“清算信息收（发）报日报表”，经过与“清算资金往来”账户余额核对无误后，要根据“清算资金往来”账户贷方余额（贷差）和借方余额（借差）填制相关“特种转账借方（贷方）凭证”。汇出行、汇入行需要对下属清算资金的，比照各级管辖行会计部门的处理方法办理。

有待汇出电子汇划款项的会计部门应根据“清算中心待汇出统计表”填制特种转账凭证。

1.总行会计部门清算汇差资金的核算

总行会计部门根据同级资金清算中心提交的“清算信息收（发）报日报表”办理转账，调增借差行（此时总行为贷差行）的备付金存款，调减贷差行（此时总行为借差行）的备付金存款。其会计分录为：

借：系统内存放款项——××分行备付金存款户（总行为借差行）

　　（或贷）待汇出电子汇划款项——待汇出户

贷：系统内存放款项——××分行备付金存款户（总行为贷差行）

2.分行会计部门清算汇差资金的核算

（1）对总行汇差为贷方差的核算。如果本行对总行的汇差为贷方差（此时总行为借方差），表示本行占用总行的资金，则应调减本行在总行的备付金存款。同时，对所辖下级各行处进行资金清算，调增所辖下级各借差行处（此时本行为贷差行）的备付金存款，调减所辖下级各贷差行处（此时本行为借差行）的备付金存款。其会计分录为：

借：系统内存放款项——××支行备付金存款户（本行为借差行）

（或贷）待汇出电子汇划款项——待汇出户

贷：存放系统内款项——存总行备付金存款户

系统内存放款项——××支行备付金存款户（本行为贷差行）

（2）对总行汇差为借方差的核算。如果本行对总行的汇差为借方差（此时总行为贷方差），表示被总行占用资金，则应调增本行在总行的备付金存款。同时，对所辖下级各行处进行资金清算，调增所辖下级各借差行处（此时本行为贷差行）的备付金存款，调减所辖下级各贷差行处（此时本行为借差行）的备付金存款。其会计分录为：

借：存放系统内款项——存总行备付金存款户

系统内存放款项——××支行备付金存款户（本行为借差行）

（或贷）待汇出电子汇划款项——待汇出户

贷：系统内存放款项——××支行备付金存款户（本行为贷差行）

3.中心支行会计部门清算汇差资金的核算

地（市）中心支行会计部门清算汇差资金时，其编制清算分录的原理与分行的原理基本相同，既要根据本行对分行的汇差方向进行清算，又要对本行所辖行处的汇差资金进行清算。

4.支行会计部门清算汇差资金的核算

汇出行、汇入行会计部门接到本组清算中心或委托清算中心提交的当日“清算信息收（发）报日报表”，核对无误后办理当日汇差清算的账务处理。

如果当日“清算资金往来”科目为借方余额，则表示他行占用本行资金，为应收汇差，应由上级行退回本行上存的联行备付金存款。其会计分录为：

借：存放系统内款项——存××行备付金存款户

（或贷）待汇出电子汇划款项——待汇出户

贷：清算资金往来——××清算中心（组）往来户

如果当日“清算资金往来”科目为贷方余额，则表示本行占用他行资金，为应付汇差，应由上级行划出本行上存的联行备付金存款。其会计分录为：

借：清算资金往来——××清算中心（组）往来户

（或贷）待汇出电子汇划款项——待汇出户

贷：存放系统内款项——存××行备付金存款户

这样，经过各分支机构逐级清算电子汇划汇差资金后，电子汇划业务全部结平，最后由总行统一下达关机命令，结束全天电子汇划与资金清算业务。

（二）年终汇差资金的清算

1月1日至12月31日为会计年度。在年度终了日12月31日这一天，各级行清算中心必须将昨日待汇出电子汇划款项和当天接收的汇划款项全部发送完毕，确认没有待汇出电子汇划款项并经核对无误后，填制“清算信息收（发）报日报表”，分别送会计部门和资金计划部门，进行当天的汇差资金清算并结束全年的电子汇划业务。

职业能力训练

一、填空题

1.（　　）业务是指系统内各行际间通过资金清算系统进行异地资金汇划的业务。

2.在电子汇划往来业务中，银行对应行处的会计分录也必定是相互对应的，一方记在（　　），另一方必定记在贷方。

3.系统内电子汇划业务的专用科目包括（　　）、待汇出电子汇划款项、存放系统内款项、（　　）。

4.划收款业务汇出行会计部门应记入“清算资金往来”科目的（　　）方。

5.经办行在日终清算时结转应付汇差应记入（　　）科目的贷方。

二、单项选择题

1.（　　）不能通过系统内电子汇划业务完成资金转移。

A.汇兑　　B.异地托收承付

C.贷款账户转移　　D.支票结算

2.某分行本日“清算资金往来”账户借方发生额为490 000元，贷方发生额为820 000元，该行当日联行汇差应为（　　）元。

A.应收汇差110 000　　B.应收汇差330 000

C.应付汇差110 000　　D.应付汇差330 000

3.上存备付金应记作（　　）。

A.贷：存放系统内款项　　B.借：存放系统内款项

C.贷：库存现金　　D.借：库存现金

4.（　　）是总行使用科目。

A.系统内存放款项　　B.存放系统内款项

C.存放中央银行款项　　D.清算资金往来

5.（　　）不是系统内电子汇划业务的基本做法。

A.随发随收　　B.分级管理

C.当时核对　　D.每日逐级清算汇差资金

三、多项选择题

1.系统内电子汇划业务会计核算的特点有（　　）。

A.有往有来　　B.有收有付

C.有借有贷　　D.金额相等

2.划收款业务包括（　　）。

A.解付银行汇票　　B.汇兑

C.贷款账户转移　　D.委托收款

3.划付款业务包括（　　）。

A.解付本系统银行汇票　　B.系统内扣划款项

C.特定的直接借记业务　　D.托收承付

4.为了保证系统内电子汇划资金的安全，采取的技术措施有（　　）。

A.行号　　B.报单

C.密押　　D.电子汇划专用章

5.系统内电子汇划业务的专用科目有（　　）。

A.清算资金往来　　B.待汇出电子汇划款项

C.存放系统内款项　　D.系统内存放款项

四、判断题

1.系统内电子汇划可以在两个不同的银行之间进行。（　　）

2.系统内电子汇划可以在同城和异地发生。（　　）

3.一天的系统内电子汇划的代收代付款项不可能相等。（　　）

4.在系统内电子汇划业务中，汇出行应直接向汇入行传递有关记账凭证。（　　）

5.系统内电子汇划业务汇出行当日“清算资金往来”为借方余额，表示本行占用他行资金。（　　）

五、实践应用题

1.目的：练习存放系统内电子汇划清算备付金业务的核算

资料：甲银行哈尔滨分行2024年发生以下经济业务：

（1）7月5日，上存备付金560 000元。

（2）7月10日，上存备付金1 250 000元。

（3）8月5日，上级行退回备付金470 000元。

要求：做出甲银行哈尔滨分行以上业务的会计分录。

2.目的：练习商业银行系统内电子汇划款项业务的核算

资料1：2024年8月1日甲银行哈尔滨分行发生以下经济业务：

（1）开户单位蓝天贸易公司提交汇兑凭证，向甲银行北京分行开户单位服装公司汇出货款6 000元，经审核无误后，办理转账手续。

（2）开户单位新兴百货公司提交甲银行长春分行签发的银行汇票，金额3 000元，要求全额兑付，经审核无误后，办理转账手续。

（3）收到甲银行大连分行寄来委托收款凭证，金额1 500元，系甲银行哈尔滨分行开户单位市百货公司向大连市建材公司支付货款，承付期已到，经审核无误后，办理转账手续。

（4）收到甲银行沈阳分行汇兑凭证，为开户单位塑料厂收妥货款2 000元。

（5）收到甲银行大庆分行委托收款凭证及商业承兑汇票，金额8 000元，系甲银行哈尔滨分行开户单位油漆厂支付材料款，经该厂同意办理付款手续。

（6）收到甲银行重庆分行委托收款凭证及银行承兑汇票，金额4 500元，系甲银行哈尔滨分行开户单位汽车厂支付货款，经审核该厂账户中款项不足，银行垫付款。

资料2：2024年8月1日各对应行有关业务如下：

（1）甲银行北京分行会计科收到本行清算中心转来电子汇划信息，开户单位服装公司收到货款6 000元，经审核无误后，办理转账手续。

（2）甲银行长春分行会计科收到本行清算中心转来的电子汇划信息，甲银行哈尔滨分行已兑付长春分行签发的银行汇票，金额3 000元，经审核无误后，办理转账手续。

（3）甲银行大连分行会计科收到本行清算中心转来电子汇划信息，甲银行哈尔滨分行已划回大连分行开户单位大连市建材公司托收的货款1 500元，经审核无误后，办理转账手续。

（4）甲银行沈阳分行为甲银行哈尔滨分行开户单位汇出货款2 000元。

（5）甲银行大庆分行收到划回的甲银行哈尔滨分行开户单位材料款8 000元，经审核无误后，办理转账手续。

（6）甲银行重庆分行收到划回的银行承兑汇票款项4 500元，为重庆分行开户单位收账。

要求：（1）根据上述资料编制甲银行哈尔滨分行及其对应银行的会计分录。

（2）根据有关会计分录编制总行及各省级分行、经办行的清算信息收（发）报日报表（见表6-1）。

表6-1 清算信息收（发）报日报表

8月1日

金额单位：元

单位	接收信息				发送信息				汇差	
	借记业务		贷记业务		借记业务		贷记业务			
	笔数	金额	笔数	金额	笔数	金额	笔数	金额	借方	贷方

续表

单位	接收信息				发送信息				汇差	
	借记业务		贷记业务		借记业务		贷记业务			
	笔数	金额	笔数	金额	笔数	金额	笔数	金额	借方	贷方
合　计										

（3）根据清算信息收（发）报日报表编制各级银行资金清算业务结账会计分录。

项目七 金融机构往来业务的核算

学习目标

知识目标：了解金融机构往来业务包括的内容及核算要求；掌握商业银行与中国人民银行往来业务的核算、同城票据交换的核算、通过中国人民银行办理汇划款项业务的核算；掌握中国现代化支付系统的构成及大额资金汇划的处理；掌握同业往来中跨系统转汇和同业拆借的核算方法。

能力目标：提升同业往来、中国现代化支付系统等业务处理能力；提高与同业机构、中国人民银行分支机构等的沟通协调能力。

素养目标：秉持审慎、细致的工作作风，注重业务细节；主动学习支付系统升级和金融科技等新知识，适应行业变革。

课前导入

贴心服务“爱随千里”

一件小事：在深圳打工多年的老章，每月工资的大部分要及时寄回陕西老家。2018年春节前，他看到深圳农商银行正在开展用手机银行办理“农信快存”业务的“送春运路费”活动，第一次尝试用手机给老家亲人汇了2 000元。“没想到手机转账这么方便，还免费，如果运气好说不定还能中奖。”老章表示，有了手机银行以后就不用请假去银行网点排队了。

实际上，这一金融服务主要基于农信银支付清算系统提供的“农信银快汇”业务，该系统目前已成为广大农村务工人员的首选资金汇划方式。随着资金清算服务的深化、联网范围的扩大以及支付清算品种的增加，包括广大农村地区在内的支付清算服务渠道与场景将会得到进一步拓展，将会有越来越多的外出打工者，享受到资金“一秒到账”以及快捷支付、小额存取款、缴费等安全、高效的金融服务。近几年，农信银支付清算系统业务量有所降低。2024年，农信银支付清算系统共处理业务22.55亿笔、金额2.61万亿元，同比分别下降26.62%和16.22%，日均处理业务616.11万笔、金额71.25亿元。

资料来源：作者根据相关资料编写。

引 例

2000 年 10 月，中国人民银行决定加快中国现代化支付系统建设。经过几年的努力，建成了覆盖全国、连接港澳的中国现代化支付系统，为各银行金融机构及金融市场提供了安全高效的支付清算平台。作为我国支付体系的核心和枢纽，中国现代化支付系统主要由大额实时支付系统、小额批量支付系统和全国支票影像交换系统等业务系统构成。2005 年 11 月 5 日，中国人民银行办公厅颁布《中国现代化支付系统运行管理办法（试行）》……中国人民银行作为我国的中央银行，管理职能不断发展和增强。

数据显示，我国支付体系运行平稳，社会资金交易规模不断扩大，支付业务量保持稳步增长，电子支付业务增长较快。2024 年，全国银行金融机构共办理非现金支付业务 5 763.29 亿笔、金额 5 443.29 万亿元。中国人民银行清算总中心系统共处理支付业务 218.39 亿笔、金额 9 346.81 万亿元；日均处理业务 6 016.73 万笔、金额 36.63 万亿元。

2024 年，银行共处理电子支付业务 3 016.68 亿笔、金额 3 426.99 万亿元，其中，网上支付业务 754.35 亿笔、金额 2 798.32 万亿元；移动支付业务 2 109.80 亿笔、金额 563.70 万亿元；电话支付业务 1.98 亿笔、金额 8.13 万亿元。

资料来源：作者根据中国人民银行官网资料整理。

本项目涉及商业银行和中央银行的往来业务，体现了中央银行重要的管理和服务职能。

任务一 了解金融机构往来业务

一、金融机构往来的内容

金融机构是专门从事货币信用活动的中介组织，是社会经济活动的总枢纽，国民经济各单位和各部门之间的资金划拨与款项支付结算都必须通过金融机构完成。我国的金融组织体系是以中国人民银行为主导、商业银行为主体、多种金融机构并存发展的多元化结构。

金融机构往来是指商业银行与中国人民银行之间、商业银行与商业银行之间、商业银行与非银行金融机构之间等，由于办理资金的调拨与缴存、款项的汇划与结算、资金的融通与拆借等而引起的资金账务往来。金融机构之间的资金往来是整个社会资金运动的主要途径。

金融机构往来涉及的主体主要有3类，即中国人民银行、商业银行、非银行金融机构。

（一）商业银行与中国人民银行的往来

商业银行与中国人民银行的往来是指各商业银行与中国人民银行之间由于缴存

款、融通资金、汇划款项、领缴现金和通过中国人民银行存款账户进行资金清算等业务而引起的资金账务往来。

（二）商业银行之间的往来

商业银行之间的往来也称同业往来，是指各商业银行之间由于办理同城结算、异地跨系统汇划款项、相互拆借资金等业务而引起的资金账务往来。同业往来是社会资金周转不可缺少的重要组成部分，也反映了各商业银行相互间的合作关系。

（三）商业银行与非银行金融机构的往来

商业银行与非银行金融机构的往来是指商业银行与保险公司、信托投资公司、金融租赁公司、财务公司等非银行金融机构之间由于资金划转、票据交换等业务所引起的资金账务往来。

本节主要阐述商业银行与中国人民银行之间的往来及同业往来。

二、金融机构往来的核算要求

金融机构往来体现了银行之间的债权、债务关系，是银行日常会计核算和管理的重要内容，包括以下3点基本要求：

（一）坚持“资金分开，独立核算”的原则

在往来中严格划分各商业银行和中国人民银行、各商业银行之间的资金界限。

（二）商业银行在中国人民银行的存款账户要严格管理

商业银行在中国人民银行的存款账户不得透支；计划内借款不得超过中国人民银行核定的额度；要求留足备付金，备付金不足要及时调度资金；同业拆借应通过双方在中国人民银行的存款户办理转账，不得提取现金，不能相互直接拆借资金。

（三）各商业银行之间临时性的资金占用要及时清算

如果临时资金头寸不足，可相互融通资金，进行拆借，到期后应及时还本付息；对于相互代收代付款项的汇划和票据交换的差额及时办理资金划拨手续，不能长期占用他行资金。

三、金融机构往来的科目设置

为了核算商业银行同中国人民银行往来业务、同业往来业务，设置以下5个主要会计科目。

（一）“存放中央银行款项”科目

本科目是资产类科目，用来核算商业银行存放在中央银行的各种款项，包括业务资金的调拨、办理同城票据交换和异地跨系统资金汇划、提取或缴存现金等。商业银行按规定缴存的法定准备金和超额准备金存款，也通过本科目核算。当在中央银行的存款增加时记在本科目的借方，存款减少时记在本科目的贷方；余额在借方，表明本行在中央银行存款的结余数。本科目按照存放款项的性质可以设置下列3个明细科目：

1.备付金存款户

备付金存款户用来核算本行在中央银行的用于清算业务资金头寸的备付金存款的

情况，是核算本行与中央银行往来业务的基本科目，凡本行与中央银行的普通资金账务往来均通过本科目进行核算。

2.准备金存款户

准备金存款户用于核算本行缴存中央银行一般性存款的法定存款准备金的情况。向中央银行存入准备金时记在本科目借方；由于一般性存款余额变动而调整缴存款，需从中央银行退回法定存款准备金时记在本科目贷方；余额在借方，表明本行在中央银行法定存款准备金的结余数。

3.财政性存款户

财政性存款户用于核算本行缴存中央银行财政性存款的情况。凡本行按规定向中央银行缴存或调增财政性存款时记在本科目借方，调减财政性存款时记在本科目贷方；余额在借方，表明本行在中央银行财政性存款的结余数。

资产负债表日，应按合同约定的名义利率计算确定的应收利息金额，借记“应收利息”科目，贷记“利息收入”科目。

（二）“向中央银行借款”科目

本科目是负债类科目，用于反映银行向中央银行借入款项的增减变化情况。本科目按照借款的性质，下设“年度性借款户”“季节性借款户”“日拆性借款户”“再贴现借款户”等明细科目。

当向中央银行借入款项时记在本科目及相关明细科目的贷方，当向中央银行归还借款时记在本科目及相关明细科目的借方；余额在贷方，表明本行向中央银行借入而尚未归还的借款。

（三）“拆出资金”科目

本科目是资产类科目，用于核算商业银行拆借给境内、境外其他金融机构的款项。借方反映拆出行拆出的资金，贷方反映拆出行收回的拆出资金，余额在借方。应按拆入行设置分户账进行明细核算。银行在系统内拆借的款项，单独设置“系统内拆出资金”科目核算，不在本科目核算。

（四）“拆入资金”科目

本科目是负债类科目，用于核算商业银行从境内、境外金融机构拆入的款项。贷方反映拆入行拆入的资金，借方反映拆入行归还的拆入资金，余额在贷方。本科目应按拆入资金的金融机构分别“本金”“利息调整”科目进行明细核算。银行在系统内拆入的款项，单独设置“系统内拆入资金”科目核算，不在本科目核算。

（五）“待清算票据款项”科目

在同城票据交换业务中，各清算行设置的共同类科目——“待清算票据款项”科目，用来平衡账目。本科目借方反映提出待交换的借方票据款项和提入的贷方票据款项，贷方反映提出待交换的贷方票据款项和提入后待记账（比如可能是空头支票）或退票的借方票据款项。每一场次票据交换后本科目无余额。

任务二　掌握商业银行与中国人民银行往来业务的核算

商业银行各营业机构符合规定要求的，在当地中国人民银行开立一个备付金账户，按照“先存后用，不得透支”的原则进行管理。商业银行与中国人民银行往来的范围包括：向中国人民银行存取现金；向中国人民银行存入和支取清算备付金；向中国人民银行缴存存款准备金；向中国人民银行借款；在核定的额度内通过中国人民银行办理资金拆入拆出、再贴现；通过中国人民银行办理款项转汇、同城票据交换等。

一、向中国人民银行存取现金的核算

中国人民银行是全国的货币发行机构，是全国的现金总出纳，通过商业银行控制着全国的现金流量。各商业银行根据需要向中国人民银行送存、提取现金。

（一）送存现金

商业银行将超过库存限额的现金送存中国人民银行时，应填制一式两联的现金交款单提交给开户的中国人民银行。商业银行根据现金交款单回单联代转账借方传票，另外填制库存现金付出传票，办理转账。其会计分录为：

借：存放中央银行款项——备付金存款户

　贷：库存现金

（二）提取现金

当商业银行库存现金限额不足时，应签发现金支款凭证到开户的中国人民银行提取现金。商业银行根据现金支款凭证回单联代转账贷方传票，另外填制库存现金收入传票，办理转账。其会计分录为：

借：库存现金

　贷：存放中央银行款项——备付金存款户

二、向中国人民银行缴存存款的核算

（一）缴存存款的范围

缴存存款是中国人民银行行使中央银行职能、实施货币政策的具体体现。其具体含义是指商业银行将吸收的各种存款按规定的比例上缴中国人民银行。商业银行吸收的存款主要有财政性存款和一般性存款，所以缴存存款的范围包括缴存财政性存款和缴存一般性存款。

1.缴存财政性存款

财政性存款主要有中央预算收入、地方财政金库存款和代理发行国债款项等，所以财政性存款的缴存范围是：国家金库款轧减中央经费限额支出数；待结算财政款项轧减借方数；财政发行期票款项轧减应收期票款项；财政发行的国库券及各项债券款项，轧减已兑付国库券及各项债券款项。财政性存款由各行按照财政性存款余额全额上缴当地中国人民银行。

2.缴存一般性存款

一般性存款主要有企业存款、个人储蓄存款、农村存款、部队存款、基建单位存款、机关团体存款、财政预算外存款和其他一般存款等。一般性存款需要缴纳存款准备金，由各行按一定比例逐级向总行缴存，由总行统一向中国人民银行缴存。

（二）缴存存款的规定

1.缴存的比例

财政性存款的缴存比例为100%。一般性存款的缴存比例即为法定存款准备金率，中央银行根据货币政策的运用，可适时调整该比例。

知识链接 7-1

近5年中国人民银行多次调整存款准备金率

2021年，中国人民银行分别于7月与12月两次全面下调存款准备金率各0.5个百分点，释放长期资金2.2万亿元，12月下调后，金融机构加权平均存款准备金率为8.4%。

2022年4月25日，为支持实体经济发展，促进综合融资成本稳中有降，下调金融机构存款准备金率0.25个百分点（不含已执行5%存款准备金率的金融机构）。与此同时，为加大对小微企业和“三农”的支持力度，对没有跨省经营的城商行和存款准备金率高于5%的农商行，在下调存款准备金率0.25个百分点的基础上，再额外多降0.25个百分点。本次下调后，金融机构加权平均存款准备金率为8.1%。

为推动经济实现质的有效提升和量的合理增长，打好宏观政策组合拳，提高服务实体经济水平，保持银行体系流动性合理充裕，2023年3月27日，中国人民银行降低金融机构存款准备金率0.25个百分点（不含已执行5%存款准备金率的金融机构），下调后，金融机构加权平均存款准备金率约为7.6%；2023年9月15日，下调金融机构存款准备金率0.25个百分点（不含已执行5%存款准备金率的金融机构），下调后，金融机构加权平均存款准备金率约为7.4%。

2024年我国两次降低存款准备金率，分别为2月5日下调0.5个百分点，9月27日下调0.5个百分点，9月27日下调后，金融机构加权平均存款准备金率约为6.6%。

2025年，为贯彻中央政治局会议精神，进一步实施好适度宽松的货币政策，中国人民银行将加大宏观调控强度，推出一揽子货币政策措施，主要有3大类共10项措施，其中包括降低存款准备金率0.5个百分点，预计将向市场提供长期流动性约1万亿元。

资料来源：作者根据相关资料整理。

2.调整缴存款的时间

严格来说，商业银行向中国人民银行缴存存款准备金，只有第一次才称为缴存，以后再缴，均叫调整缴存存款。一般性存款调整时，每旬调整一次，总行在旬后8日内办理，其余行处在旬后5日内办理（最后一天遇节假日可顺延）；不在中国人民银行开户的行处，由管辖行或代理行每月调整一次。财政性存款按旬调整划缴，旬后5日内办理。2015年9月15日，中央银行改革存款准备金考核制度，由时点法改为平均法考核。存款准备金考核标准由每日达标改为旬平均达标，可以低于法定存款准备金率，但幅度应在1个（含）百分点以内。

3.调整缴存存款的计算方法

缴存存款准备金的计算公式为：

本次应调整数（正数为补缴数，负数为退回数）=本次应缴存数-已缴存数

本次应缴存数=现行缴存范围内各种存款余额之和×缴存比例

实际调整缴存金额以千元为单位，千元以下四舍五入。为了减少调整次数，规定余额增减达到10万元以上时再进行调整，不足10万元并入下次调整。

（三）缴存存款的核算

1.第一次缴存存款

商业银行第一次向中国人民银行缴存存款时，应根据有关存款科目余额，填制“缴存存款科目余额表”，并按规定比例计算出应缴存金额，然后分别填制“缴存（调整）财政性存款划拨凭证”和“缴存（调整）一般性存款划拨凭证”各一式四联。上述凭证填制并审核无误后，进行会计核算：

第一次缴存财政性存款，其会计分录为：

借：存放中央银行款项——财政性存款户

　贷：存放中央银行款项——备付金存款户

转账后，将划拨凭证的第三、四联签章后与“缴存存款科目余额表”一起送开户的中国人民银行。

第一次缴存一般性存款准备金，其会计分录为：

借：存放中央银行款项——准备金存款户

　贷：清算资金往来——××清算中心（组）往来户

　　　（或）系统内往来

转账后，将划拨凭证的第三、四联签章后与“缴存存款科目余额表”一起送交清算中心（组）。

2.调整缴存存款及欠缴存款

商业银行各级行处第一次缴存存款后，应按规定时间根据吸收的各类存款余额变动情况向中国人民银行调整存款。无论是调增补缴还是调减退回，其核算手续与第一次缴存时基本相同。

商业银行在规定的缴存存款时间内调整应缴存款时，如果在中国人民银行开立的存款账户余额扣除必要的周转金后不足，不能足额缴存，必须在规定的时间内及时筹集资金，办理缴存手续，否则即构成欠缴存款。对于欠缴金额，中国人民银行每日按规定比例扣收罚款，随同欠缴存款一并收取。对于金融机构欠缴存款准备金，按照《中国人民银行关于加强存款准备金管理有关事项的通知》（银发〔2018〕297号）的

相关要求处理。商业银行对欠缴存款的罚款计入营业外支出。

课堂讨论 7-1

中国人民银行对商业银行的法定存款准备金和超额存款准备金都支付利息吗？

提示：是的。我国对所有存款准备金都计付利息，且利率相对较高。超额存款准备金利率是短期利率的基准，人民银行降低这个利率，其他短期利率都会随之下降。

三、向中国人民银行借款的核算

微课 7-1

商业银行在经营过程中资金清算头寸不足时，可向中国人民银行借款，从中国人民银行的角度又称再贷款。中国人民银行对商业银行发放的再贷款，对于信贷资金的调控、货币供应量和商业银行的业务发展，都具有重要意义。

（一）借款种类

商业银行从中国人民银行取得的借款，主要有以下4种：

1.年度性借款

它是各商业银行因经济合理增长，引起年度性信贷资金不足，而向中国人民银行申请的借款。年度性借款期限一般为1年。

2.季节性借款

它是各商业银行因信贷资金先支后收或存款季节性下降、贷款季节性上升等引起资金不足，而向中国人民银行申请的借款。季节性借款期限一般为两个月，最长不超过4个月。

3.日拆性借款

它是各商业银行因汇划款项未达和清算资金不足等发生临时性资金短缺，而向中国人民银行申请的借款。日拆性借款期限一般为10天，最长不超过20天。

4.再贴现

它是商业银行因办理票据贴现占用资金，引起资金暂时不足，以已贴现尚未到期的商业汇票向中国人民银行申请的借款。

（二）借入款项的核算

商业银行各级行处向中国人民银行申请借款时，计划部门应填制一式两份再贷款申请书，报送中国人民银行计划部门批准。再贷款申请书经中国人民银行计划部门签批后，商业银行会计部门填写一式五联借款凭证，在借款凭证上加盖预留印鉴后，提交中国人民银行办理借款手续。

商业银行会计部门收到中国人民银行退回的第三联借款凭证后，以此联代转账借方传票，另编转账贷方传票，办理转账。其会计分录为：

借：存放中央银行款项——备付金存款户

贷：向中央银行借款——××借款户

（三）归还借款的核算

借款到期，商业银行计划部门应通知会计部门办理归还借款的手续，主动归还借款。此时，会计部门应填制一式四联还款凭证。其会计分录为：

借：向中央银行借款——××借款户

　　利息支出——再贷款利息支出户

　贷：存放中央银行款项——备付金存款户

借款到期，如借款的商业银行未主动办理还款手续，而存款账户又有足够余额归还借款时，中国人民银行会计部门在征得商业银行同意后也可主动填制特种转账借、贷方传票各两联，收回贷款。

四、同城票据交换业务的核算

同城票据交换是指同一城市所有商业银行各行处将相互代收、代付的票据，按照中国人民银行规定的时间和场次，集中在同一票据交换区域通过手工交换方式办理各种票据的交换，当场轧计往来行之间应收、应付差额，并由中国人民银行清算差额资金的一种业务。原同城清算系统业务已于2020年12月全部迁移至大额实时支付系统、小额批量支付系统处理。因此，自2021年第一季度起不再单独披露同城清算系统业务量。

票据交换分为提出行和提入行两个系统。提出行是向他行提交票据的行处，提入行是接受他行提交票据的行处。参加票据交换的行处一般既是提出行又是提入行。所以提出票据与提入票据后加计应收、应付票据总金额并轧算差额时应合并计算。

（一）提出行的处理

各参加票据交换的行处按规定的交换场次和时间参加票据交换时，应将提出的代收、代付票据，按提入行分别填制“票据交换借方汇总表”（代付票据）、“票据交换贷方汇总表”（代收票据）各一式两联，一联与所提出的票据一并提出交换，另一联留存作为传票或传票附件。在票据交换借方、贷方汇总表中，应填明提出交换的票据种类、金额及收（付）款人等内容，并应分别按提入行加计代收、代付票据笔数和合计金额。

1.提出代收票据（贷方票据）

提出代收票据（贷方票据），即提出行付款票据。其会计分录为：

借：吸收存款——××单位存款户

　贷：待清算票据款项

发生退票，做相反的会计分录。

2.提出代付票据（借方票据）

提出代付票据（借方票据），即提出行收款票据。其会计分录为：

借：待清算票据款项

　贷：其他应付款

如果发生退票，需挂账处理时，其会计分录为：

借：其他应付款

　贷：待清算票据款项

已过退票时间未发生退票，其会计分录为：

借：其他应付款

　贷：吸收存款——××单位存款户

（二）交换票据的处理

交换票据时，各清算行的交换员首先按照提入行的交换号码，将提出的票据分发给各交换行；然后审核他行提交来的票据。中国人民银行总清算员收齐各清算行票据交换员通过局域网传送来（或通过软盘交来）的代付、代收票据数据后，通过计算机进行分类汇总，并轧计出各清算行本场次票据交换中应收金额和应付金额以及应收或应付差额，然后将有关数据打印出来交给各清算行的票据交换员进行核对。票据交换所对各行处的应收差额、应付差额分别加计合计，并应当平衡，如不平衡，参加交换的行处应当查找，直到平衡为止。

（三）提入行的处理

各清算行通过票据交换，一般提回两类票据：一类是收款单位在本行开户的代收票据；另一类是付款单位在本行开户的代付票据。提入行根据提回的代付、代收票据以及“提入代付（收）票据汇总计数单”办理转账。

1.提入代收票据（贷方票据）

提入代收票据（贷方票据），即提入行收款票据，提入票据正确无误的，其会计分录为：

借：待清算票据款项

　贷：吸收存款——××单位存款户

因误提他行票据等不能入账的，其会计分录为：

借：待清算票据款项

　贷：其他应付款

退票或再提出时，其会计分录为：

借：其他应付款

　贷：待清算票据款项

2.提入代付票据（借方票据）

提入代付票据（借方票据），即提入行付款票据，提入票据正确无误的，其会计分录为：

借：吸收存款——××单位存款户

　贷：待清算票据款项

因误提他行票据等不能入账的，其会计分录为：

借：其他应收款

　贷：待清算票据款项

再提出时，其会计分录为：

借：待清算票据款项

贷：其他应收款

(四) 清算票据轧差处理

各清算行将提出凭证和提入凭证计算轧差，分别应收差额和应付差额进行处理。

(1) 轧差后为应收差额的，其会计分录为：

借：存放中央银行款项

贷：待清算票据款项

(2) 轧差后为应付差额的，其会计分录为：

借：待清算票据款项

贷：存放中央银行款项

(3) 中国人民银行为各行清算票据交换差额，其会计分录为：

借：××银行存款——应付差额行户

贷：××银行存款——应收差额行户

知识链接 7-2

同城票据交换中的岗位分离、票据传递规定

1. 岗位分离规定

(1) 同城票据交换业务实行经办员、复核员、交换员岗位分离制度。

(2) 同城票据提出业务经办员、复核员不得经管涉及同城票据提出业务的空白重要凭证及配套会计业务印章。

2. 票据传递规定

(1) 严格各环节交接管理，严禁将交换的票据带回家中，严禁交换途中办理与交换无关的事宜，严禁委托他人代理交换。

(2) 按照当地人行要求的交换时间、地点，定点、定时、定人完成票据交换。

(3) 票据应装入专用交换袋，加锁，防止交换过程中遗失票据。

资料来源：作者根据相关资料整理。

五、通过中国人民银行办理汇划款项业务的核算

商业银行的款项汇划可以通过中国人民银行办理。现在中国人民银行的款项汇划已由中国现代化支付系统代替了原来的全国电子联行系统。

(一) 中国现代化支付系统 (CNAPS) 简介

1. 中国现代化支付系统的发展

中国现代化支付系统为世界银行技术援助贷款项目，主要提供商业银行之间跨行的支付清算服务，是为商业银行之间和商业银行与中国人民银行之间的支付业务提供最终资金清算的系统，是各商业银行电子汇兑系统资金清算的枢纽系统，是连接国内外银行重要的桥梁，也是金融市场的核心支持系统。2005年，大额实时支付系统完

成全国推广，实现了跨行资金支付实时到账，提高了资金周转速度；2006年，小额批量支付系统建成运行，为跨行清算和业务创新提供了公共平台；2007年，全国支票影像交换系统投产，通过引入影像技术支持支票全国通用；2009年，电子商业票据系统试点推广，引领商业汇票率先进入电子化时代，有效防范了票据风险；2010年，网上支付跨行清算系统建成运行，进一步提高了网上支付等新型电子支付业务跨行清算的处理效率；2013—2015年，中国人民银行对支付系统进行升级改造，新建成的第二代支付系统支持商业银行"一点接入，一点清算"、人民币跨境支付业务等，更好地满足经济金融发展需要；2013年至今，超级网银（网上支付跨行清算系统，IBPS）的深化应用与扩能；2015—2020年，中小银行与农村金融机构全面接入；2020年至今，数字人民币（e-CNY）与支付系统融合。

2.大额实时支付系统（HVPS）的基本内容

（1）大额实时支付系统的含义。

大额实时支付系统是中国现代化支付系统的重要组成部分，处理跨行同城和异地的金额在规定起点以上的大额贷记支付业务和紧急的小额贷记支付业务等。大额实时支付系统采取逐笔发送支付指令，全额实时清算资金的方法。建设大额实时支付系统的目的，旨在为各银行和广大企事业单位以及金融市场提供快捷、高效、安全、可靠的支付清算服务，防范支付风险，系统只在正常工作日运行。它对中央银行更加灵活、有效地实施货币政策和货币市场交易的及时清算具有重要作用。

（2）大额实时支付系统体系结构。

大额实时支付系统分为两级处理中心：国家处理中心（NPC），全国32个（包括31个省会城市和深圳市）城市处理中心（CCPC）。NPC分别与各CCPC连接，其通信网络采用专用网络，以地面通信为主，卫星通信备份。各政策性银行、商业银行以其省级分行作为直接参与者接入CCPC；中国人民银行会计集中核算系统（ABS）、国家金库会计核算系统（TBS）分别以地市为直接参与者远程接入CCPC；中国人民银行县（市）支行间接参与者通过各自系统经中心支行（库）连接大额实时支付系统处理支付业务。城市商业银行资金清算中心、外汇交易中心作为特许参与者与上海CCPC连接，办理城市商业银行的银行汇票和外汇交易、银行间同业拆借的资金清算。中国香港人民币清算行、中国澳门人民币清算行作为特许参与者分别与深圳CCPC、广州CCPC连接，办理个人人民币汇款及存款、兑换和银行卡业务的资金清算。中央结算公司等特许参与者与大额实时支付系统NPC连接，办理支付交易的即时转账业务。

2005年6月，大额实时支付系统在全国成功推广。大额实时支付系统连接着境内办理人民币结算业务的中外资银行金融机构，中国香港、澳门人民币清算行等，拥有1 600多个直接参与机构，7万多个间接参与机构。为满足社会大众对资金汇划的多样性需求，大额实时支付系统自2018年1月22日起，实行5×21小时运行。2024年，大额实时支付系统处理业务3.92亿笔、金额8 824.18万亿元，同比分别增长2.52%和4.05%；日均处理业务156.14万笔、金额35.16万亿元。

（3）大额实时支付系统运行管理范围。

大额实时支付系统运行管理范围包括国家处理中心、城市处理中心、直接参与者、支付系统备份系统、支付系统网络。

(4) 大额实时支付系统的业务范围。

大额实时支付系统的业务范围主要包括以下3类：

第一类，一般大额支付业务，是由付款银行发起，逐笔实时发往国家处理中心，国家处理中心清算资金后，实时转发收款银行的业务，包括汇兑、托收承付划回、中国人民银行（库）办理的资金汇划等。

第二类，即时转账支付业务，是由与支付系统国家处理中心直接连接的债券综合业务办公室特许参与者发起，通过国家处理中心实时清算资金后，通知被借记行和被贷记行的业务。其主要有中央债券综合业务系统办理的公开市场业务、债券交易市场业务、债券发行与兑付业务等。

第三类，城市商业银行的银行汇票业务，是支付系统为支持中小金融机构结算和通汇而专门设计的支持城市商业银行的银行汇票资金的移存和兑付的资金清算业务。

3.小额批量支付系统（BEPS）的基本内容

（1）小额批量支付系统的含义。

小额批量支付系统是以电子方式批量处理同城和异地纸凭证截留的商业银行跨行之间的定期借记支付业务、中国人民银行会计和国库部门办理的借记支付业务以及每笔金额在规定起点以下的小额贷记支付业务等的应用系统。小额批量支付系统实行7×24小时连续运行。

（2）小额批量支付系统的业务范围。

小额批量支付系统处理与居民日常生活密切相关的各种支付业务，为广大企事业单位和居民个人提供全天候不间断的支付服务。一般具有处理业务种类多、金额小、业务频繁等特点。其主要业务分为以下3类：

第一类，主动付款业务，也叫贷记支付业务，是付款行主动向收款行发起的付款业务。根据业务发生的频率和处理方式的差别，又可分为普通贷记业务、定期贷记业务和实时贷记业务3种。如汇兑、委托收款（划回）、托收承付（划回）、财税库汇划款项等业务属于普通贷记业务；根据付款单位委托，定期发放的职工工资、保险金、各类津补贴等属于定期贷记业务；客户通过银行柜台办理的、将确定的款项实时贷记某个指定账户的业务属于实时贷记业务（又称小额支付系统通存业务）。

第二类，主动收款业务，也叫借记支付业务，是收款行主动向付款行发起的收款业务。根据业务发生的频率和处理方式的差别，又可分为普通借记业务、定期借记业务和实时借记业务3种。如中国人民银行机构间的借记业务、国库借记汇划业务属于普通借记业务；根据收付款双方的协议，由收款银行定期发起的代收水、电、煤气等公用事业费业务属于定期借记业务；客户通过银行柜台办理的、实时从某个指定账户取款或转账的业务属于实时借记业务（又称小额支付系统通兑业务）。

第三类，信息服务业务，指支付系统参与者间相互发起和接收的、不需要支付系统提供资金清算服务的信息数据，主要包括支票“圈存”信息等非支付信息。

公用事业单位或其他单位需要通过小额批量支付系统办理定期收费业务的，须先向当地中国人民银行申请收费单位代码，再与付款人、付款人开户银行签订三方协议。单位和个人（缴费人）需通过小额批量支付系统办理定期缴费业务的，应与其开户银行、收费单位签订三方协议，并向收费单位提供一个银行结算账户账号。客户办理通存通兑业务的，应在开通通存通兑业务的任意一家银行开立个人存款账户，并与开户银行签订“××省个人存款通存通兑服务协议”。单位和个人需要开通小额批量支付系统相关业务的，可到其开户银行咨询办理。

2024年，小额批量支付系统处理业务47.90亿笔、金额198.13万亿元，同比分别增长3.82%和6.63%；日均处理业务1 308.82万笔、金额5 413.35亿元。

4.网上支付跨行清算系统的基本内容

网上支付跨行清算系统被誉为“超级网银”，支持网上支付等新兴电子支付业务，实行7×24小时连续运行，实现了各商业银行网银系统的互联互通，跨行转账、支付等业务可实时到账。为了更好满足各方支付服务需求，网上支付跨行清算系统支持短信认证及扫码认证两种支付方式，用户可以按业务需要在网上办理汇兑、投资理财、网络购物、商旅服务、缴费、慈善捐款、贷款还款、交易退款等业务。

2024年，网上支付跨行清算系统处理业务166.51亿笔、金额290.24万亿元，同比分别下降1.94%和3.56%；日均处理业务4 549.32万笔、金额7 930.16亿元。

5.境内外币支付系统的基本内容

境内外币支付系统是为中国境内的银行金融机构和外币清算机构提供外币支付服务的实时全额支付系统，主要处理境内跨行贷记业务、轧差净额业务、付款交割业务等。截至2016年年底，直接参与者52家，间接参与者744家，支持美元、日元、港币、欧元、瑞士法郎、澳大利亚元、加拿大元、英镑等8个币种，满足了国内对多个币种支付的需求，提高了结算效率和信息的安全性。

2024年，境内外币支付系统处理业务613.27万笔、金额4.82万亿美元（折合人民币约为34.25万亿元），同比分别增长19.44%和82.96%；日均处理业务2.44万笔、金额192.09亿美元（折合人民币约为1 364.72亿元）。

（二）大额实时支付系统业务处理流程及核算方法

1.大额实时支付系统业务处理流程

例如，甲地中国工商银行××分行向乙地中国农业银行××分行汇划一笔款项的处理流程如图7-1所示。

2.大额实时支付系统业务核算方法

汇出地商业银行经办行将款项划往省级分行，由省级分行通过本地CCPC转往国家处理中心（NPC）。

汇出地商业银行经办行会计分录为：

借：吸收存款

　　贷：系统内往来

汇出地商业银行省级分行会计分录为：

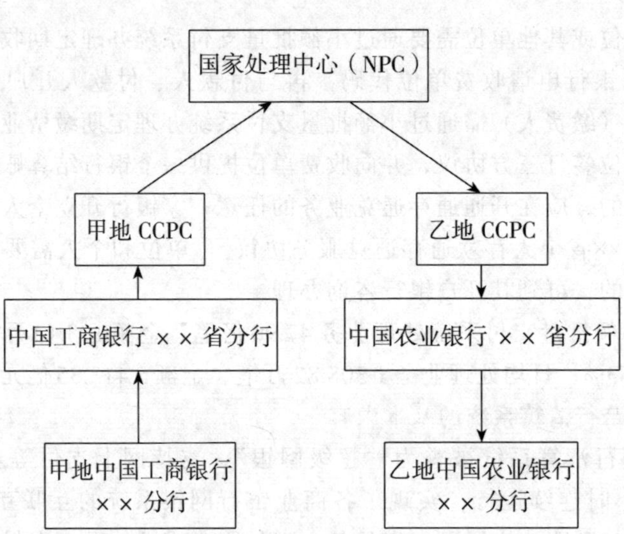

图7-1　大额实时支付系统业务处理流程举例

借：系统内往来

　　贷：存放中央银行款项

汇入地商业银行省级分行通过国家处理中心（NPC）接收到本地CCPC信息，将款项划往乙地汇入行。

汇入地商业银行省级分行会计分录为：

微课 7-2

借：存放中央银行款项

　　贷：系统内往来

汇入地商业银行经办行会计分录为：

借：系统内往来

　　贷：吸收存款

任务三　掌握同业往来业务的核算

同业往来业务的内容包括跨系统转汇、同业拆借等。2024年，银联跨行支付系统处理业务3 346.40亿笔，同比增长7.97%，金额255.46万亿元，同比下降8.61%；日均处理业务9.14亿笔、金额6 979.66亿元。

一、跨系统转汇业务的核算

在异地结算业务中，由于客户收、付款双方不在同一银行系统的商业银行开户，其资金划转（一般为小额资金）需要借助有关行的内部汇划系统办理转汇。异地跨系统转汇的方式有3种："先横后直"、"先直后横"和"先直后横再直"。下面分别介绍这3种转汇方式。

（一）"先横后直"方式

该方式适用于汇出行所在地为双设机构地区时的款项汇划。所谓双设机构地区，是指汇出行所在地区设有跨系统汇入行系统的银行机构。在这种情况下，应采取“先横后直”的方式在汇出地办理转汇，即汇出行先通过同城票据交换将款项划至汇入行在当地的联行机构（即转汇行），由其通过系统内电子汇划将款项汇往汇入行。所以，该种转汇方式涉及汇出行、汇出地跨系统转汇行及异地汇入行3方的核算，其处理程序举例如图7-2所示。

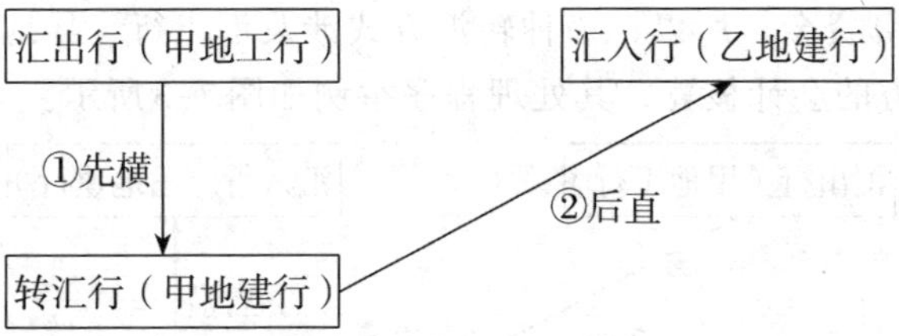

图7-2 “先横后直”异地跨系统转汇处理程序举例

其账务处理分别为：

1.汇出行

汇出行根据客户提交的汇款凭证，按不同系统的汇入行逐笔填制转汇清单，汇总后提交同城跨系统转汇行。

如果是代收款项，其会计分录为：

借：吸收存款——××汇款人户

（或××科目）

贷：待清算票据款项

如果是代付款项，则会计分录相反。

2.汇出地跨系统转汇行

汇出地跨系统转汇行收到汇出行提交的转汇清单和划转凭证，经审查无误后，通过系统内电子汇划将款项划往异地汇入行。

如果是代收款项，其会计分录为：

借：待清算票据款项

贷：清算资金往来——××清算中心（组）往来户

如果是代付款项，则会计分录相反。

3.异地汇入行

异地汇入行收到系统内电子汇划清算系统转来的有关凭证，审核无误后，为收款单位收款入账或为付款单位扣款出账。

如果是代收款项，其会计分录为：

借：清算资金往来——××清算中心（组）往来户

贷：吸收存款——××收款人户

（或应解汇款——××户）

如果是代付款项，则会计分录相反。

（二）"先直后横"方式

该方式适用于汇出行所在地为单设机构地区，而汇入行所在地为双设机构地区时的款项汇划。所谓单设机构地区，是指汇出行所在地没有跨系统汇入行系统的银行机构。在这种情况下应采取"先直后横"方式在汇出地办理转汇，即由汇出行将款项通过系统内电子汇划划至异地本系统的转汇行，然后由本系统转汇行与同城跨系统的汇入行办理转汇和清算资金。所以，该种转汇方式涉及汇出行、异地本系统转汇行和异地跨系统汇入行3方的会计核算，其处理程序举例如图7-3所示。

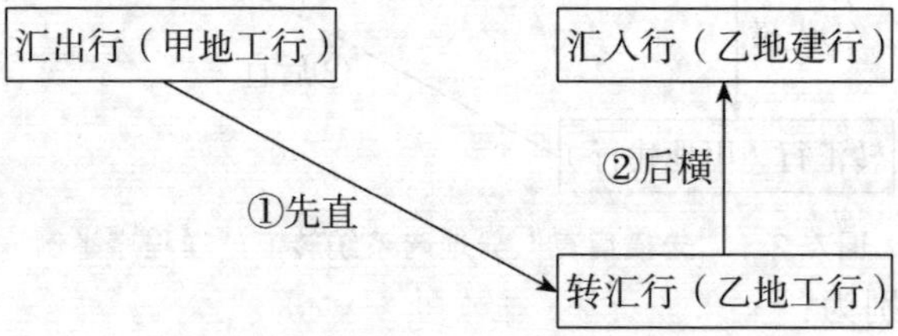

图7-3 "先直后横"异地跨系统转汇处理程序举例

其账务处理分别为：

1.汇出行

汇出行根据客户提交的汇款凭证，填制系统内电子汇划清单，通过系统内电子汇划将款项划转至汇入地本系统的转汇行。

如果是代收款项，其会计分录为：

借：吸收存款——××汇款人户

（或××科目）

贷：清算资金往来——××清算中心（组）往来户

如果是代付款项，则会计分录相反。

2.异地本系统转汇行

汇入地本系统转汇行收到本系统汇出行划交的系统内电子汇划清单，经审查无误后，直接通过同城票据交换，向跨系统汇入行办理转汇并清算资金。

如果是代收款项，其会计分录为：

借：清算资金往来——××清算中心（组）往来户

贷：待清算票据款项

如果是代付款项，则会计分录相反。

3.异地跨系统汇入行

汇入行收到本地区跨系统转汇行划转来的款项，经审核无误后，为收款单位收款入账或为付款单位扣款出账。

如果是代收款项，其会计分录为：

借：待清算票据款项

贷：吸收存款——××收款人户

（或应解汇款——××户）

如果是代付款项，则会计分录相反。

（三）"先直后横再直"方式

该方式适用于汇出行和汇入行所在地均为单设机构地区时汇划款项。在该种方式下需要选择一个汇出行和汇入行的转汇行均为双设机构地区代为划转。其具体做法是：首先，汇出行通过系统内电子汇划将款项划转至双设机构地区的本系统转汇行；然后，本系统转汇行与同城跨系统转汇行办理划转并清算资金；最后，跨系统转汇行再通过系统内电子汇划将款项划转至汇入行。所以，该种转汇方式涉及汇出行、双设机构地区汇出行本系统转汇行和汇入行跨系统转汇行、汇入行4方的核算，其处理程序举例如图7-4所示。

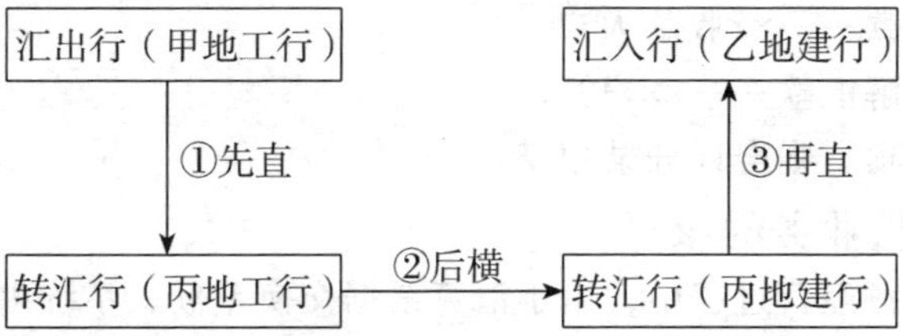

图7-4　"先直后横再直"异地跨系统转汇处理程序举例

其账务处理分别为：

1.汇出行

汇出行根据客户提交的汇款凭证，填制系统内电子汇划清单，通过系统内电子汇划将款项划转至双设机构地区汇出行本系统转汇行。

如果是代收款项，其会计分录为：

借：吸收存款——××汇款人户

　　（或××科目）

　贷：清算资金往来——××清算中心（组）往来户

如果是代付款项，则会计分录相反。

2.双设机构地区汇出行本系统转汇行

双设机构地区汇出行本系统转汇行收到本系统汇出行划交的系统内电子汇划清单，经审查无误后，直接通过同城票据交换，向汇入行跨系统转汇行办理转汇并清算资金。

如果是代收款项，其会计分录为：

借：清算资金往来——××清算中心（组）往来户

　贷：待清算票据款项

如果是代付款项，则会计分录相反。

3.双设机构地区汇入行跨系统转汇行

双设机构地区汇入行跨系统转汇行收到双设机构地区汇出行本系统转汇行提交的转汇清单和划转凭证，经审查无误后，通过系统内电子汇划将款项划往异地的汇入行。

如果是代收款项，其会计分录为：

借：待清算票据款项

　贷：清算资金往来——××清算中心（组）往来户

如果是代付款项，则会计分录相反。

4.汇入行

汇入行收到本系统内电子汇划转来的有关凭证，经审核无误后，为收款单位收款入账或为付款单位扣款出账。

如果是代收款项，其会计分录为：

借：清算资金往来——××清算中心（组）往来户

　贷：吸收存款——××收款人户

　　（或应解汇款——××户）

如果是代付款项，则会计分录相反。

二、同业拆借业务的核算

商业银行在业务经营过程中，由于清算票据交换差额、系统内调拨资金不及时等引起中国人民银行存款账户余额不足支付，此时解决的办法，既可以向上级行申请调入资金，也可以向中国人民银行申请借款，但由于时间和额度的限制，最快捷的解决办法是同业拆借。所以，同业拆借是指商业银行之间因资金周转的需要而临时融通资金的一种短期资金借贷行为。2024年，银行间货币市场成交共计1 783.7万亿元，同比下降1.8%。其中，质押式回购成交1 672.1万亿元，同比增加0.2%；买断式回购成交8.5万亿元，同比增加57.1%；同业拆借成交103.1万亿元，同比下降27.9%。交易所标准券回购成交510.0万亿元，同比增加26.4%。

（一）同业拆借的基本规定

（1）同业拆借只能在金融机构之间进行，非金融机构不得参与。

（2）拆入行只能将拆入的资金用于弥补票据结算、系统内汇差头寸的不足和解决临时性周转资金的需要，不得将拆入的资金用于发放固定资产贷款或者用于投资。

（3）拆出行用于拆出的资金，只能是交足法定存款准备金、留足备付金、已归还中国人民银行贷款后剩余的资金。

（4）同业拆借在全国银行间同业拆借市场中，通过全国统一的同业拆借网络进行。

（5）同业拆借的期限在符合规定的前提下，由交易双方自行商定。中国人民银行可以根据市场发展和管理的需要调整金融机构的拆借资金最长期限。同业拆借到期后不得展期。

（6）同业拆借交易以询价方式进行，自主谈判、逐笔成交。同业拆借利率由交易双方自行商定。

（7）中国人民银行对金融机构同业拆借实行限额管理，拆借资金限额由中国人民银行及其分支机构核定。中国人民银行可以根据市场发展和管理的需要调整金融机构的同业拆借资金限额。

（二）同业拆借的会计核算

1.拆出资金的核算

拆出行拆出资金时，会计部门凭拆借资金合同签发中国人民银行转账支票或者填写电（信）汇凭证，加盖预留印鉴后提交给中国人民银行办理划款手续。其会计分录为：

借：拆出资金——××拆入行户

　贷：存放中央银行款项——备付金存款户

中国人民银行收到拆出行提交的转账支票或者电（信）汇凭证，经审核无误后，办理款项划转手续并转账。转账后，通知拆入行。

拆借资金到期时，拆出行接到收账通知办理转账。其会计分录为：

借：存放中央银行款项——备付金存款户

　贷：拆出资金——××拆入行户

　　利息收入

2.拆入资金的核算

拆入行接到收账通知办理转账，其会计分录为：

借：存放中央银行款项——备付金存款户

　贷：拆入资金——本金

资产负债表日，按照实际利率计算确定拆入资金利息费用，记入“利息支出”科目，按照合同约定的名义利率计算确定的应付利息，记入“应付利息”科目，其差额借记或贷记“拆入资金——利息调整”。其会计分录为：

借：利息支出

　贷：应付利息

　　（或借）拆入资金——利息调整（差额）

拆入资金到期，归还拆入资金时，拆入行会计部门签发中国人民银行转账支票，提交开户的中国人民银行，办理本息划转手续。其会计分录为：

借：拆入资金——本金

　利息支出

　（或贷）拆入资金——利息调整（差额）

　贷：存放中央银行款项——备付金存款户

职业能力训练

一、填空题

1.金融机构往来包括商业银行与（　　）的往来、商业银行之间的往来、商业银行与（　　）的往来等。

2.资金拆借的专用科目是（　　）和（　　）。

3.商业银行向中央银行借款包括（　　）、季节性借款、（　　）、再贴现。

4.商业银行向中国人民银行缴存存款包括（　　）和（　　）两类。

5.（　　）是指同一城市所有商业银行参与，由中国人民银行当场清算代收、代付票据差额的一种方法。

6.同城票据清算的日终清算中轧计差额为应收差额的银行记入（　　）科目的借方。

7.中国现代化支付系统包括（　　）、（　　）、（　　）、（　　）等组成部分。

8.中国人民银行的大额实时支付系统包括（　　）和（　　）两级处理中心。

9.商业银行跨系统转汇业务包括（　　）、先直后横、（　　）3种方法。

10.同业拆借的利息收入记入（　　）科目。

二、单项选择题

1.财政性存款的缴存比例为（　　）。

A.6%　　B.10%

C.50%　　D.100%

2.拆入行的应计利息应计入（　　）。

A.利息收入　　B.利息支出

C.金融企业往来收入　　D.金融企业往来支出

3.商业银行同业拆入的资金可以用于（　　）。

A.弥补信贷收支缺口　　B.扩大信贷规模

C.投资债券　　D.弥补清算头寸缺口

4.下列不是异地跨系统转汇的方式为（　　）。

A.先横后直再横　　B.先横后直

C.先直后横　　D.先直后横再直

5.关于同城票据交换业务说法错误的是（　　）。

A.参与者是同城的商业银行和中国人民银行

B.有规定的时间和场次

C.有集中交换场所

D.不能当场轧计出差额

三、多项选择题

1.若同城票据交换日中清算为应付差额，其会计分录为（　　）。

A.贷：待清算票据款项　　B.借：存放中央银行款项

C.借：待清算票据款项　　D.贷：存放中央银行款项

2.为核算同中国人民银行往来业务，各商业银行设置的主要科目是（　　）。

A.存放中央银行款项　　B.向中央银行借款

C.拆出资金　　D.拆入资金

3.财政性存款的缴存范围是（　　）。

A.国家金库款项轧减中央经费限额支出数
B.待结算财政款项轧减借方数
C.财政发行的国库券款项轧减已兑付国库券款项
D.财政预算外存款
4.商业银行向中国人民银行的借款包括（ ）。
A.年度性借款 B.季节性借款
C.日拆性借款 D.再贴现
5.异地跨系统转汇的方式有（ ）。
A.先横后直 B.先直后横
C.先横后直再横 D.先直后横再直
6.商业银行同中国人民银行往来的业务主要有（ ）。
A.缴存存款 B.提取现金
C.借入长期借款 D.借入短期借款
7.商业银行短期借款来源为（ ）。
A.向中国人民银行借入 B.向财政借入
C.同业拆借 D.向大企业借入
8.下列（ ）是一般性存款。
A.企业存款 B.代理发行国债款项
C.个人储蓄存款 D.中央预算收入
9.下列（ ）应通过"大额实时支付系统"完成资金汇划。
A.规定起点以上的同行异地支付业务 B.规定起点以下的跨行同城支付业务
C.规定起点以上的跨行异地支付业务 D.规定起点以下小额紧急异地支付业务
10.大额实时支付系统的管理范围包括（ ）。
A.国家处理中心 B.城市处理中心
C.直接参与者 D.支付系统的备份系统和网络

四、判断题

1.商业银行缴存的财政性款项应上划到管辖行统一缴存。 （ ）
2.中国人民银行对商业银行欠缴存款的罚款商业银行计入营业外支出。 （ ）
3.同城票据交换只能在同一银行系统之间进行。 （ ）
4.先横后直适用于汇出行所在地为单设机构地区的款项汇划。 （ ）
5.同业拆借只能在商业银行之间进行。 （ ）
6.大额实时支付系统只能转汇规定起点以上的款项。 （ ）
7.大额实时支付系统中商业银行的每个市级分行都与城市处理中心直接进行信息连接。 （ ）
8.再贴现为信用贷款。 （ ）
9.银行间的同业拆借在符合规定的前提下，不可由交易双方自行商定。 （ ）

10.中央银行实行紧缩货币政策时应调增法定存款准备金率。 ( )

五、实践应用题

1.目的：练习向中国人民银行缴存存款业务的核算

资料：甲工商银行有关各种存款账户期末余额合计数见表7-1。

表7-1 期末余额合计表 金额单位：元

项目	上期末余额	本期末余额	缴存比例
财政性存款	987 500	1 324 000	100%
一般性存款	35 667 000	29 867 000	20%

要求：(1) 根据资料计算甲工商银行本期应调整的两项缴存存款的金额。

(2) 编制甲工商银行的相关会计分录。

2.目的：练习商业银行同中国人民银行往来业务的核算

资料：甲工商银行2024年发生如下业务：

(1) 8月12日，甲工商银行签发现金支票，向开户的中国人民银行提取现金1 000 000元，中国人民银行审核无误后，从其存款账户中支付。

(2) 8月16日，存入中国人民银行现金500 000元。

(3) 8月17日，甲工商银行为客户服装厂电汇资金150 000元给异地建设银行分行的开户单位，通过大额实时支付系统转汇。

(4) 9月10日，收到通过大额实时支付系统转汇的异地农业银行分行委托收款30 000元，收款人为本行开户单位塑料厂。

(5) 9月15日，收到通过大额实时支付系统转汇的异地工商银行分行托收商业汇票款75 000元，收款人为开户单位汽车厂。

要求：根据以上资料编制甲工商银行的会计分录。

3.目的：练习向中国人民银行借款业务的核算

资料：甲工商银行2024年发生如下业务：

(1) 甲工商银行3月18日向中国人民银行申请季节性贷款，金额为5 000 000元，期限为3个月，贷款月利率为0.88‰。经中国人民银行审查同意，办理贷款发放手续。

(2) 5月23日，甲工商银行提前归还贷款3 000 000元。

(3) 其余2 000 000元和利息于到期日6月18日全部归还。

(4) 甲工商银行5月10日持未到期的商业承兑汇票向中国人民银行申请再贴现，汇票面额为500 000元，汇票于6月23日到期。经中国人民银行审查同意办理，再贴现月利率为2.475‰。

(5) 上笔贴现汇票到期归还。

(6) 8月15日，一笔再贴现商业汇票到期，中国人民银行划回票款400 000元。

要求：根据以上资料编制甲工商银行的会计分录。

4.目的：练习同城票据交换业务的核算

资料：8月2日甲工商银行、中国农业银行某分行、中国建设银行某分行第一次票据交换情况如下：

（1）甲工商银行提出转账支票12张，金额为75 000元；提出进账单4张，金额为25 000元；提入转账支票7张，金额为193 000元；提入进账单2张，金额为70 000元。

（2）中国农业银行某分行提出转账支票9张，金额为78 000元；提出进账单5张，金额为85 000元；提入转账支票10张，金额为35 000元；提入进账单6张，金额为143 000元。

（3）中国建设银行某分行提出转账支票7张，金额为79 000元；提出进账单9张，金额为165 000元；提入转账支票12张，金额为60 000元；提入进账单8张，金额为118 000元。

假设：票据交换后在统一规定入账时间内入账，未发生退票；参加交换的行处均在中国人民银行开立账户，且均有足够资金清算票据交换差额。

要求：（1）根据资料分别计算甲工商银行、中国农业银行某分行、中国建设银行某分行应收金额、应付金额和交换差额。

（2）编制各商业银行和中国人民银行相关会计分录。

5.目的：练习跨系统转汇业务的核算

资料：甲工商银行2024年6月发生如下业务：

（1）2日，甲工商银行的开户单位制药厂办理信汇业务，汇往异地中国农业银行的开户单位机械厂，支付货款9 500元，通过同城中国农业银行将款项转汇。

（2）7日，甲工商银行开户单位纺织厂电汇7 000元，收款单位是在中国银行丙地支行开户的技术进出口公司，通过中国工商银行丙地支行转汇。

（3）8日，甲工商银行开户单位汽车厂电汇资金6 500元给在中国建设银行丁地分行开户的收款人，通过中国工商银行乙地分行和中国建设银行乙地分行转汇。

（4）16日，甲工商银行为开户单位油漆厂收取委托收款资金5 400元，付款人在中国建设银行丙地分行开户，通过中国工商银行丙地分行转汇。

（5）17日，甲工商银行为开户单位新兴百货收取货款7 800元，付款人在中国建设银行乙地分行开户，通过中国建设银行本地分行将汇款转汇。

要求：根据上述资料分别编制汇出行、转汇行、汇入行的相关会计分录。

6.目的：练习同业拆借业务的核算

资料：甲工商银行2024年发生如下业务：

（1）甲工商银行因季节性资金需要于6月11日从中国建设银行某分行拆借资金2 000 000元，经中国人民银行批准，确定拆借期限为15天，月利率为0.88‰。

（2）甲工商银行于6月25日归还拆借资金本息。

（3）7月1日，甲工商银行借给中国银行某分行资金头寸1 500 000元，确定拆借期限为7天，月利率为0.83‰。

（4）7天后中国银行某分行归还拆借资金本息。

要求：根据资料编制甲工商银行及相关银行的会计分录。

项目八

支付结算业务的核算

学习目标

知识目标：了解支付结算的基本内容；掌握转账支票、银行汇票、商业汇票、汇兑、委托收款、托收承付等核算方法；了解本票和银行卡业务、结算业务收费和罚款的核算。

能力目标：熟悉各种结算方式的业务流程与基本规范，提高独立完成结算业务的能力；具备一定的识别结算业务中各类风险的能力；提升与客户沟通的能力。

素养目标：优化业务流程，培养服务导向与客户至上理念；强化法治观念，防范因违规操作等引发的法律风险。

课前导入

支付清算　银行使命

社会经济的高度发展，每分每秒都离不开商品的交易和资金安全、便捷、高效的流通，更离不开准确、及时、完整的清算结算，可谓：支付清算、银行使命。结算、代收、信托、租赁、信息咨询……共同构成了银行中间业务的基石。现在，由中国人民银行自主开发建设的现代化支付清算系统，能够安全高效地处理各银行间异地、同城各种支付业务及资金清算等。如果说银行等支付机构是资金流动的“毛细血管”，那么中国人民银行支付清算系统是连接社会经济活动及其资金流动的“大动脉”和“金融高速公路”，可谓：央行支付、中流砥柱。

资料来源：作者根据相关资料编写。

引例

2024 年，支付系统共处理支付业务 1.42 万亿笔、金额 12 450.60 万亿元。银行共处理电子支付业务 3 016.68 亿笔、金额 3 426.99 万亿元。全国共发生票据业务 9 531.21 万笔，同比增长 1.89%，金额 93.64 万亿元，同比下降 3.73%。

人民币跨境使用政策持续优化。2020 年 12 月 31 日，中国人民银行会同国家发展和改革委员会、商务部、国务院国有资产监督管理委员会、中国银行保险监督管理委员会、国家外汇管理局联合发布《关于进一步优化跨境人民币政策 支持稳外贸稳外资的通知》（银发〔2020〕330 号），共包括 5 个部分，共 15 条，涵盖围绕实体经济需求推动更高水平贸易投资人民币结算便利化、进一步简化跨境人民币结算流程、优化跨境人民币投融资管理、便利个人经常项下人民币跨境收付、便利境外机构人民币银行结算账户使用等。

资料来源：作者根据中国人民银行官网资料整理。

支付结算业务综合体现商业银行为客户服务的宗旨与能力。本项目主要讲述支付结算的主要种类与方法，体验支付结算的功能与作用。

任务一　了解支付结算

一、支付结算的意义和种类

（一）支付结算的意义

银行作为支付结算和资金清算的中介机构，起着连接国民经济各部门、各企业的纽带作用。它的主要任务就是根据客户的经济往来组织支付结算，准确、及时、安全办理支付结算，这对于规范支付结算行为，保障支付结算活动中当事人的合法权益，加速资金周转，保证资金安全，促进社会主义市场经济的发展都具有重要意义。

票据凭证和结算凭证是办理支付结算的工具。办理支付结算必须使用按中国人民银行统一制定的票据凭证和结算凭证格式，票据凭证必须由中国人民银行指定的厂家印制。

（二）支付结算的种类

1.按支付结算业务实现的方式分类

按支付结算业务实现的方式不同，支付结算分为现金结算和转账结算。发生经济活动的双方，以现金方式完成给付及其资金清算的，称为现金结算；发生经济活动的双方，以信用方式代替现金支付，通过在银行账户划转款项，完成给付及其资金清算的，称为转账结算。

2.按支付结算票据与结算方式分类

按支付结算票据与结算方式的不同，支付结算有 8 种方式。《中华人民共和国票据法》及其配套法规、规章——《票据管理实施办法》《支付结算办法》颁布实施后，形成了我国目前的以“三票一卡三种结算方式”为主体的完整的支付结算体系。支付结算的具体种类包括支票、银行汇票、商业汇票、银行本票、银行卡、汇兑、托收承付和委托收款。

二、支付结算的原则

支付结算的原则是单位、个人和银行在办理支付结算过程中应遵循的基本准则，主要有3条原则：

（一）恪守信用，履约付款

信用是企业生存发展的基础。银行支付结算是建立在信用基础之上的货币收付行为，参与支付结算的任何一方，都必须以讲信用为前提。收付款单位在经济活动中，必须履行双方签订的经济合同，严格按合同发货、付款。银行在办理支付结算业务时，必须严格遵守支付结算制度，按照各种支付结算方式法定的处理程序划拨资金。

（二）谁的钱进谁的账、由谁支配

银行存款人享有其银行存款的所有权和使用权，银行应充分保障存款人对其合法存款的自主支配权，不得任意停止存款人的正常支付。银行作为办理支付结算和资金清算的中介机构，必须准确、及时地将付款人的资金划入收款人的账户（除按国家法律规定可以冻结、扣款外），以保障结算单位、个人的合法权益。

（三）银行不垫款

银行在办理支付结算时，必须坚持“先付后收、收妥抵用”的原则。因此，银行作为支付结算和资金清算的中介机构，没有责任和义务代任何单位、个人垫付款项。收款人委托银行收取的款项，在款项未入账前不能支用；付款人委托银行付款，必须以银行存款账户有足够资金为前提。

三、支付结算纪律

为保证结算制度的贯彻执行，维护正常的结算秩序，加速资金周转，促进经济发展，单位、个人到银行办理结算必须自觉遵守结算纪律。

（1）单位、个人和银行办理结算，都必须严格遵守《中华人民共和国票据法》和《支付结算办法》的规定。

（2）单位、个人办理结算必须重合同、守信用，应做到“四不准”：

①不准签发没有资金保证的票据或远期支票，套取银行信用；

②不准签发、取得和转让没有真实交易和债权债务的票据，套取银行和他人资金；

③不准无理拒付，任意占用他人资金；

④不准违反规定开立和使用账户。

（3）银行办理结算必须树立全局观念、法纪观念，做到“九不准”：

①不准以任何理由压票、任意退票、截留挪用客户和他行资金；

②不准无理拒绝支付应由本行支付的票据款项；

③不准受理无理拒付，不扣、少扣滞纳金；

④不准违章签发、承兑、贴现票据，套取银行资金；

⑤不准签发空头银行汇票、银行本票和办理空头汇款；

⑥不准在支付结算制度之外规定附加条件，影响汇路畅通；

⑦不准违反规定为单位和个人开立账户；

⑧不准拒绝受理、代理他行正常结算业务；

⑨不准放弃对企业单位和个人违反结算纪律的制裁。

知识链接 8-1

票据上的签章

票据上的签章为签名、盖章或签名加盖章。单位在票据和结算凭证上的签章，为该单位的公章或财务专用章加其法定代表人或者其授权的代理人的签名或盖章，个人在票据和结算凭证上的签章，应为该个人本名的签名或盖章。

1. 银行汇票的出票人在票据上的签章，应为经中国人民银行批准使用的银行汇票专用章加其法定代表人或者其授权经办人的签名或盖章。

2. 银行承兑汇票、办理商业汇票转贴现、再贴现时的签章，应为经中国人民银行批准使用的银行结算专用章加其法定代表人或者其授权经办人的签名或盖章。

3. 银行本票的出票人的票据上的签章，应为经中国人民银行批准使用的银行本票专用章加其法定代表人或者其授权经办人的签名或盖章。

4. 商业汇票贴现、转贴现、再贴现到期收款行的签章，应为贴现、转贴现、再贴现行的结算专用章加其法定代表人或者其授权经办人的签名或盖章。

5. 支票的出票人和商业承兑汇票的承兑人在票据上的签章，应为其预留银行的签章。

资料来源：作者根据相关资料整理。

任务二　掌握票据结算业务的核算

一、支票业务的核算

（一）支票的含义和种类

支票是出票人签发的、委托办理支票存款业务的银行在见票时无条件支付确定的金额给收款人或者持票人的票据。

支票按照用途，分为现金支票、转账支票和普通支票3种。支票上印有“现金”字样的为现金支票，现金支票只能用于支取现金。支票上印有“转账”字样的为转账支票，转账支票只能用于转账。支票上未印有“现金”或“转账”字样的为普通支票，普通支票可以用于支取现金，也可以用于转账。在实际工作中，有的银行还使用一种画线支票，即在普通支票左上角画两条平行线的为画线支票。画线支票只能用于转账，不得支取现金。

2024年，全国共发生支票业务5 344.81万笔、金额56.31万亿元，同比分别下降16.52%和14.94%。

（二）支票的主要规定

（1）单位和个人在同一票据交换区域的各种款项结算，均可使用支票。

（2）支票的出票人，为在经中国人民银行当地分支行批准办理支票业务的银行机构开立可以使用支票的存款账户的单位和个人。

（3）签发支票必须记载下列事项：表明“支票”的字样；无条件支付的委托；确定的金额；付款人名称；出票日期；出票人签章。欠缺这些事项之一的，支票无效。

（4）支票的付款人为支票上记载的出票人开户银行。

（5）支票的金额、收款人名称可以由出票人授权补记。未补记前不得背书转让和提示付款。

（6）签发支票应使用碳素墨水或墨汁填写，中国人民银行另有规定的除外。

（7）签发现金支票和用于支取现金的普通支票，必须符合国家现金管理规定。

（8）支票的出票人签发支票的金额不得超过付款时在付款人处实有的存款金额。禁止签发空头支票。

（9）支票的出票人预留银行签章是银行审核支票付款的依据。银行也可以与出票人约定使用支付密码，作为银行审核支付支票金额的条件。出票人不得签发与其预留银行签章不符的支票；使用支付密码的，出票人不得签发支付密码错误的支票。

（10）出票人签发空头支票、签章与预留银行签章不符的支票、使用支付密码而支付密码错误的支票，银行应予以退票，并按票面金额对出票人处以5%但不低于1 000元的罚款；持票人有权要求出票人赔偿支票金额2%的赔偿金。对屡次签发空头支票的，银行应停止其签发支票。以骗取财物为目的的，出票人还将被追究刑事责任。

（11）支票的提示付款期限为自出票日起10日内，但中国人民银行另有规定的除外。超过提示付款期限提示付款的，持票人开户银行不予受理，付款人不予付款。

（12）持票人可以委托开户银行收款或直接向付款人提示付款。用于支取现金的支票仅限于收款人向付款人提示付款。

（13）出票人在付款人处的存款足以支付支票金额时，付款人应当在见票当日足额付款。

（14）转账支票允许连续背书转让；现金支票和普通支票不能背书转让。

（15）支票丧失后，失票人可以及时通知付款人挂失止付。

（16）存款人领购支票，必须填写“票据和结算凭证领用单”并签章，签章应与预留银行的签章相符。存款账户结清时，必须将全部剩余空白支票交回银行注销。

现金支票结算业务已在项目三做了详细介绍，本项目只介绍转账支票的会计核算手续。

（三）转账支票的会计核算

1.持票人、出票人在同一银行机构开户

（1）银行受理持票人送交的支票。银行接到持票人送来的转账支票（其格式见表

8-1）和两联进账单时，应对支票认真审查。审查无误后进行处理，其会计分录为：

表8-1　**转账支票格式**

××银行转账支票存根	××银行**转账支票**　地名　支票号码：
支票号码	出票日期（大写）　年　月　日　付款行名称：
科　目	收款人：　出票人账号：
对方科目	本支票付款期限十天
出票日期　年　月　日	人民币（大写）　千 百 十 万 千 百 十 元 角 分
收款人：	用途＿＿＿＿＿　科目（借）＿＿＿＿＿
金　额：	对方科目（贷）＿＿＿＿＿
用　途：	上列款项请从我账户内支付　付讫日期　年　月　日
	复核　记账
	出票人签章
单位主管　会计	（使用清分机的，此区域供打印磁性字码）

借：吸收存款——出票人户

　贷：吸收存款——持票人户

然后将第一联进账单加盖转讫章作为收账通知交给持票人。

如果出票人签发空头支票、签章与预留银行签章不符的支票、使用支付密码而支付密码错误的支票时，持票人开户行要将支票退给持票人，并对出票人处以罚款。此时，出票人开户行要编制特种转账借方传票和贷方传票各一联。其会计分录为：

借：吸收存款——出票人户

　贷：营业外收入——罚款收入户

（2）银行受理出票人送交支票的处理手续。银行接到出票人送来的转账支票和三联进账单时，应按规定认真审查支票的各项内容，审查无误后，支票作为借方凭证，第二联进账单作为贷方凭证。其会计分录为：

借：吸收存款——出票人户

　贷：吸收存款——收款人户

然后将第一联进账单加盖转讫章作为回单交给出票人，第三联进账单加盖转讫章作为收账通知交给收款人。

2.持票人、出票人不在同一银行机构开户

（1）持票人开户行受理持票人送交支票。持票人开户行接到持票人送交的支票和两联进账单时，认真审查支票内容。审查无误后，将支票按照票据交换的规定及时提出交换。

持票人开户行待退票时间过后，即可为持票人收款进账，以第二联进账单作为贷方凭证。其会计分录为：

借：其他应付款

贷：吸收存款——持票人户

如果出票人签发的支票不符合要求，出票人开户行应当电话通知持票人开户行并在下一票据交换场次退票。如果当天退票的，持票人开户行待出票人开户行退回支票后，将退回的支票退收款人。如果隔天退票的，持票人开户行应填制一联转账贷方凭证。其会计分录为：

借：待清算票据款项

贷：其他应付款

待隔天收到退回的支票时，将支票退给收款人。

出票人开户行收到经票据交换提入的支票后，应按照有关规定认真审查支票内容，无误后不予退票的，以支票作为借方凭证。其会计分录为：

借：吸收存款——出票人户

贷：待清算票据款项

如果出票人签发的支票不符合要求，出票人开户行应当在下场交换时将支票退给持票人开户行。如果当天某一方未有票据交换场次时，只能隔天退票，出票人开户行在通知持票人开户行后，填制一联转账借方凭证。其会计分录为：

借：其他应收款——××行户

贷：待清算票据款项

隔天退票时，做相反的会计分录，并将支票退持票人开户行。

(2) 出票人开户行受理出票人送交支票的处理手续。出票人开户行接到出票人送交的支票和三联进账单时，按照规定认真审查，无误后，以支票作为借方凭证。其会计分录为：

借：吸收存款——出票人户

贷：待清算票据款项

持票人开户行收到交换提入的第二、三联进账单，经审查无误，第二联进账单加盖转讫章作为贷方凭证。其会计分录为：

借：待清算票据款项

贷：吸收存款——收款人户

第三联进账单加盖转讫章作为收账通知交给收款人。

（四）全国支票影像交换系统

2007年6月，中国人民银行建成全国支票影像交换系统。支票在全国范围内可以通用，企事业单位和个人持任何一家银行的支票均可在境内所有地区办理支付。

1.全国支票影像交换系统的含义

全国支票影像交换系统是指运用影像技术将实物支票转换为支票影像信息，通过计算机及网络将影像信息传递至出票人开户银行提示付款的业务处理系统，是中国人民银行继大额实时支付系统和小额批量支付系统建成后的又一重要金融基础设施。全国支票影像交换系统定位于处理银行机构跨行和行内的支票影像信息（包括支票影像及其电子清算信息）交换，其资金清算通过中国人民银行覆盖全国的小额批量支付系统处理。支票影像业务的处理分为影像信息交换和业务回执（出票人开户银行通过小额批量支付系统返还给持票人开户银行，对支票影像信息提示付款表明同意付款或拒绝付款的确认结果）处理两个阶段，即支票提出银行通过影像交换系统将支票影像信息发送至提入行提示付款，提入行通过小额批量支付系统向提出行发送回执完成付款。

2.全国支票影像交换系统的基本规定

支票影像业务处理遵循“先付后收、收妥抵用、全额清算、银行不垫款”的原则。影像交换系统处理的支票业务分为区域业务和全国业务。区域业务是指支票的提出行（持票人开户的银行金融机构）和提入行（出票人开户的银行金融机构）均属同一分中心（指接收、转发同一区域内系统参与者的支票影像信息，并向总中心发送和从总中心接收支票影像信息的系统节点），并由分中心转发的业务；全国业务是指支票的提出行和提入行分属不同分中心，并由总中心（指接收、转发跨分中心支票影像信息的系统节点）负责转发的业务。根据中国人民银行的规定，支票全国通用后出票人签发的支票凭证不变，支票的提示付款期限仍为10天；异地使用支票款项最快可在2至3小时之内到账，一般在银行受理支票之日起3个工作日内均可到账。为防范支付风险，异地使用支票的单笔金额上限为50万元。对于超过规定限额的支付，收、付款人可约定采用其他支付方式。

二、银行汇票业务的核算

（一）银行汇票的含义

银行汇票是出票银行签发的、由其在见票时按照实际结算金额无条件支付给收款人或者持票人的票据。2024年，全国共发生银行汇票业务10.16万笔、金额906.80亿元，同比分别下降24.01%和12.29%。

（二）银行汇票的主要规定

（1）单位和个人各种款项的结算，均可使用银行汇票。

（2）银行汇票主要用于异地间的款项结算，如果同城使用银行汇票，则必须由另一个具备办理银行汇票资格的、与出票行同属一个系统的银行办理。

（3）银行汇票可以用于转账；填明“现金”字样的银行汇票可以用于支取现金，但申请人和收款人必须均为个人，若申请人或者收款人为单位的，银行不得为其签发现金银行汇票，而且银行汇票上必须注明代理付款人名称。

（4）银行汇票的出票和付款，全国范围限于中国人民银行和参加“系统内电子汇划”的各商业银行机构办理。跨系统银行签发的转账银行汇票的付款，应通过同城票据交换将银行汇票和解讫通知提交给同城的有关银行审核支付后抵用。代理付款人不得受理未在本行开立存款账户的持票人为单位直接提交的银行汇票。

（5）收款人可以将银行汇票背书转让给被背书人。银行汇票的背书转让以不超过出票金额的实际结算金额为准。填明“现金”字样的银行汇票，不得背书转让。

（6）签发银行汇票必须记载下列事项：表明“银行汇票”的字样；无条件支付的承诺；出票金额；付款人名称；收款人名称；出票日期；出票人签章。欠缺上列事项之一的，银行汇票无效。

(7) 银行汇票的提示付款期限为自出票日起1个月。持票人超过付款期限提示付款的，代理付款人不予受理。

(8) 银行汇票的付款人为出票银行。银行汇票的代理付款人是代理本系统出票银行或跨系统签约银行审核支付汇票款项的银行。

(9) 银行汇票的实际结算金额不得更改，更改实际结算金额的银行汇票无效。

(10) 填明“现金”字样和代理付款人的银行汇票丧失后，失票人可以通知付款人或者代理付款人挂失止付。

(11) 持票人向银行提示付款时，必须同时提交银行汇票和解讫通知，缺少任何一联，银行不予受理。

(12) 在银行开立存款账户的持票人向开户银行提示付款时，应在汇票背面签章。银行审查无误后办理转账。

(13) 未在银行开立存款账户的个人持票人，可以向选择的任何一家银行机构提示付款。提示付款时，应在汇票背面签章，并提交身份证件及其复印件备查。银行审查无误后，以持票人的姓名开立应解汇款及临时存款账户，该账户只付不收，付完清户，不计付利息。

(14) 银行汇票的实际结算金额低于出票金额的，其多余金额由出票银行退交申请人。

(15) 持票人或者申请人因汇票超过付款提示期限或者其他原因要求退款时，应将银行汇票和解讫通知同时提交到出票银行，并出具单位证明或个人身份证件，经审核无误后才能办理。如果缺少解讫通知要求退款的，出票银行应于银行汇票提示付款期满1个月后才能办理。

(三) 银行汇票的专用科目

“汇出汇款”科目是银行汇票业务设置的专用会计科目。本科目核算银行为申请人办理的委托本系统其他行或系统外其他银行解付的汇款。银行签发银行汇票时，记入本科目贷方；收到代理付款行寄来的有关单证结清银行汇票时，按汇票金额记入本科目借方。

(四) 银行汇票的会计核算

银行汇票结算业务的程序分出票、付款和结清3个阶段。

1.出票

申请人需要使用银行汇票时，应向银行填写银行汇票申请书。申请书一式三联。交现金办理汇票时，第二联注销。

出票行受理申请人提交的申请书时，应认真审查其内容是否正确。经审查无误后，才能受理其签发银行汇票的申请。转账交付的，其会计分录为：

借：吸收存款——申请人户

　贷：汇出汇款

现金交付的，其会计分录为：

借：库存现金

　贷：汇出汇款

出票行在办好转账或收妥现金后，按规定签发银行汇票（其格式见表8-2）。

表8-2 银行汇票格式

付款期限 壹 个 月	____银行 银行汇票 2	汇票号码 第 号

出票日期（大写）：贰零 年 月 日　　代理付款行：　　行号：

收款人：	账号：										
出票金额	人民币（大写）										
实际结算金额	人民币（大写）	千	百	十	万	千	百	十	元	角	分

申 请 人：________　　账号或地址：________

出 票 行：______行号：______

备　注：________

凭票付款

出票行签章

多余金额										科目（借）______ 对方科目（贷）______ 兑付日期 年 月 日 复核 记账
千	百	十	万	千	百	十	元	角	分	

此联代理付款行付款后作为联行往账借方凭证附件

2.付款

付款分为两种情况：

（1）持票人在代理付款行开立账户。

代理付款行接到在本行开立账户的持票人直接交来的汇票、解讫通知和两联进账单时，应认真审查有关内容。经审查无误后，由会计部门办理转账。其会计分录为：

借：清算资金往来——××清算中心（组）往来户

　　（或××科目）

　贷：吸收存款——××持票人户

在第一联进账单上加盖转讫章作为收账通知交给持票人，解讫通知加盖转讫章及记账、复核名章后随电子清算划付款专用凭证或联行借方报单寄给出票行。

（2）持票人未在代理付款行开立账户。

代理付款行收到未在本行开立账户的持票人为个人交来汇票和解讫通知及两联进账单时，除按上述有关规定认真审查外，应认真审查持票人的身份证件，审核无误后，以持票人姓名开立应解汇款及临时存款账户，并在该分户账上注明汇票号码以备查考，然后会计部门办理转账。其会计分录为：

借：清算资金往来——××清算中心（组）往来户

　　（或××科目）

　贷：应解汇款——持票人户

在第一联进账单上加盖转讫章作为收账通知交给持票人，解讫通知加盖转讫章及记账、复核名章后随电子清算划付款专用凭证或联行借方报单寄给出票行。

开户后，原持票人可将汇款一次或分次支取。原持票人若需支取现金的，代理付款行经审查汇票上填写的申请人和收款人确为个人并按规定填明了“现金”字样，予以办理。其会计分录为：

借：应解汇款——持票人户

　贷：库存现金

原持票人如需一次或分次办理转账支付的，应由其填制支款凭证，并向银行交验本人的身份证件。其会计分录为：

借：应解汇款——持票人户

　贷：存放中央银行款项——备付金存款户

　　（或清算资金往来——××清算中心（组）往来户或××科目）

3.结清

出票行接到代理付款行发来的划付信息时，会计部门根据本行清算中心交来的有关凭证，经核对无误后，分别做如下处理：

（1）汇票全额付款，其会计分录为：

借：汇出汇款

　贷：清算资金往来——××清算中心（组）往来户

　　（或××科目）

同时销记汇出汇款账。

（2）汇票有多余款的，办理转账。其会计分录为：

借：汇出汇款

　贷：清算资金往来——××资金清算中心（组）往来户

吸收存款——申请人户

同时销记汇出汇款账，在多余款收账通知的多余金额栏填写多余金额，加盖转讫章，作为收账通知转原申请人。

（3）如果申请人未在出票行开立账户，多余金额应先转入“其他应付款”科目，并按上述手续办理转账。其会计分录为：

借：汇出汇款

　贷：清算资金往来——××清算中心（组）往来户

　　（或××科目）

其他应付款——申请人户

同时销记汇出汇款账，并通知申请人持申请书存根及本人身份证件来行办理领取手续。领取时，以多余款收账通知代“其他应付款”科目借方凭证，其会计分录为：

借：其他应付款——申请人户

　贷：库存现金

出票行对专夹保管的汇票卡片及多余款收账通知，应当定期检查清理，发现有超过汇票付款期限（加上正常凭证传递期）的，应当主动与申请人联系，查明原因，及时处理。

三、商业汇票业务的核算

（一）商业汇票的含义和种类

商业汇票是出票人签发的、委托付款人在指定日期无条件支付确定的金额给收款人或者持票人的票据。

商业汇票按照承兑人的不同，分为商业承兑汇票和银行承兑汇票。商业承兑汇票的承兑人为银行以外的付款人，银行承兑汇票的承兑人为银行。商业汇票的付款人为承兑人。

2024年，票据业务中实际结算商业汇票业务4 164.65万笔、金额36.95万亿元，同比分别增长42.42%和20.72%。

知识链接 8-2

电子商业汇票业务

电子商业汇票（简称电子票据）是出票人以数据电文形式制作的，委托付款人在指定日期无条件支付确定的金额给收款人或者持票人的票据。电子商业汇票又分为电子银行承兑汇票和电子商业承兑汇票。与纸质商业汇票相比，电子商业汇票具有以数据电文形式签发、流转，并以电子签名取代实体签章两个突出特点。电子商业汇票使票据业务从手工、传统的操作模式转换到通过计算机网络技术实现其签发、流转和结清的现代化操作模式。

随着银行供应链金融业务的快速拓展，电子商业票据作为一种重要的、市场迫切需求的新型融资工具，成为供应链金融业务的重要支撑。商业银行需要建设票据业务综合服务系统，包括实物票据和电子票据的签发、贴现、转贴现、票据托管、票据理财等业务的操作与管理。2008年，中国人民银行做出了建设全国性电子票据系统的决定。2009年10月16日，中国人民银行发布了《电子商业汇票业务管理办法》。2009年10月28日，全国性电子商业汇票系统（electronic commercial draft system，ECDS）上线，除实现票据和票据活动电子化外，电子商业汇票付款期延长为1年。首张电子银行承兑汇票由中国电力投资集团公司作为出票人，招商银行北京分行营业部作为承兑人，收票人为中国电能成套设备有限公司，期限为1年，金额为1 000万元人民币。2009年11月2日，中国人民银行举行电子商业汇票系统建成运行新闻发布会，首批接入电子商业汇票系统的包括11家全国性银行、2家地方性商业银行、3家农村金融机构和4家财务公司。中国人民银行电子商业汇票系统的建成运行，是继大额实时支付系统、小额批量支付系统、全国支票影像交换系统、境内外币支付系统之后，中国人民银行组织建设运行的又一重要跨行支付清算系统，是我国金融信息化、电子化进程中的又一个重要里程碑，标志着我国商业票据业务进入电子化时代，必将对我国票据业务的未来发展产生深远影响。2016 年 8 月，中国人民银行发布《关于规范和促进电子商业汇票业务发展的通知》，旨在充分发展电子商业汇票系统和电票业务优势，防范纸质商业汇票业务风险，加快票据市场电子化进程。为了规范商业汇票承兑、贴现与再贴现业务，2022 年 11 月 11 日，中国人民银行发布《商业汇票承兑、贴现与再贴现管理办法》，自 2023 年 1 月 1 日起施行。

2024 年，上海票据交易所电子商业汇票系统承兑 1 680.14 万笔，同比下降 40.19%，金额 38.26 万亿元，同比增长 22.36%；贴现 1 671.77 万笔、金额 30.51 万亿元，同比分别增长 37.94% 和 28.10%；转贴现 1 842.74 万笔，同比下降 9.42%，金额 74.40 万亿元，同比增长 1.40%；质押式回购 458.23 万笔、金额 27.24 万亿元，同比分别下降 4.63% 和 8.38%；买断式回购 23.24 万笔、金额 1.61 万亿元，同比分别下降 21.22% 和 8.40%。

资料来源：作者根据中国人民银行官网资料整理。

（二）商业汇票的主要规定

（1）在银行开立存款账户的法人以及其他组织之间，必须具有真实的交易关系或债权债务关系，才能使用商业汇票。

（2）商业承兑汇票的出票人，为在银行开立存款账户的法人以及其他组织，与付款人具有真实的委托付款关系，具有支付汇票金额的可靠资金来源。

（3）银行承兑汇票的出票人必须具备下列条件：①在承兑银行开立存款账户的法人以及其他组织；②与承兑银行具有真实的委托付款关系；③资信状况良好，具有支付汇票金额的可靠资金来源。

（4）出票人不得签发无对价的商业汇票用以骗取银行或者其他票据当事人的资金。

（5）签发商业汇票必须记载下列事项：①表明"商业承兑汇票"或"银行承兑汇票"的字样；②无条件支付的委托；③确定的金额；④付款人名称；⑤收款人名称；⑥出票日期；⑦出票人签章。欠缺记载上列事项之一的，商业汇票无效。

（6）商业承兑汇票可以由付款人签发并承兑，也可以由收款人签发交由付款人承兑。银行承兑汇票应由在承兑银行开立存款账户的存款人签发。

（7）商业汇票可以在出票时向付款人提示承兑后使用，也可以在出票后先使用再向付款人提示承兑。定日付款或者出票后定期付款的商业汇票，持票人应当在汇票到期日前向付款人提示承兑。见票后定期付款的汇票，持票人应当自出票日起1个月内向付款人提示承兑。汇票未按照规定期限提示承兑的，持票人丧失对其前手的追索权。

（8）商业汇票的付款人接到出票人或持票人向其提示承兑的汇票时，应当向出票人或持票人签发收到汇票的回单，记明汇票提示承兑日期并签章。付款人应当在自收到提示承兑的汇票之日起3日内承兑或者拒绝承兑。付款人拒绝承兑的，必须出具拒绝承兑的证明。

（9）商业汇票的承兑银行，必须具备下列条件：与出票人具有真实的委托付款关系；具有支付汇票金额的可靠资金；内部管理完善；经其法人授权的银行审定。

（10）银行承兑汇票的承兑银行，应按票面金额向出票人收取5‰的手续费。

（11）银行承兑汇票的出票人或持票人向银行提示承兑时，银行的信贷部门负责按照有关规定和审批程序，对出票人的资格、资信、购销合同和汇票记载的内容进行认真审查，必要时可由出票人提供担保。符合规定和承兑条件的，与出票人签订承兑协议。

（12）已承兑的商业汇票丢失后，失票人可以通知付款人挂失止付。

（13）商业汇票在出票后即可交付使用和背书转让，并在到期日前向付款人提示承兑，也可以在签发并经付款人承兑后使用。

（14）商业汇票的付款期限最长不得超过6个月。定日付款的汇票付款期限自出票日起计算，并在汇票上记载具体的到期日；出票后定期付款的汇票付款期限自出票日起按月计算，并在汇票上记载；见票后定期付款的汇票付款期限自承兑或拒绝承兑日起按月计算，并在汇票上记载。

（15）商业汇票的提示付款期限为自汇票到期日起10日内。持票人超过提示付款期限提示付款的，持票人开户银行不予受理。

（16）商业承兑汇票的付款人应在收到开户银行的付款通知的当日通知银行付款。付款人在接到通知日的次日起3日内（遇法定休假日顺延）未通知银行付款的，视同付款人承诺付款，银行应于付款人接到通知日的次日起第四日（遇法定休假日顺延）上午开始营业时，将票款划给持票人。

（17）银行在办理划款时，付款人存款账户不足支付的，应填制付款人未付票款通知书，连同商业承兑汇票邮寄持票人开户银行转交持票人。付款人存在合法抗辩事由拒绝支付的，应自接到通知日的次日起3日内，做好拒绝付款证明送交开户银行，银行将拒绝付款证明和商业承兑汇票邮寄持票人开户银行转交持票人。

（18）银行承兑汇票的出票人应于汇票到期前将票款足额交存其开户银行。承兑银行应在汇票到期日或到期日后的见票当日支付票款。

（19）银行承兑汇票的出票人于汇票到期日未能足额交存票款时，承兑银行除凭票向持票人无条件付款外，对出票人尚未支付的汇票金额按照每天5‱计收利息。

（20）具备下列条件的商业汇票的持票人可持未到期的商业汇票连同贴现凭证向银行申请贴现：在银行开立存款账户的企业法人以及其他组织；与出票人或者直接前手之间具有真实的商品交易关系；提供与其直接前手之间的增值税发票和商品发运单据复印件。贴现银行也可持未到期的商业汇票向其他银行转贴现，也可向中国人民银行申请再贴现。

（21）贴现、转贴现和再贴现的期限从其贴现之日起至汇票到期日止。实付贴现金额按票面金额扣除贴现日至汇票到期前1日的利息计算。承兑人在异地的，贴现、转贴现和再贴现的期限以及贴现利息的计算应另加3天的划款日期。

知识链接 8-3

《商业汇票承兑、贴现与再贴现管理办法》发布与实施

2022年11月11日，中国人民银行发布《商业汇票承兑、贴现与再贴现管理办法》（以下简称《办法》），自2023年1月1日起施行。《办法》指出：为了规范商业汇票承兑、贴现与再贴现业务，根据《中华人民共和国票据法》《中华人民共和国中国人民银行法》《中华人民共和国银行业监督管理法》《中华人民共和国商业银行法》等有关法律法规，制定本办法。《办法》对商业汇票承兑、贴现和再贴现、风险控制、信息披露、监督管理、法律责任等做出明确规定。

资料来源：作者根据中国人民银行官网资料整理。

（三）商业承兑汇票的会计核算

商业承兑汇票（其格式见表8-3）是由收款人出票，经付款人承兑，或由付款人出票并承兑的票据。

表8-3 商业承兑汇票格式

商业承兑汇票 2

出票日期（大写） 年 月 日 汇票号码 第 号

付款人	全称			收款人	全称			此联持票人开户行随委托收款凭证寄付款人开户行作借方凭证附件
	账号				账号			
	开户银行		行号		开户银行		行号	
出票金额	人民币（大写）					千 百 十 万 千 百 十 元 角 分		
汇票到期日			交易合同号码					
本汇票已经承兑，到期无条件支付票款。 承兑人签章 承兑日期 年 月 日				本汇票请予以承兑到期日付款。 出票人签章				

使用商业承兑汇票结算的交易双方签订合同后，由收款人或付款人出票，由银行以外的付款人承兑汇票。该票据一式三联：第一联卡片，由承兑人留存；第二联汇票，由持票人作为委托收款依据；第三联存根，由出票人存查。

1.持票人开户行受理汇票

持票人凭商业承兑汇票委托开户行收款时，应填制委托收款凭证，并在“委托收款凭据名称”栏注明“商业承兑汇票”及其汇票号码，连同汇票一并送交开户行。银行应认真审查有关内容。经审查无误，将委托收款凭证和商业承兑汇票邮寄付款人开户行。

2.付款人开户行收到汇票

付款人开户行接到持票人开户行寄来的委托收款凭证及汇票，审查无误后，即将汇票签收，同时将第五联委托收款凭证交给付款人并签收。第三、四联委托收款凭证登记“收到委托收款凭证登记簿”后，专夹保管，以便考核汇票款的支付或退回情况，并按规定的划款日期和以下情况处理：

（1）付款人能够付款，其会计分录为：

借：吸收存款——付款人户

  贷：清算资金往来——××清算中心（组）往来户

    （或××科目）

（2）付款人的银行账户余额不足支付，银行应在委托收款凭证和“收到委托收款凭证登记簿”备注栏注明退回日期和“无款支付”字样，同时应填制三联“付款人未付票款通知书”（用异地结算通知书代）。将第二、三联通知书连同第四联委托收款凭证及汇票邮寄持票人开户行转交持票人。

（3）如果银行在付款人接到通知的次日起3日内收到付款人的拒绝付款证明时，经核对无误后，在委托收款凭证和“收到委托收款凭证登记簿”备注栏注明“拒绝付款”字样。然后，将拒绝付款证明连同第四联委托收款凭证及汇票一起邮寄给持票人开户行转交持票人。

3.持票人开户行收到划回汇票款项或退回凭证

持票人开户行接到付款人开户行经本行清算中心转来的电子汇划收款凭证，或者通过票据交换提入的委托收款凭证后，办理转账。其会计分录为：

借：清算资金往来——××清算中心（组）往来户

  （或××科目）

  贷：吸收存款——持票人户

转账后，将电子汇划收款补充报单或者第四联委托收款凭证加盖转讫章作为收账通知交给持票人，并销记“发出委托收款凭证登记簿”。

如果持票人开户行接到付款人开户行发来的付款人未付票款通知书或拒绝付款证明和汇票及第四联委托收款凭证，经核对无误后，应在原专夹保管的第二联委托收款凭证和“发出委托收款凭证登记簿”上做相应记载，并将第四联委托收款凭证、付款人未付票款通知书或拒绝付款证明及汇票退给持票人，并由持票人签收。

（四）银行承兑汇票的会计核算

银行承兑汇票（其格式见表8-4）是由付款人出票，并由出票人或持票人向出票人的开户行申请，经银行审查同意承兑的票据。该票据一式三联：第一联卡片，由承兑行留存备查；第二联汇票，由持票人作为委托收款依据；第三联存根，由出票人存查。

表8-4 银行承兑汇票格式

银行承兑汇票　　2

出票日期（大写）　贰零　年　月　日　　　　汇票号码　第　号

出票人全称			收款人	全称			
出票人账号				账号			
付款行全称		行号		开户行		行号	
汇票金额	人民币（大写）				千 百 十 万 千 百 十 元 角 分		
汇票到期日		本汇票已经承兑，到期日由本行付款。 承兑行签章 承兑日期　年　月　日		承兑协议编号			
本汇票请你行承兑，到期无条件付款。 出票人签章 年　月　日		备注：		科目（借） 对方科目（贷） 转账　年　月　日 复核　记账			

此联收款人开户行随委托收款凭证寄付款行作为借方凭证附件

1.承兑银行办理汇票承兑

出票人或持票人持银行承兑汇票向汇票上记载的付款银行申请或提示承兑时，承兑银行的信贷部门按照支付结算办法和有关规定审查同意后，即可与出票人签署一式三联的银行承兑协议，一联留存，另一联及其副本和第一、二联汇票一并交本行会计部门。

会计部门接到汇票和承兑协议，应审查汇票内容。经审核无误后，按规定向出票人收取承兑手续费。其会计分录为：

借：吸收存款——出票人户

　　贷：手续费及佣金收入

同时，根据第一联汇票卡片填制银行承兑汇票表外科目收入凭证，登记“银行承兑汇票登记簿”，其处理为：

收入：银行承兑汇票

然后，将第一联汇票卡片和承兑协议副本专夹保管。承兑行对“银行承兑汇票登记簿”的余额要经常与保存的第一联汇票卡片进行核对，以保证金额相符。

2.持票人开户行受理汇票的处理手续

持票人凭汇票委托开户行向承兑银行收取票款时，应填制委托收款凭证，在“委托收款凭据名称”栏注明“银行承兑汇票”及其汇票号码，连同汇票一并送交开户行。

银行按有关规定审查无误后，在委托收款凭证各联上加盖“银行承兑汇票”戳记，将委托收款凭证和银行承兑汇票邮寄付款人开户行。

知识链接 8-4

银行承兑汇票审核要点

柜员受理客户提交的银行承兑汇票时，应审核：

（1）对银行承兑汇票的红色荧光、渗透号码、大写金额处水溶性红色荧光水线等防伪标志认真甄别，确保其真实性。

（2）汇票上必须记载事项是否齐全，出票日期、出票金额、收款人名称是否有更改，其他更改事项是否由原记载人签章证明；汇票是否在自到期日起 10 日内的提示付款期内。

（3）银行承兑汇票上的汇票专用章是否与印模一致；收款人或持票人是否在汇票背面背书栏签章，在本行开户的，其签章是否与其预留签章一致。

（4）银行承兑汇票正面记载“不得转让”字样的汇票不得背书转让；允许背书转让的银行承兑汇票的背书是否连续，是否在规定的范围内转让。

资料来源：作者根据相关资料整理。

3.承兑银行对到期汇票收取票款

承兑银行应每天查看汇票的到期情况，对到期的汇票，应于到期日（法定休假日顺延）向出票人收取票款，专户存储。填制两联特种转账凭证。一联为特种转账贷方凭证，在“转账原因”栏注明“根据××号汇票划转票款”字样。其会计分录为：

借：吸收存款——出票人户

　　贷：应解汇款——出票人户

另一联为特种转账借方凭证，加盖转讫章后作为支款通知交给出票人。

如果出票人账户无款或不足支付时，应转入该出票人逾期贷款户，并对出票人每日按5‰计收利息。

出票人账户无款支付时，应填制两联特种转账凭证。一联为特种转账贷方凭证，在“转账原因”栏注明“××号汇票无款支付转入逾期贷款户”字样。其会计分录为：

借：贷款——出票人逾期贷款户

　　贷：应解汇款——出票人户

另一联为特种转账借方凭证，加盖业务公章交给出票人。

4.承兑银行支付汇票款项

承兑银行接到持票人开户行寄来的委托收款凭证及汇票，抽出原专夹保管的汇票卡片和承兑协议副本，并认真审查。经审查无误后，办理转账。其会计分录为：

借：应解汇款——出票人户

　　贷：清算资金往来——××清算中心（组）往来户

　　　　（或××科目）

同时，填制银行承兑汇票表外科目付出凭证，销记“银行承兑汇票登记簿”，其处理为：

付出：银行承兑汇票

转账后，通过本行清算中心以第四联委托收款凭证内容向持票人开户行传递划款信息，或者将第四联委托收款凭证加盖业务公章随联行贷方报单寄持票人开户行。

5.持票人开户行收到汇票款项的处理手续

持票人开户行接到付款人开户行经本行清算中心转来的电子汇划收款凭证，或者通过票据交换提入的委托收款凭证后，办理转账。其会计分录为：

借：清算资金往来——××清算中心（组）往来户

（或××科目）

贷：吸收存款——持票人户

转账后，将电子汇划收款补充报单或者第四联委托收款凭证加盖转讫章作为收账通知交给持票人，并销记“发出委托收款凭证登记簿”。

课堂讨论 8-1

某企业签订一份销售合同，购货单位要求延期半年支付货款。该企业为保证半年后一定会收回货款，并想能在延期付款期内向银行贴现资金，应使用哪种结算票据较适合？

提示：向购货单位要求使用银行承兑汇票比较适合。

任务三　掌握结算方式结算业务的核算

一、汇兑业务的核算

（一）汇兑的含义和种类

汇兑是汇款人委托银行将其款项支付给收款人的结算方式。汇兑按其凭证寄递方式的不同，分为信汇和电汇两种。信汇是汇款人委托银行用邮寄凭证的方式通知汇入行付款的一种结算方式。电汇是银行以电报（CABLE）、电传（TELEX）或环球银行间金融电讯网络（SWIFT）方式指示代理行将款项支付给指定收款人的结算方式。银行电汇由于汇款速度快捷，在实际业务中应用最为广泛。

（二）汇兑的主要规定

（1）单位和个人的各种款项的结算，均可使用汇兑结算方式；汇兑不受金额起点限制。

（2）汇兑分信汇和电汇两种，由汇款人选择使用。

（3）汇兑的委托日期必须是汇款人向汇出银行提交汇兑凭证的当日。

（4）签发汇兑凭证必须记载要素事项。欠缺要素事项之一的，银行不予受理。汇兑凭证记载的收款人名称、汇款人名称，其在银行开立存款账户的，必须记载其账号。

（5）汇兑凭证上记载收款人为个人的，收款人需要到汇入银行领取汇款，汇款人应在汇兑凭证上注明“留行待取”字样；信汇凭收款人签章支取的，应在信汇凭证上预留其签章。

（6）汇款人确定不得转汇的，应在汇兑凭证“备注”栏注明“不得转汇”字样。

（7）汇款人和收款人均为个人，需要在汇入银行支取现金的，应在信汇、电汇凭证的“汇款金额”大写栏，先填写“现金”字样，后填写汇款金额。

（8）汇入银行对开立存款账户的收款人，应将汇给其的款项直接转入收款人账户，并向其发出收账通知。

（9）未在银行开立存款账户的收款人，凭信汇、电汇的取款通知或“留行待取”的，向汇入银行支取款项，必须交验本人的身份证件或需要的其他证件，银行审核无误后，以收款人的姓名开立应解汇款及临时存款账户，该账户只付不收，付完清户，不计付利息。

（10）汇款人对汇出银行尚未汇出的款项可以申请撤销；汇款人对汇出银行已经汇出的款项可以申请退汇。转汇银行不得受理汇款人或汇出银行对汇款的撤销或退汇。

（11）汇入银行对于收款人拒绝接受的汇款，应立即办理退汇。汇入银行对于向收款人发出取款通知，经过2个月无法交付的汇款，应主动办理退汇。

（三）汇兑的会计核算

1.汇出行

汇款人向银行办理汇兑结算时，应填写信汇凭证（其格式见表8-5）提交银行，该凭证一式四联。

表8-5　**银行信汇凭证格式**

××银行信汇凭证（借方凭证）　2

委托日期　　年　月　日　　　　第　　号

<table>
<tr><td rowspan="3">汇款人</td><td>全　称</td><td colspan="4"></td><td rowspan="3">收款人</td><td>全　称</td><td colspan="4"></td><td rowspan="5">此联汇出行作为借方凭证</td></tr>
<tr><td>账　号
或住址</td><td colspan="4"></td><td>账　号
或住址</td><td colspan="4"></td></tr>
<tr><td>汇　出
地　点</td><td>省</td><td>市
县</td><td>汇出行
名　称</td><td></td><td>汇　入
地　点</td><td>省</td><td>市
县</td><td>汇入行
名　称</td><td></td></tr>
<tr><td>金额</td><td colspan="8">人民币
（大写）</td><td colspan="3">千 百 十 万 千 百 十 元 角 分</td></tr>
<tr><td colspan="6">汇款用途：

此汇款支付给收款人。

汇款人签章</td><td colspan="6">科目（借）
对方科目（贷）
汇出行汇出日期　　年　月　日

复核　　　　记账</td></tr>
</table>

汇出行受理汇兑凭证时，应认真审查有关内容。审查无误后，办理款项支付。

转账交付的，其会计分录为：

借：吸收存款——汇款人户

贷：清算资金往来——××清算中心（组）往来户

（或××科目）

现金交付的，其会计分录为：

借：库存现金

贷：应解汇款——汇款人户

借：应解汇款——汇款人户

贷：清算资金往来——××清算中心（组）往来户

（或××科目）

转账后，将汇兑凭证加盖联行专用章，转交本行清算中心，向汇入行传递划收款信息。

2.汇入行

汇入行接到经本行清算中心转来的电子汇划收款凭证，应严格审查，无误后按下列手续处理：

直接收账的，其会计分录为：

借：清算资金往来——××清算中心（组）往来户

（或××科目）

贷：吸收存款——收款人户

不直接收账的，其会计分录为：

借：清算资金往来——××清算中心（组）往来户

（或××科目）

贷：应解汇款——收款人户

登记应解汇款登记簿，在汇兑凭证或“电子汇划收款补充报单”上编列应解汇款顺序号，将第四联汇兑凭证或“电子汇划收款补充报单”留存保管，另以便条通知收款人来行办理取款手续。

需要支取现金的，其会计分录为：

借：应解汇款——收款人户

贷：库存现金

需要转汇的，应重新办理汇款手续，其收款人及汇款用途必须是原汇款的收款人和用途。其会计分录为：

借：应解汇款——收款人户

贷：清算资金往来——××清算中心（组）往来户

（或××科目）

（四）退汇的处理

汇款人由于某种原因要求退汇，或收款人拒收汇款，或汇入银行向收款人发出取款通知后，超过银行规定的期限无人受领汇款，可以办理原汇款的退回。

1.对于汇款人申请退汇的处理

（1）汇出行的处理。汇款人要求退汇时，必须是收款人未在汇入行开立账户的，否则银行不予受理。退回时由原汇款人出具正式函件或本人身份证明，连同原信汇、电汇回单，向汇出行办理申请退回。

汇出行接到退汇的函件或身份证明及回单，填制“退汇通知书”寄汇入行。

（2）汇入行的处理。汇入行接到“退汇通知书”，如该笔汇款已转入“应解汇款”科目，并查明尚未解付的，应与收款人联系索回便条，办理转账手续。其会计分录为：

借：应解汇款

　贷：清算资金往来等

如该笔汇款已经解付，应在“退汇通知书”上说明并通知汇出行。

（3）汇出行收到退汇的处理。汇出行收到汇入行发来的退汇信息时，根据本行清算中心转来的记账凭证转账处理。其会计分录为：

借：清算资金往来等

　贷：吸收存款——原汇款人户

如汇款人未在银行开立账户，其会计分录为：

借：清算资金往来等

　贷：其他应付款——原汇款人户

同时另填便条通知汇款人来行领款。

汇款人领取款项时，填制一联“库存现金”科目贷方凭证。其会计分录为：

借：其他应付款

　贷：库存现金

2.对于汇入行主动退汇的处理

（1）汇入行的处理。汇入行收到汇款后，在规定的时间内发出通知，汇款超过两个月收款人尚未办理取款手续或因其他原因使该笔汇款无人领受时，汇入行应主动办理退汇。其处理手续与第一种情况下的（2）相同。

（2）原汇出行的处理。原汇出行接到本行清算中心转来的退汇信息和电子汇划收款凭证后，通知收款人。其余处理手续与第一种情况下的（3）相同。

二、委托收款业务的核算

（一）委托收款的含义和种类

委托收款是收款人委托银行向付款人收取款项的结算方式。委托收款结算款项的划回方式，分为邮寄和电汇两种。

（二）委托收款的主要规定

（1）单位和个人凭已承兑商业汇票、债券、存单等付款人债务证明办理款项的结算，均可以使用委托收款结算方式。

（2）委托收款在同城、异地均可以使用。

（3）委托收款结算，不受金额起点限制。

（4）签发委托收款凭证必须记载要素事项，欠缺记载要素事项之一的，银行不予受理。

（5）委托收款以银行以外的单位为付款人的，委托收款凭证必须记载付款人开户银行名称；以银行以外的单位或在银行开立存款账户的个人为收款人的，委托收款凭证必须记载收款人开户银行名称；以未在银行开立存款账户的个人为收款人的，委托收款凭证必须记载被委托银行名称。欠缺记载的，银行不予受理。

（6）委托收款以银行为付款人的，银行应当在当日将款项主动支付给收款人。以单位为付款人的，银行应及时通知付款人，付款人应于接到通知的当日书面通知银行付款（如付款人提前收到由其付款的债务证明，应通知银行于债务证明的到期日付款）；付款人在接到通知日的次日起3天内（遇法定休假日顺延）未通知银行付款，视同付款人承诺付款，银行应于付款人接到通知日的次日起（法定休假日顺延。如债务证明未到期的，则应于债务证明到期日）上午营业时，将款项划给收款人。

（7）银行在办理划款时，付款人存款账户不足支付的，应通过被委托银行向收款人发出未付款项通知书。

（8）付款人审查有关债务证明后，对收款人委托收取的款项拒绝付款的，可以在接到付款通知日的次日起3日内办理拒绝付款手续。

（9）在同城范围内，收款人收取公用事业费或根据国务院的规定，可以使用同城特约委托收款，并且必须具有收付双方事先签订的经济合同，由付款人向开户行授权，并经开户行同意，报经中国人民银行当地分支机构批准。

（三）委托收款的会计核算

1.收款人开户行受理委托收款

收款人办理委托收款时，应填制邮划或电划委托收款凭证（其格式见表8-6）一式五联。收款人在第二联委托收款凭证上签章后，连同有关委托收款凭证和债务证明提交开户行。

表8-6　　委托收款凭证格式

委电　　**委托收款凭证（借方凭证）**　　3

委托日期　　年　　月　　日

委托号码：

付款期限　　年　　月　　日

<table>
<tr><td rowspan="3">付款人</td><td>全　称</td><td colspan="2"></td><td rowspan="3">收款人</td><td>全　称</td><td colspan="3"></td></tr>
<tr><td>账　号
或住址</td><td colspan="2"></td><td>账　号
或住址</td><td colspan="3"></td></tr>
<tr><td>开户银行</td><td colspan="2"></td><td>开户银行</td><td></td><td>行号</td><td></td></tr>
<tr><td>委收
金额</td><td colspan="6">人民币（大写）</td><td colspan="2">千 百 十 万 千 百 十 元 角 分</td></tr>
<tr><td>款项
内容</td><td colspan="2"></td><td colspan="2">委托收款
凭据名称</td><td colspan="2"></td><td>附寄单
证张数</td><td></td></tr>
<tr><td>备注：</td><td colspan="2">电划</td><td colspan="4">收款人开户银行盖章　年　月　日</td><td colspan="2">科目（借）
对方科目（贷）
转账　　年　月　日
复核　　记账</td></tr>
</table>

此联付款人开户行作为借方凭证

付款人开户银行收到日期　　年　　月　　日

收款人开户行收到上述凭证后，应按照规定和填写凭证的要求进行认真审核，无误后，将第一联凭证加盖业务公章退回收款人；将第二联凭证专夹保管，并据以登记

“发出委托收款凭证登记簿”；将第三联凭证加盖带有联行行号的结算专用章，连同第四、五联及有关债务证明，一并寄付款人开户行。

2.付款人开户行的处理手续

付款人开户行收到收款人开户行寄来的邮划或电划第三、四、五联委托收款凭证及有关债务证明时，应审查是否属于本行的凭证。审查无误后，分别做如下处理：

一种情况是，付款人付款。其会计分录为：

借：吸收存款——付款人户

　贷：清算资金往来——××清算中心（组）往来户

　　　（或××科目）

另一种情况是，付款人账户不足支付全部款项或付款人拒绝付款。银行在付款人签收日的次日起3日内，付款人账户不足支付全部款项或收到付款人填制的一式四联拒绝付款理由书及付款人持有的债务证明和第五联委托收款凭证，核对无误后，将第二、三联付款人未付款项通知书或第三、四联拒绝付款理由书连同债务证明和第四、五联委托收款凭证一并寄收款人开户行。

3.收款人开户行办理委托收款划回的处理手续

（1）款项划回。

收款人开户行接到付款人开户行或转汇行寄来的邮划贷方报单或本地跨系统转汇行交来的转汇清单和划收凭证及所附的第四联委托收款凭证，或者经本行清算中心转来的电子汇划收款凭证时，办理转账。其会计分录为：

借：清算资金往来——××清算中心（组）往来户

　　（或××科目）

　贷：吸收存款——收款人户

转账后，将第四联委托收款凭证或“电子汇划收款补充报单”加盖转讫章作为收账通知交给收款人，并销记“发出委托收款凭证登记簿”。

如系电报划回的，应填制电划贷方补充报单，其余手续与上述相同。

（2）付款人无款支付或拒绝付款。

若收款人开户行收到无款支付而退回的委托收款凭证及有关单据时，应抽出第二联委托收款凭证，并在该凭证备注栏注明“无款支付”字样，销记“发出委托收款凭证登记簿”，然后将第四联委托收款凭证、第二联付款人未付款项通知书及债务证明退给收款人。收款人在银行留存的第三联付款人未付款项通知书上签章后，收款人开户行将此联付款人未付款项通知书及第二联委托收款凭证一并保管备查。

若收款人开户行收到拒绝付款而退回的委托收款凭证及有关单据时，应抽出第二联委托收款凭证，并在该凭证备注栏注明“拒绝付款”字样，销记“发出委托收款凭证登记簿”，然后将第四联委托收款凭证、第四联拒绝付款理由书及债务证明退给收款人。收款人在拒绝付款理由书的第三联上签章后，收款人开户行将第三联拒绝付款理由书及第二联委托收款凭证一并保管备查。

（四）同城委托收款的处理手续

同城委托收款的款项划转通过同城票据交换，所以其有关的会计核算分录比照第7章7.2.4中的同城票据交换；其余的处理手续比照异地委托收款的手续处理。

（五）同城特约委托收款的处理手续

同城特约委托收款是由特定的收款人，委托银行直接从付款人账户中主动收取款项，而不经付款人承付的一种结算方式。该结算方式适用于公用事业部门根据收付双方事先签订的经济合同，向同城范围内的各用户单位收取公用事业费。办理该种结算前，必须具有收付双方事先签订的经济合同，由付款人向开户银行授权，并经开户银行同意，报经中国人民银行当地支行批准。

同城特约委托收款的款项划转通过同城票据交换；处理手续上除收款人要填制一式四联的特约委托收款凭证提交经开户行外，其余处理手续比照项目七任务二中的同城票据交换的手续处理。

三、托收承付业务的核算

（一）托收承付的含义和适用范围

托收承付是根据购销合同由收款人发货后委托银行向异地付款人收取款项，由付款人向银行承兑付款的结算方式。托收承付适用于国有企业、供销合作社以及经营管理好并经开户银行审查同意的城乡集体所有制工业企业的商品交易和因商品交易而产生的劳务供应的异地款项结算。

（二）托收承付的主要规定

（1）托收承付结算每笔的金额起点为10 000元。新华书店系统每笔的金额起点为1 000元。

（2）办理托收承付结算的款项，必须是商品交易，以及因商品交易而产生的劳务供应的款项。代销、寄销、赊销商品的款项，不得办理托收承付结算。

（3）收付双方使用托收承付结算必须签有符合《中华人民共和国民法典》的购销合同，并在合同上订明使用托收承付结算方式。

（4）收付双方办理托收承付结算，必须重合同、守信用。收款人对同一付款人发货托收累计3次收不回货款的，收款人开户行应暂停收款人向该付款人办理托收；付款人累计3次提出无理拒付的，付款人开户行应暂停其对外办理托收。

（5）收款人办理托收，除另有规定外，必须具有商品确已发运的证件（包括铁路、航运、公路等运输部门签发运单、运单副本和邮局包裹回执）。

（6）签发托收承付凭证必须记载要素事项。欠缺要素事项之一的，银行不予受理。

（7）付款人货款的承付方式有验单付款和验货付款两种，由收付款双方协商选用，并在合同中明确规定。验单付款的承付期为3天，从付款人开户银行发出承付通知的次日算起（承付期内遇法定休假日顺延）。验货付款的承付期为10天，从运输部门向付款人发出提货通知的次日算起。

（8）付款人在承付期内，未向银行表示拒绝付款，银行即视作承付，并在承付期满的次日（法定休假日顺延）上午银行开始营业时，将款项主动从付款人的账户内付出，按照收款人指定的划款方式，划给收款人。

（9）付款人在承付期满日银行营业终了时，如无足够资金支付货款，其不足部分，即为逾期未付款项，按逾期付款处理。付款人开户银行对付款人逾期支付的款项，应当根据逾期付款金额和逾期天数，按每天5‱计算逾期付款赔偿金。

（10）付款人开户银行对逾期未付的托收凭证，负责进行扣款的期限为3个月（从承付期满日算起）。期满时，付款人仍无足够资金支付该笔尚未付清的欠款，银行应于次日通知付款人将有关交易单证（单证已做账务处理或已部分支付的，可以填制应付款项证明单）在2日内退回银行。付款人逾期不退回单证的，开户银行应当自发出退证通知的第3日起，按照该笔尚未付清欠款的金额，每天处以5‱但不低于50元的罚款，并暂停付款人对外办理结算业务，直到退回单证时止。

（三）托收承付的会计核算

托收承付结算与委托收款结算相比，在凭证联次、凭证用途、结算流程和会计核算上基本相同。

1.收款人开户行受理托收承付

收款人办理托收时，应填制邮划或电划托收承付凭证（其格式见表8-7）。该凭证一式五联。

表8-7 **托收承付凭证格式**

托收承付凭证（贷方凭证）2 托收号码：

㊞邮

委托日期 年 月 日

<table>
<tr><td rowspan="3">付款人</td><td>全 称</td><td></td><td rowspan="3">收款人</td><td>全 称</td><td colspan="3"></td><td rowspan="7">此联是收款人开户银行作为贷方凭证</td></tr>
<tr><td>账 号
或住址</td><td></td><td>账 号
或住址</td><td colspan="3"></td></tr>
<tr><td>开户银行</td><td></td><td>开户银行</td><td></td><td>行号</td><td></td></tr>
<tr><td>托收金额</td><td colspan="5">人民币（大写）</td><td colspan="2">千 百 十 万 千 百 十 元 角 分</td></tr>
<tr><td colspan="2">附 件</td><td colspan="3">商品发运情况</td><td colspan="3">合同名称号码</td></tr>
<tr><td colspan="2">附寄单证
张数或册数</td><td colspan="3"></td><td colspan="3"></td></tr>
<tr><td colspan="2">备注：</td><td colspan="3">本托收款项随附有关单证等件，请予办理托收。

收款人签章</td><td colspan="3">科目（借）
对方科目（贷）
转账 年 月 日
复核 记账</td></tr>
</table>

收款人在第二联托收承付凭证上签章后，将有关托收承付凭证和有关单证提交开户行。

收款人开户行收到上述凭证后，应认真审查有关内容，经审查无误后，根据第二联托收承付凭证登记“发出托收承付凭证登记簿”，其余处理手续与收款人开户行受理委托收款的处理手续基本相同。

2.付款人开户行的处理手续

付款人开户行接到收款人开户行寄来的托收承付凭证及交易单证时，应审查付款人是否在本行开户，所附单证的张数与凭证的记载是否相符。审查无误后，在凭证上填注收到日期和承付期，及时通知付款人。

（1）对于全额付款的处理手续。

付款人在承付期满日开户行营业终了前，账户有足够资金支付全部款项的，付款人开户行应在次日上午开始营业时，办理划款手续。此时付款人开户行的处理手续与委托收款时付款人为单位的处理手续基本相同。

托收承付可以提前承付、多承付或部分付款。

（2）对于逾期付款的处理手续。

付款人在承付期满日开户行营业终了前，账户无款支付的，付款人开户行应在托收承付凭证和“发出托收承付凭证登记簿”备注栏注明“逾期付款”字样，并填制三联“托收承付结算到期未收通知书”。待付款人账户有款可一次或分次扣收款时，比照付款的有关手续处理，将逾期付款的款项和赔偿金一并划给收款人。赔偿金的计算公式为：

赔偿金金额=逾期付款金额×逾期天数×5‰

赔偿金实行定期扣付，每月计算一次，于次月3日单独划给收款人。在月内有部分付款的，其赔偿金随同部分支付的款项划给收款人，对尚未支付的款项，月终再计算赔偿金，于次月3日内划给收款人。

（3）对于全部拒绝付款或部分拒绝付款的处理手续。

付款人在承付期内，如有正当理由，可以向银行提出全部或部分拒绝付款。

付款人在承付期内提出全部拒绝付款时，应填具一式四联全部或部分拒绝付款理由书，连同有关拒付证明、托收承付凭证和单证送交开户行。经银行审查，不同意拒付的，要实行强制扣款；对无理的拒付而增加银行审查时间的，银行应按规定扣收赔偿金。然后银行将第三、四联拒绝付款理由书和第四、五联托收承付凭证及有关单证一并寄收款人开户行。

3.收款人开户行办理托收款划回的处理手续

收款人开户行托收的款项划回的处理比照委托收款款项收回的处理手续。

课堂讨论 8-2

采用“委托收款”和“托收承付”结算方式时，如果付款人账户款项不足，银行采取的处置方式有什么不同？

提示：“委托收款”方式中付款人存款账户不足支付的，应通过被委托银行向收款人发出未付款项通知书；“托收承付”方式中如付款人账户无足够资金支付货款，其不足部分，即为逾期未付款项，按逾期付款处理。“托收承付”方式中银行对付款人的约束相对更强。

任务四　了解本票和银行卡业务

一、银行本票的基本内容

（一）银行本票的含义和种类

本票是出票人签发的，承诺自己在见票时无条件支付确定的金额给收款人或者持票人的票据。根据出票人的不同，本票分为商业本票和银行本票。《中华人民共和国票据法》及其配套法规、规章中所说的本票特指银行本票。

银行本票是银行签发的、承诺自己在见票时无条件支付确定的金额给收款人或者持票人的票据。银行本票分为不定额银行本票和定额银行本票两种。定额银行本票有1 000元、5 000元、10 000元、50 000元4种固定票面金额，是由中央银行发行，委托各商业银行代办签发和兑付的，目前已基本退出市场；不定额银行本票的票面金额不固定，是由各商业银行签发和兑付的。

2024年，全国共发生银行本票业务11.59万笔、金额1 806.96亿元，同比分别下降18.54%和21.67%。

（二）银行本票的主要规定

（1）单位和个人在同一票据交换区域需要支付各种款项，均可使用银行本票。

（2）银行本票的提示付款期限自出票日起最长不得超过2个月，超过提示付款期限的银行本票，代理付款银行不予受理。

（3）银行本票在同一票据交换区域内允许背书转让，但填明“现金”字样的银行本票不得背书转让。

（4）银行本票的签发行在票据上签章，应为该行的本票专用章加其法定代表人或其授权经办人的名章。

（5）银行本票的金额、日期、收款人名称不得更改，更改的票据无效。

（6）申请人应将银行本票交付给本票上记明的收款人。收款人受理银行本票时，应审查下列事项：①收款人是否确为本单位或本人；②银行本票是否在提示付款期限内；③必须记载的事项是否齐全；④出票人签章是否符合规定，不定额银行本票是否有压数机压印的出票金额，并与大写出票金额一致；⑤出票金额、出票日期、收款人名称是否更改，更改的其他记载事项是否由原记载人签章证明。

二、银行卡的基本内容

（一）银行卡的含义

银行卡是指由商业银行（含邮政金融机构或专业发卡公司）向社会发行的具有消费信用、转账结算、存取现金等全部或部分功能的信用支付工具。

近年来，银行卡发卡量保持稳步增长。截至2024年年末，全国共开立银行卡99.13亿张，同比增长1.29%。其中，借记卡91.86亿张，同比增长1.84%；信用卡和借贷合一卡7.27亿张，同比下降5.14%。2024年，全国共发生银行卡交易5 642.29亿笔、金额992.53万亿元。

（二）银行卡的种类

银行卡依据不同的标准可以划分为不同的种类：按币种不同分为人民币卡、外币卡；按发行对象不同分为单位卡（商务卡）、个人卡；按信息载体不同分为磁条卡、芯片（IC）卡；按照发卡行是否给予持卡人信用额度，分为信用卡和借记卡。

1.信用卡

信用卡是指发卡银行给予持卡人一定的信用额度，持卡人可在信用额度内先消费，后还款，或者先按发卡银行的要求交存一定金额的备用金，当备用金账户余额不足支付时，可在发卡银行规定的信用额度内透支的银行卡。信用卡按是否向发卡银行交存备用金分为贷记卡、准贷记卡两类。

贷记卡是指发卡银行给予持卡人一定的信用额度，持卡人可在信用额度内先消费、后还款的信用卡。

准贷记卡是指持卡人须先按发卡银行要求交存一定金额的备用金，当备用金账户余额不足支付时，可在发卡银行规定的信用额度内透支的信用卡。

根据《支付结算办法》的规定，信用卡按使用对象分为单位卡和个人卡。单位卡是指商业银行向企业、事业单位、学校、机关、团体、部队等单位发行的银行卡，其使用对象为单位；个人卡是指商业银行向个人（包括居住城镇的工人、干部、教师、科技工作者、个体经济户以及其他成年的、有确定收入的居民）发行的银行卡，其使用对象为个人。

知识拓展8-1

此外，《支付结算办法》根据信誉等级不同将银行卡分为金卡和普通卡。金卡是指商业银行向信誉等级较高的持卡人发行的银行卡，金卡的透支额度最高不得超过10 000元；普通卡是指商业银行向信誉等级次之的持卡人发行的银行卡。近年来，我国部分商业银行发行了一些具有较大透支额度的信用卡。信用卡透支期限最长为60天。

课堂讨论 8-3

如果账户款项不足，没有按期归还信用卡透支的金额，属于恶意透支吗？

提示：信用卡可以出现善意透支。信用卡善意透支是指信用卡持卡人在发卡银行账户上资金不足或者已无资金时，根据发卡银行的《信用卡章程》或者得到发卡银行的批准，超过自己的信用卡账户内资金余额支取款项，并且在规定的时间内归还本息。

但如果持卡人以非法占有为目的，超过规定限额或者规定期限透支，并且经发卡银行催收后仍不归还，此行为属于信用卡恶意透支。一般情况下，恶意透支都属于违约行为，需依照信用卡领用合同承担违约责任。

2018年11月28日，最高人民法院、最高人民检察院公布了《最高人民法院、最高人民检察院关于修改〈关于办理妨害信用卡管理刑事案件具体应用法律若干问题的解释〉的决定》，于12月1日起施行。其中，恶意透支信用卡，数额在5万元以上不满50万元的，将被认定为刑法规定的恶意透支信用卡“数额较大”；数额在50万元以上不满500万元的，应当认定为刑法规定的恶意透支信用卡“数额巨大”；数额在500万元以上的，应当认定为刑法规定的恶意透支信用卡“数额特别巨大”。

2.借记卡

借记卡是指持卡人先将款项存入卡内账户，然后进行消费的银行卡。借记卡不具备透支功能。借记卡按功能不同分为转账卡（含储蓄卡，下同）、专用卡、储值卡。

转账卡是实时扣账的借记卡。它具有转账结算、存取现金和消费功能。

专用卡是具有专门用途、在特定区域使用的借记卡。它具有转账结算、存取现金功能。这里所指的专门用途是指在百货、餐饮、饭店、娱乐行业以外的用途。

储值卡是发卡银行根据持卡人要求将其资金转至卡内储存，交易时直接从卡内扣款的预付钱包式借记卡。

（三）信用卡的主要规定

（1）商业银行、非银行金融机构开办信用卡业务须报经中国人民银行总行批准；其所属分、支机构开办信用卡业务，须报经辖区内中国人民银行分、支行备案。

（2）凡在中国境内金融机构开立基本存款账户的单位可申领单位卡。单位卡可申领若干张，持卡人资格由申领单位法定代表人或其委托的代理人书面指定和注销。凡具有完全民事行为能力的公民可申领个人卡。个人卡的主卡持卡人可为其配偶及年满18周岁的亲属申领附属卡，申领的附属卡最多不得超过两张，也有权要求注销其附属卡。

（3）单位卡账户的资金一律从其基本存款账户转账存入，不得交存现金，不得将销货收入的款项存入其账户。个人卡账户的资金以其持有的现金存入或以其工资性款项及属于个人的劳务报酬收入转账存入。严禁将单位的款项存入个人卡账户。

（4）发卡银行可根据申请人的资信程度，要求其提供担保。担保的方式可采用保证、抵押或质押。

（5）信用卡备用金存款利息，按照中国人民银行规定的活期存款利率及计息办法计算。

（6）信用卡仅限于合法持卡人本人使用，持卡人不得出租或转借信用卡。

（7）发卡银行应建立授权审批制度；信用卡结算超过规定限额的必须取得发卡银行的授权。

（8）持卡人可持信用卡在特约单位购物、消费。单位卡不得用于10万元以上的商品交易、劳务供应款项的结算。

（9）持卡人凭卡购物、消费时，需将信用卡和身份证件一并交特约单位。特约单位不得拒绝受理持卡人合法持有的、签约银行发行的有效信用卡，不得因持卡人使用信用卡而向其收取附加费用。

任务五 了解结算业务收费和罚款

一、收取凭证工本费的处理

客户向银行购买空白凭证时，应填写一式三联“业务收费凭证”，并加盖预留银行印鉴。

银行收到客户交来的业务收费凭证时，应审查所填内容是否正确，核对印章与预留银行印鉴是否相符。按照不同凭证的价格，收取工本费。其会计分录为：

借：吸收存款——××申请人户

（或库存现金）

贷：业务及管理费——印刷费户

申请人购买重要空白凭证的，同时登记“重要空白凭证使用情况登记簿”及表外科目明细账，其处理为：

付出：重要空白凭证——××户

二、收取手续费的处理

银行办理结算业务按照《支付结算办法》规定的范围和标准向客户收取手续费。银行应随时根据中国人民银行规定的收费标准的变动调整手续费收费标准。手续费收取采取当时计收和定期汇总两种方法。其会计分录为：

借：吸收存款——××付款人户

（或库存现金）

贷：手续费及佣金收入

三、收取结算罚款的处理

银行对存款人违反结算纪律的，按照《支付结算办法》和《票据管理实施办法》的规定处以罚款。收取罚款时，填制特种转账凭证。其会计分录为：

借：吸收存款——××付款人户

（或库存现金）

贷：营业外收入——××罚款收入户

职业能力训练

一、填空题

1.我国的票据结算方式包括（　　）、银行汇票、（　　）3类。

2.商业汇票按承兑人的不同分为（　　）和（　　）两种。

3.支票按照用途分为（　　）、（　　）和（　　）3种。

4.结算方式结算包括（ ）、委托收款、（ ）3种。

5.支票影像业务处理遵循“（ ）、收妥抵用、（ ）、银行不垫款”的原则。

6.托收承付结算的金额起点一般为（ ）元。

7.托收承付中验单付款的承付期为（ ）天，验货付款的承付期为（ ）天。

8.银行本票分为（ ）和（ ）两种。

9.根据出票人的不同，本票分为（ ）和（ ）。

10.银行卡中按照发卡行是否给予持卡人信用额度，分为（ ）和（ ）两种。

二、单项选择题

1.支票的提示付款期为（ ）内。

A.10天 B.15天

C.1个月 D.3个月

2.银行汇票的提示付款期为（ ）内。

A.1个月 B.2个月

C.3个月 D.6个月

3.银行汇票的付款人为（ ）。

A.汇票申请人 B.出票银行

C.承兑人 D.持票人

4.银行汇票实际结算金额低于出票金额的，做（ ）处理。

A.出票银行作为营业外收入 B.出票银行退还申请人

C.代理付款人作为营业外收入 D.代理付款人退还申请人

5.银行承兑汇票的承兑人是（ ）。

A.付款人 B.收款人

C.持票人 D.银行

6.商业汇票的付款期限最长不得超过（ ）。

A.3个月 B.6个月

C.9个月 D.1年

7.商业汇票的提示付款期为汇票到期日起（ ）内。

A.10天 B.30天

C.60天 D.90天

8.商业承兑汇票的付款人在接到通知的次日起（ ）内未通知银行付款视为默认。

A.1日 B.3日

C.5日 D.10日

9.银行承兑汇票到期出票人不能足额付款，其不足款项记入（ ）科目。

A.贷款——短期贷款 B.其他应收款

C.贷款——出票人逾期贷款户　D.营业外支出

10.托收承付的金额起点为（　）元。

A.1 000　B.5 000

C.10 000　D.50 000

三、多项选择题

1.票据结算业务包括（　）。

A.信用卡　B.商业汇票

C.支票　D.银行汇票

2.下列可以同城使用的结算方式有（　）。

A.支票　B.银行汇票

C.商业汇票　D.汇兑

3.下列可以背书转让的票据有（　）。

A.转账支票　B.现金支票

C.“现金”银行汇票　D.商业汇票

4.下列（　）情况银行应退票。

A.出票人签发空头支票　B.签章与预留银行签章不符的支票

C.支付密码错误的支票　D.受理出票人送交的支票

5.银行汇票的结算程序包括（　）。

A.出票　B.承兑

C.付款　D.结清

6.银行承兑汇票的出票人应具备（　）条件。

A.在承兑银行开立账户的个人

B.具有支付汇票金额的可靠资金来源

C.与承兑银行具有真实的委托付款关系

D.资信状况良好

7.下列（　）结算方式可以在异地使用。

A.银行汇票　B.委托收款

C.商业汇票　D.银行本票

8.下列（　）可以使用托收承付结算。

A.商品交易　B.代销款项

C.因商品交易产生的劳务款项　D.赊销款项

9.（　）是可以透支的。

A.贷记卡　B.准贷记卡

C.储蓄卡　D.转账卡

10.下列（　）可以结算现金。

A.银行汇票　B.商业汇票

C.汇兑　　D.委托收款

四、判断题

1.银行在办理结算业务中可以适当为客户垫款。（ ）
2.个人的款项结算不能使用银行汇票。（ ）
3.银行汇票的实际结算金额可以与汇票金额不符。（ ）
4.只有个人才可以使用汇兑结算。（ ）
5.银行承兑汇票的出票人为银行。（ ）
6.银行卡只能个人办理和使用。（ ）
7.个人不能使用托收承付结算方式。（ ）
8.同城特约委托收款适用于公用事业部门收费。（ ）
9.商业承兑汇票可以由付款人或收款人签发。（ ）
10.不定额银行本票的签发人为商业银行。（ ）

五、实践应用题

1.目的：练习支票业务的核算

资料：2024年甲工商银行发生下列支票业务：

（1）收到开户单位汽车厂送交的支票和两联进账单，金额80 000元，该支票的签发人在同城他行开户，当日退票时间过后未被退票，银行办理转账。

（2）开户单位制药厂签发转账支票，支付在同一银行的开户单位塑料厂货款70 000元，经审核无误后办理转账。

（3）开户单位服装厂签发现金支票，支取现金90 000元，以备发放工资，经审核无误后付给现金。

（4）将开户单位红星乳品厂送交支票提出交换，金额50 000元，提入行审核后通知退票，不能付款。因当天不能退票，做挂账处理。

（5）提入支票一张，金额45 000元，系本行开户单位蓝天贸易公司支付货款，审查无误后支付票款。

（6）提入支票一张，金额79 000元，系本行开户单位油漆厂支付材料款，因油漆厂账户资金不足，提出退票，当天未能退回，做挂账处理。

（7）将开户单位新兴百货送交支票提出交换，金额120 000元，退票时间已过未被退票，做收款处理。

要求：根据上述经济业务编制甲工商银行相关会计分录。

2.目的：练习银行汇票业务的核算

资料：2024年甲工商银行发生下列银行汇票业务：

（1）客户李清提交银行汇票申请书及现金400 00元，委托银行签发银行汇票持往异地购货，经审查无误后予以受理，办理转账。

（2）开户单位新兴百货持异地中国工商银行签发的银行汇票及解讫通知和两联进账单来行办理入账手续，原汇票金额18 000元，实际结算金额17 500元，经审查无误后办理转账。

（3）开户单位汽车厂提交银行汇票申请书，金额90 000元，该厂要去外地购买设备，经银行审查无误后予以受理，办理转账。

（4）接到异地中国农业银行寄来的汇票解讫通知及邮划借方报单，结算金额4 500元，原汇票金额5 000元，原汇票申请人为红星乳品厂。银行审核无误后，通过异地中国工商银行办理转账。

（5）李明（未在甲工商银行开立账户）持异地中国农业银行签发的银行汇票及解讫通知来行办理支取现金手续，并提供个人身份证明。经审核无误后，通过异地中国工商银行办理转账，付给现金5 000元。

（6）接到异地中国建设银行寄来的邮划借方报单及汇票解讫通知，结算金额13 000元，原汇票金额13 000元，银行汇票申请人为开户单位服装厂，经审核无误后，通过同城中国建设银行办理转账。

（7）李鸿持银行汇票申请书第一联及个人身份证明来行领取银行汇票的多余款8 000元，经审核无误后付给现金。

（8）接到异地中国工商银行寄来的邮划借方报单及汇票解讫通知，金额150 000元，原汇票申请人是开户单位通信公司，经审核无误后予以转账。

（9）开户单位制药厂申请的银行汇票因故未用，申请退回，金额10 000元，做转账处理。

（10）开户单位油漆厂持异地中国工商银行签发的银行汇票要求兑付，金额65 000元，经审核无误后，做转账处理。

要求：根据上述每笔经济业务编制相关银行会计分录。

3. 目的：练习商业汇票业务的核算

资料：2024年甲工商银行发生下列商业汇票业务：

（1）开户单位服装厂提交到期的商业承兑汇票及同城委托收款结算凭证，金额76 000元，委托银行向在同城中国建设银行开户的纺织厂收取汇票款，经审核无误后办理转账。

（2）开户单位汽车厂申请办理银行承兑汇票，汇票金额500 000元，经信贷部门审查同意，双方签订承兑协议，会计部门办理承兑手续，并按5‰收取承兑手续费。

（3）根据承兑协议，向承兑申请人制药厂收取到期的银行承兑汇票款30 000元，经审核无误后办理转账。

（4）收到异地中国工商银行寄来的委托收款凭证及银行承兑汇票，金额95 000元，经审核无误后于当日将款划出，办理转账。

（5）异地中国建设银行寄来的商业承兑汇票及委托收款凭证本日到期，金额4 000元，承兑人为开户单位服装厂，经审核无误后通过同城中国建设银行办理划转款手续。

（6）根据承兑协议，向承兑申请人新兴百货收取到期的银行承兑汇票款，金额800 000元。由于该单位账户资金不足，只能支付700 000元，其余转逾期贷款账户。

（7）收到异地中国农业银行通过其同城中国工商银行划回的邮划贷方报单及银行承兑汇票，金额6 300元，收款人为开户单位服装厂，经审核无误后办理转账。

（8）收到异地中国工商银行划回的邮划贷方报单及商业承兑汇票，金额6 600元，此款系开户单位油漆厂的商业承兑汇票款，经审核无误后予以收账。

（9）收到异地中国银行的委托收款凭证及商业承兑汇票，金额800 000元，系开户单位塑料厂应支付的货款，但塑料厂拒付，做退回凭证处理。

（10）开户单位通信公司持未到期商业承兑汇票250 000元，申请办理贴现，经审查同意办理，收取贴现利息1 500元。

要求：根据上述经济业务编制相关银行会计分录。

4.目的：练习汇兑业务的核算

资料：2024年甲工商银行发生下列汇兑业务：

（1）开户单位汽车厂提交汇兑凭证一份，金额550 000元，汇往异地中国工商银行的开户单位清理旧欠款，经银行审核无误后，通过大额实时支付系统办理转账。

（2）李明提交汇兑凭证及现金10 000元，汇给异地中国工商银行李刚归还欠款，银行审核无误后办理转账。

（3）收到异地中国建设银行通过其同城中国工商银行寄来邮划贷方报单及汇兑凭证一份，汇给开户单位服装厂货款9 000元，银行审核无误后予以收账。

（4）收到异地中国工商银行寄来的邮划贷方报单及汇兑凭证一份，汇给李鸿现金5 000元，银行审核无误后办理收账。

（5）黄江持通知及个人身份证来行领取其汇款20 000元，银行审核无误后付给现金。

（6）将李刚的汇款3 000元通过乙地中国工商银行分行退回原汇出行乙地中国建设银行分行。

（7）收到异地中国银行通过其同城中国工商银行划回的退汇款7 000元，原汇款人张翔（未在甲工商银行开户）。

（8）张翔持退汇通知书及个人身份证来行领取划回的退汇款7 000元，经审查无误后付给现金。

（9）开户单位红星乳品厂提交汇兑凭证一份，汇货款18 000元给在丙地中国农业银行分行开户的收款人，通过同城中国农业银行转汇。

（10）收到通过大额实时支付系统划转来的电汇款项800 000元，为开户单位汽车厂收取货款。

要求：根据上述经济业务编制相关银行会计分录。

5.目的：练习委托收款和托收承付业务的核算

资料：2024年甲工商银行发生下列委托收款和托收承付结算业务：

（1）收到异地中国建设银行寄来的委托收款凭证，向本行开户单位新兴百货收取货款500 000元，经审核无误后，通过大额实时支付系统办理转账付款。

（2）收到异地中国工商银行的委托收款凭证，向本行开户单位油漆厂收取商业承兑汇票款8 500元，经审核无误，当日通知油漆厂。油漆厂经检验单证发现部分商品规格不符，部分拒付2 000元，余款于付款期满次日划出。

（3）收到异地中国农业银行的邮划贷方报单，系划付的商业承兑汇票款，通过异地中国工商银行转汇，金额5 200元，经审核无误后办理转账，为开户单位乳品厂收款。

（4）收到异地中国工商银行寄来的有关托收承付结算凭证及附件，通知开户单位服装厂付款，金额9 500元，3天承付期满，经审核无误后，办理划款手续。

（5）开户单位制药厂的委托收款货款付款期已满，金额80 000元，但该单位账户只有50 000元。

（6）收到异地中国建设银行的托收承付结算凭证及有关单证，系向开户单位服装厂的托收货款，金额650 000元，经审查无误后，于当日通知服装厂。3天承付期内，服装厂没有向银行提出任何异议，第4天上午银行划款时，其账户资金只有200 000元，其余部分3日后付清；逾期款项每天计收0.5‰赔偿金。

（7）开户单位塑料厂交来到期的商业承兑汇票及委托收款凭证，金额3 000元，该行为开户单位向异地中国银行托收货款。

（8）上笔为开户单位塑料厂托收的货款划回，异地中国银行通过其同城中国工商银行办理转账。

（9）开户单位通信公司已到承付期的托收承付货款90 000元，逾期15天支付，每天计收0.5‰的赔偿金，银行将货款和赔偿金一并划给异地中国工商银行开户的收款人。

（10）收到异地中国农业银行通过大额实时支付系统划回的委托收款64 000元，为开户单位汽车厂收取到期银行承兑汇票款。

要求：根据上述经济业务编制相关银行会计分录。

6.目的：练习支付结算业务收费和罚款的核算

资料：2024年甲工商银行发生下列经济业务：

（1）7月5日，收到开户单位塑料厂交来票据和结算凭证领用单：领用支票2本，工本费共计30元，手续费10元；领用托收承付结算凭证8本，工本费共计40元，手续费25元；邮电费100元。上述款项从其存款账户支付。

（2）7月16日，对蓝天贸易公司签发的空头支票45 000元按票面金额5%计收罚款，从其账户内支付。

（3）7月22日，收到开户单位油漆厂交来票据和结算凭证领用单：领用支票4本，工本费共计60元，手续费20元；领用邮划委托收款结算凭证10本，工本费共计50元，手续费35元。上述款项从其存款账户支付。

要求：根据上述经济业务编制甲工商银行相关会计分录。

项目九

金融资产和长期股权投资业务的核算

学习目标

知识目标：了解金融资产的含义、分类及确认条件，掌握以摊余成本计量的金融资产、以公允价值计量且其变动计入其他综合收益的金融资产、以公允价值计量且其变动计入当期损益的金融资产的核算方法；掌握长期股权投资的核算方法。

能力目标：提高对金融资产估值与财务分析的能力；提升对复杂金融工具风险特征识别的能力。

素养目标：从银行整体发展角度理解金融资产配置与长期股权投资等对银行绩效与价值的影响，拓展战略视野与价值思维。

课前导入

加强金融资产管理　强化风险意识

党的二十大报告提出："深化金融体制改革，建设现代中央银行制度，加强和完善现代金融监管，强化金融稳定保障体系，依法将各类金融活动全部纳入监管，守住不发生系统性风险底线。"这彰显了金融是国家重要的核心竞争力，党中央对防控金融风险、保障金融安全的高度重视。金融资产，规模巨大；金融投资，复杂多变。保障金融资产的安全，使金融更高效地发挥功能与作用，是时代向金融产业提出的更高要求。

资料来源：作者根据相关资料整理。

引 例

A 银行购入 1 000 万元股票，记入“交易性金融资产”科目；B 银行同时购入 1 000 万元该股票，记入“其他权益工具投资”科目。月末，该股票价格上升至 1 200 万元。A 银行和 B 银行的月末净利润分别增加多少？购入同一种股票，价格一样变化，对净利润的影响却不同，源于银行购入股票的目的不同，核算科目不同，核算方法不同，带来的影响就不同。通过本项目相关内容的学习，要理解不同的投资目的及业务管理模式对投资结果和净利润的不同影响。

资料来源：作者根据相关资料整理。

任务一 认识金融资产

一、金融资产的含义

金融资产是银行资产的重要组成部分，是《企业会计准则第22号——金融工具确认和计量》的主要内容。金融工具是进行投资、筹资和风险管理的工具，金融工具形成一个银行的金融资产，并形成其他单位的金融负债或权益工具的合同。

金融资产是指企业持有的现金、其他方的权益工具以及符合下列条件之一的资产：

（1）从其他方收取现金或其他金融资产的合同权利。比如，银行的存放中央银行款项、应收利息、应收票据和贷款等均属于金融资产。再如，预付账款不是金融资产，因其产生的未来经济利益是商品或服务，不是收取现金或其他金融资产的权利。

（2）在潜在有利条件下，与其他方交换金融资产或金融负债的合同权利，如银行持有的看涨期权或看跌期权等。

（3）将来须用或可用企业自身权益工具进行结算的非衍生工具合同，且企业根据该合同将收到可变数量的自身权益工具。

（4）将来须用或可用企业自身权益工具进行结算的衍生工具合同，但以固定数量的自身权益工具交换固定金额的现金或其他金融资产的衍生工具合同除外。

二、金融资产的分类标准及分类

（一）金融资产的分类标准

1.管理金融资产的业务模式

管理金融资产的业务模式是指企业如何管理其金融资产以产生现金流量。业务模式决定企业所管理金融资产现金流量的来源是收取合同现金流量、出售金融资产还是两者兼有。企业确定管理金融资产的业务模式，应当以客观事实为依据，不得以按照合理预期不会发生的情形为基础确认。

2.金融资产的合同现金流量特征

金融资产的合同现金流量特征是指金融工具合同约定的、反映相关金融资产经济特征的现金流量属性。银行分类为以摊余成本计量的金融资产、以公允价值计量且其变动计入其他综合收益的金融资产，其合同现金流量特征，应当与基本借贷安排相一致。也就是说，相关金融资产在特定日期产生的合同现金流量仅为对本金和以未偿付本金金额为基础的利息的支付。其中，本金是指金融资产在初始确认时的公允价值，本金金额可能因提前还款等在金融资产的存续期内发生变动；利息包括对货币时间价值、与特定时期未偿付本金金额相关的信用风险，以及其他基本借贷风险、成本和利润的对价。

（二）金融资产的分类

银行根据其管理金融资产的业务模式和金融资产的合同现金流量特征，将金融资产划分为以下3类：

（1）以摊余成本计量的金融资产。

（2）以公允价值计量且其变动计入其他综合收益的金融资产。

（3）以公允价值计量且其变动计入当期损益的金融资产。

微课 9-1

本项目主要阐述以摊余成本计量的金融资产、以公允价值计量且其变动计入其他综合收益的金融资产、以公允价值计量且其变动计入当期损益的金融资产及长期股权投资的核算。

知识链接 9-1

《商业银行金融资产风险分类办法》发布与实施

2023 年 2 月 11 日，中国银行保险监督管理委员会、中国人民银行发布《商业银行金融资产风险分类办法》（自 2023 年 7 月 1 日起施行），指出：为促进商业银行准确评估信用风险，真实反映金融资产质量，根据《中华人民共和国银行业监督管理法》《中华人民共和国商业银行法》等法律法规，制定本办法。

商业银行应对表内承担信用风险的金融资产进行风险分类，包括但不限于贷款、债券和其他投资、同业资产、应收款项等。表外项目中承担信用风险的，应按照表内资产相关要求开展风险分类。

本办法所称风险分类是指商业银行按照风险程度将金融资产划分为不同档次的行为。

金融资产按照风险程度分为五类，分别为正常类、关注类、次级类、可疑类、损失类，后三类合称不良资产。

资料来源：作者根据国家金融监督管理总局官网资料整理。

任务二　掌握以公允价值计量且其变动计入当期损益的金融资产的核算

一、以公允价值计量且其变动计入当期损益的金融资产的确认

金融资产满足以下条件之一的，表明企业持有该金融资产的目的是交易性的：

（一）取得该金融资产的目的

取得该金融资产的目的主要是为了近期出售或回购，比如企业从二级市场购入的股票、债券、基金等。

（二）属于集中管理的可辨认金融工具组合的一部分

相关金融资产在初始确认时属于集中管理的可辨认金融工具组合的一部分，且有客观证据表明近期实际存在短期获利模式。

（三）属于衍生金融工具

相关金融资产属于衍生金融工具，但符合财务担保合同定义的衍生工具以及被指定为有效套期工具的衍生工具除外。

二、以公允价值计量且其变动计入当期损益的金融资产的科目设置

（一）“交易性金融资产”科目

本科目是资产类科目，核算银行分类为以公允价值计量且其变动计入当期损益的金融资产和直接指定为以公允价值计量且其变动计入当期损益的金融资产。本科目按照交易性金融资产的类别和品种，分别“成本”“公允价值变动”进行明细核算。本科目期末借方余额，反映银行持有的交易性金融资产的公允价值。

（二）“公允价值变动损益”科目

本科目是损益类科目，核算银行交易性金融资产、交易性金融负债，以及采用公允价值模式计量的投资性房地产、衍生工具、套期保值业务中公允价值变动形成的应计入当期损益的利得或损失。本科目按照资产、负债类别进行明细核算。期末，应将本科目余额转入“本年利润”科目，结转后本科目无余额。

（三）“投资收益”科目

本科目是损益类科目，核算银行确认的投资收益或投资损失。本科目按照投资项目进行明细核算。期末，应将本科目余额转入“本年利润”科目，结转后应无余额。

三、以公允价值计量且其变动计入当期损益的金融资产的计量

企业初始确认金融资产，应当按照公允价值计量。以公允价值计量且其变动计入当期损益的金融资产，交易费用直接计入当期损益。后续计量时，其利得或损失，计入当期损益。

（一）公允价值及交易费用的确认

1.公允价值的确认

公允价值是指市场参与者在计量日发生的有序交易中，出售一项资产所能收到或者转移一项负债所需支付的价格。

交易价格是取得资产所支付或者承担负债所收到的价格（即进入价格），而相关资产或负债的公允价值是出售该资产所能收到的价格或者转移该负债所需支付的价格（即脱手价格），在大多数情况下进入价格等于其脱手价格。以公允价值计量相关资产或负债，应当使用适用于当前情况的估值技术。估值技术通常包括市场法、收益法和成本法。

（1）公允价值通常为交易价格。

（2）公允价值与交易价格存在差异的，区别情况处理：

一是初始确认时，金融资产的公允价值依据相同资产在活跃市场上的报价或者以仅使用可观察市场数据的估值技术确定的，将公允价值与交易价格的差额确认为一项利得或损失。

二是初始确认时，金融资产的公允价值以其他方式确定的，应将公允价值与交易价格的差额递延。初始确认后，企业根据某一因素在相应会计期间的变动程度将该递延差额确认为相应会计期间的利得或损失。该因素应当仅限于市场参与者对该金融工具定价时将予考虑的因素，包括时间等。

2.交易费用

交易费用是指可直接归属于购买、发行或处置金融工具的增量费用，包括支付给代理机构、咨询公司、券商、证券交易所、政府有关部门等的手续费、佣金、相关税费以及其他必要支出，不包括债券溢价、折价、融资费用、内部管理成本和持有成本等。

（二）取得交易性金融资产的核算

银行取得交易性金融资产时，按其公允价值记入“交易性金融资产——成本”科目，但不包括支付价款中已到付息期但尚未领取的利息或已宣告但尚未发放的现金股利，这两种款项记入“应收利息”或“应收股利”科目，交易过程中发生的交易费用直接计入当期损益，实际支付的金额记入“存放中央银行款项”科目。其会计分录为：

借：交易性金融资产——成本（公允价值）

　　应收利息（或应收股利）

　　投资收益（交易费用）

　贷：存放中央银行款项（实际支付的金额）

（三）持有期间收到利息或股利的核算

银行持有交易性金融资产期间，在资产负债表日按分期付息、一次还本债券投资的票面利率计算利息或被投资单位宣告发放现金股利时，记入“投资收益”科目。其会计分录为：

借：应收利息（或应收股利）

　贷：投资收益

收到债券利息或现金股利时，会计分录为：

借：存放中央银行款项

　贷：应收利息（或应收股利）

如果债券票面利率与实际利率差异较大的，应采用实际利率计算确定债券利息收入。

（四）资产负债表日公允价值变动的核算

资产负债表日，要考核交易性金融资产的公允价值变动情况，公允价值变动计入当期损益。如果公允价值高于账面余额，其差额记入“交易性金融资产——公允价值变动”科目的借方、“公允价值变动损益”科目的贷方。其会计分录为：

借：交易性金融资产——公允价值变动

贷：公允价值变动损益

资产负债表日，如果公允价值低于账面余额，其差额做相反的会计分录。

（五）交易性金融资产出售的核算

出售交易性金融资产时，其公允价值与账面价值之间的差额应确认为投资收益。按照实际收到的金额入账，结转该金融资产的成本、公允价值变动，其差额记入“投资收益”科目。其会计分录为：

借：存放中央银行款项（实际收到的金额）

贷：交易性金融资产——成本

（或借）交易性金融资产——公允价值变动

（或借）投资收益

同时，按照“交易性金融资产——公允价值变动”科目的余额，借记或贷记“公允价值变动损益”科目，贷记或借记“投资收益”科目。

四、以公允价值计量且其变动计入当期损益的金融资产的重分类

（一）将以公允价值计量且其变动计入当期损益的金融资产重分类为以摊余成本计量的金融资产

应以其在重分类日的公允价值作为新的账面余额，根据该金融资产在重分类日的公允价值确定其实际利率。自重分类日起，金融资产适用准则关于金融资产减值的相关规定，并将重分类日视为初始确认日。

（二）将以公允价值计量且其变动计入当期损益的金融资产重分类为以公允价值计量且其变动计入其他综合收益的金融资产

应继续以公允价值计量该金融资产，根据该金融资产在重分类日的公允价值确定其实际利率。自重分类日起，金融资产适用准则关于金融资产减值的相关规定，并将重分类日视为初始确认日。

任务三　掌握以公允价值计量且其变动计入其他综合收益的金融资产的核算

一、以公允价值计量且其变动计入其他综合收益的金融资产的确认

金融资产同时符合下列条件的，应当分类为以公允价值计量且其变动计入其他综合收益的金融资产：

（1）企业管理该金融资产的业务模式既以收取合同现金流量为目标又以出售该金融资产为目标。

（2）该金融资产的合同条款规定，在特定日期产生的现金流量，仅为对本金和以未偿付本金金额为基础的利息的支付。

例如，企业持有的普通债券的合同现金流量是到期收回本金及按约定利率在合同期间按时收取固定或浮动利息的权利。在没有其他特殊安排的情况下，普通债券的合同现金流量一般情况下可能符合仅为对本金和以未偿付本金金额为基础的利息的支付的要求。如果企业管理该债券的业务模式既以收取合同现金流量为目标又以出售该债券为目标，则该债券应当分类为以公允价值计量且其变动计入其他综合收益的金融资产。

二、以公允价值计量且其变动计入其他综合收益的金融资产的科目设置

（一）“其他债权投资”科目

本科目是资产类科目，核算银行持有的分类为以公允价值计量且其变动计入其他综合收益的长期债券投资。本科目应当按照其他债权投资类别和品种，分别“成本”“利息调整”“公允价值变动”等进行明细核算。本科目期末借方余额，反映银行其他债权投资的公允价值。

（二）“其他权益工具投资”科目

本科目是资产类科目，核算银行持有的指定为以公允价值计量且其变动计入其他综合收益的非交易性权益工具投资。本科目应当按照投资类别和品种，分别“成本”“公允价值变动”等进行明细核算。本科目期末借方余额，反映银行其他权益工具投资的公允价值。

（三）“其他综合收益”科目

本科目是权益类科目，核算未在当期损益中确认的各项利得和损失，包括以后会计期间不能重分类进损益的其他综合收益和以后会计期间满足规定条件时将重分类进损益的其他综合收益两类。本科目设有“其他债权投资公允价值变动”“其他权益工具投资公允价值变动”“企业自身信用风险公允价值变动”“金融资产重分类计入其他综合收益的金额”“其他债权投资信用减值准备”“现金流量套期储备”等明细科目。

三、以公允价值计量且其变动计入其他综合收益的金融资产的计量

（一）初始计量及后续计量

1.初始计量

企业初始确认金融资产，应当按照公允价值计量。以公允价值计量且其变动计入其他综合收益的金融资产，相关交易费用计入初始确认金额。

2.后续计量

分类为以公允价值计量且其变动计入其他综合收益的金融资产所产生的所有利得或损失，除减值损失或利得和汇兑损益之外，均计入其他综合收益，直至该金融资产终止确认或被重分类。但是，采用实际利率法计算的该金融资产的利息计入当期损益。该金融资产终止确认时，之前计入其他综合收益的累计利得或损失从其他综合收益中转出，计入当期损益。

（二）其他债权投资的核算

1.取得其他债权投资

银行取得的其他债权投资，应按照债券的面值，记入“其他债权投资——成本”

科目，按支付的价款中包含的已到付息期但尚未领取的利息，记入“应收利息”科目，按照实际支付的金额，记入“存放中央银行款项”等科目，按差额借记或贷记“其他债权投资——利息调整”科目。其会计分录为：

借：其他债权投资——成本（债券面值）

应收利息

贷：存放中央银行款项（实际支付的金额）

（或借）其他债权投资——利息调整（差额）

收到已到付息期但尚未领取的利息，冲减应收利息，记入“存放中央银行款项”科目。其会计分录为：

借：存放中央银行款项

贷：应收利息

2.其他债权投资利息收入确认及收到利息

其他债权投资为分期付息、一次还本债券投资。期末，按照票面利率计算确定的应收未收利息，记入“应收利息”科目，按照其他债权投资摊余成本和实际利率计算确定的利息收入，记入“投资收益”科目，差额记入“其他债权投资——利息调整”科目。其会计分录为：

借：应收利息

贷：投资收益

（或借）其他债权投资——利息调整

收到利息后，会计分录为：

借：存放中央银行款项

贷：应收利息

3.公允价值变动

期末，其他债权投资的公允价值高于其账面余额的差额，借记“其他债权投资——公允价值变动”科目，贷记“其他综合收益——其他债权投资公允价值变动”科目。其会计分录为：

借：其他债权投资——公允价值变动

贷：其他综合收益——其他债权投资公允价值变动

期末，其他债权投资的公允价值低于其账面余额，做相反的会计分录。

4.其他债权投资信用减值

根据《企业会计准则第22号——金融工具确认和计量》的规定，银行对分类为以公允价值计量且其变动计入其他综合收益的金融资产，以预期信用损失为基础，进行减值处理并确认损失准备，损失准备是指累计减值金额。分类为以公允价值计量且其变动计入其他综合收益的金融资产应当在其他综合收益中确认其损失准备，并将减值损失或利得计入当期损益，且不应减少该金融资产在资产负债表中列示的账面价值。

期末，按照应减记的金额，借记“信用减值损失”科目，贷记“其他综合收益——其他债权投资信用减值准备”科目。其会计分录为：

借：信用减值损失

　贷：其他综合收益——其他债权投资信用减值准备

对于已确认减值损失的其他债权投资，在随后会计期间内公允价值已上升且客观上与确认原减值损失事项有关的，应按原确认的减值损失，借记“其他综合收益——其他债权投资信用减值准备”科目，贷记“信用减值损失”科目。会计分录为：

借：其他综合收益——其他债权投资信用减值准备

　贷：信用减值损失

5.出售其他债权投资的核算

出售其他债权投资时，应按实际收到的金额入账，结转其账面余额（包括成本、公允价值变动、利息调整），差额计入投资收益；同时从其他综合收益中转出公允价值累计变动额，借记或贷记“其他综合收益——其他债权投资公允价值变动”科目，贷记或借记“投资收益”科目。其会计分录为：

借：存放中央银行款项（实际收到的金额）

　贷：其他债权投资——成本/公允价值变动/利息调整

　　（或借）投资收益（差额）

同时，从其他综合收益中转出公允价值累计金额：

借：（或贷）其他综合收益——其他债权投资公允价值变动

　贷：（或借）投资收益

已计提减值准备的，应同时结转减值准备。

四、指定为以公允价值计量且其变动计入其他综合收益的非交易性权益工具投资的计量

（一）初始计量及后续计量

1.初始计量

企业初始确认金融资产，应当按照公允价值计量。以公允价值计量且其变动计入其他综合收益的非交易性权益工具投资，相关交易费用计入初始确认金额。

2.后续计量

指定为以公允价值计量且其变动计入其他综合收益的非交易性权益工具投资，除了获得的股利（明确代表投资成本部分收回的股利除外）计入当期损益外，其他相关的利得和损失（包括汇兑损益）计入其他综合收益，且后续不得转入当期损益。当其终止确认时，之前计入其他综合收益的累计利得或损失从其他综合收益中转出，计入留存收益。

3.企业确认股利收入并计入当期损益的条件

（1）企业收取股利的权利已经确立。

（2）与股利相关的经济利益很可能流入企业。

（3）股利的金额能够可靠计量。

（二）其他权益工具投资的核算

1.取得其他权益工具投资

银行取得其他权益工具投资时，应按照其公允价值与交易费用之和记入“其他权益工具投资——成本”科目，已宣告但尚未发放的现金股利，记入“应收股利”科目，按照实际支付的金额，记入“存放中央银行款项”等科目。其会计分录为：

借：其他权益工具投资——成本（公允价值与交易费用之和）

　　应收股利

　贷：存放中央银行款项（实际支付的金额）

收到已宣告但尚未发放的现金股利，冲减应收股利，记入“存放中央银行款项”科目。其会计分录为：

借：存放中央银行款项

　贷：应收股利

2.其他权益工具投资股利收入确认及收到股利

被投资单位宣告发放股利时，记入“应收股利”及“投资收益”科目，收到股利时，记入“存放中央银行款项”科目。其会计分录为：

借：应收股利

　贷：投资收益

收到股利后，会计分录为：

借：存放中央银行款项

　贷：应收股利

3.公允价值变动

资产负债表日，其他权益工具投资的公允价值高于其账面余额的差额，借记“其他权益工具投资——公允价值变动”科目，贷记“其他综合收益——其他权益工具投资公允价值变动”科目。其会计分录为：

借：其他权益工具投资——公允价值变动

　贷：其他综合收益——其他权益工具投资公允价值变动

期末，其他权益工具投资的公允价值低于其账面余额，做相反的会计分录。

4.出售其他权益工具投资的核算

出售其他权益工具投资时，应按实际收到的金额入账，结转其账面余额（包括成本、公允价值变动），结转其他综合收益，差额计入留存收益。其会计分录为：

借：存放中央银行款项（实际收到的金额）

　　（或贷）其他综合收益——其他权益工具投资公允价值变动

　贷：其他权益工具投资——成本

　　　（或借）其他权益工具投资——公允价值变动

　　　（或借）盈余公积——法定盈余公积（差额的10%）

　　　（或借）利润分配——未分配利润（差额的90%）

五、以公允价值计量且其变动计入其他综合收益的金融资产的重分类

（一）将以公允价值计量且其变动计入其他综合收益的金融资产重分类为以摊余成本计量的金融资产

应将之前计入其他综合收益的累计利得或损失转出，调整该金融资产在重分类日的公允价值，并以调整后的金额作为新的账面价值，即视同该金融资产一直以摊余成本计量。该金融资产重分类不影响其实际利率和预期信用损失的计量。

（二）将以公允价值计量且其变动计入其他综合收益的金融资产重分类为以公允价值计量且其变动计入当期损益的金融资产

应继续以公允价值计量该金融资产。同时，应将之前计入其他综合收益的累计利得或损失从其他综合收益转入当期损益。

任务四 掌握以摊余成本计量的金融资产的核算

一、以摊余成本计量的金融资产的确认

金融资产同时符合下列条件的，应当分类为以摊余成本计量的金融资产：

（1）银行管理该金融资产的业务模式是以收取合同现金流量为目标。

（2）该金融资产的合同条款规定，在特定日期产生的现金流量，仅为对本金和以未偿付本金金额为基础的利息的支付。

二、以摊余成本计量的金融资产的科目设置

（一）“债权投资”科目

本科目是资产类科目，核算银行持有的分类为以摊余成本计量的长期债权投资。本科目应当按照债权投资类别和品种，分别“成本”“利息调整”“应计利息”等进行明细核算。本科目期末借方余额，反映银行债权投资的公允价值。

（二）“债权投资减值准备”科目

本科目是资产类科目，核算银行持有的分类为以摊余成本计量的长期债权投资发生减值时计提的减值准备。本科目按照分类为以摊余成本计量的长期债权投资类别和品种进行明细核算。本科目期末贷方余额，反映银行已计提但尚未转销的债权投资减值准备。

三、以摊余成本计量的长期债权投资的计量

（一）初始计量和后续计量

1.初始计量

以摊余成本计量的长期债权投资初始计量时按照公允价值计量，相关交易费用计入初始确认金额。

2.后续计量

债权投资的后续计量涉及实际利率法、摊余成本、利息收入、信用减值等的规定同“贷款”。

（二）债权投资的核算

1.取得债权投资

银行取得债权投资时，应按照其票面价值记入“债权投资——成本”科目，按已到付息期但尚未领取的利息，记入“应收利息”科目，按照公允价值加上交易费用(即实际支付的金额)，记入“存放中央银行款项”等科目，差额记入“债权投资——利息调整”科目。其会计分录为：

借：债权投资——成本（面值）

应收利息

贷：存放中央银行款项（实际支付的金额）

（或借）债权投资——利息调整（差额）

收到取得债权投资支付的价款中包含的已到付息期但尚未领取的债券利息，冲减应收利息，记入“存放中央银行款项”科目。其会计分录为：

借：存放中央银行款项

贷：应收利息

2.投资收益确认及收到利息

银行应当采用实际利率法、预期信用损失法进行后续计量。按摊余成本和实际利率计算确认利息收入，计入投资收益。实际利率与票面利率差别较小的，也可以按票面利率计算利息收入，计入投资收益。

（1）债权投资为分期付息、一次还本债券投资的，应于资产负债表日按照票面利率计算确定的应收未收利息，记入“应收利息”科目，按照债权投资摊余成本和实际利率计算确定的利息收入，记入“投资收益”科目，差额记入“债权投资——利息调整”科目。其会计分录为：

借：应收利息（票面利率）

贷：投资收益（实际利率）

（或借）债权投资——利息调整（差额）

收到债权投资利息，会计分录为：

借：存放中央银行款项

贷：应收利息

（2）债权投资为一次还本付息债券投资的，应于资产负债表日按照票面利率计算确定的应收未收利息，记入“债权投资——应计利息”科目，按照债权投资摊余成本和实际利率计算确定的利息收入，记入“投资收益”科目，差额记入“债权投资——利息调整”科目。其会计分录为：

借：债权投资——应计利息（票面利率）

贷：投资收益（实际利率）

（或借）债权投资——利息调整（差额）

持有期间债权投资如发生减值，其持有期间利息收入的确认比照“贷款”业务处理。

3.债权投资信用减值的核算

持有期间债权投资要考虑其预期信用风险的情况，进行减值处理。其信用风险及其处理分为四种情况：一是自初始确认后未显著增加；二是已显著增加，但未发生减值；三是发生减值；四是形成初始投资时已发生减值。以上四种情况的信用减值损失计提及处理比照“贷款”业务处理。

4.出售或收回债权投资的核算

出售或收回债权投资时，应按实际收到的金额入账，同时结转其账面余额，差额记入“投资收益”科目。其会计分录为：

借：存放中央银行款项（实际收到的金额）

　贷：债权投资——成本/利息调整/应计利息

　　　（或借）投资收益（差额）

已计提减值准备的，应同时结转减值准备。

四、以摊余成本计量的金融资产的重分类

（一）将以摊余成本计量的金融资产重分类为以公允价值计量且其变动计入当期损益的金融资产

按照该资产在重分类日的公允价值进行计量。原账面价值与公允价值之间的差额计入当期损益。

（二）将以摊余成本计量的金融资产重分类为以公允价值计量且其变动计入其他综合收益的金融资产

按照该资产在重分类日的公允价值进行计量。原账面价值与公允价值之间的差额计入其他综合收益。该金融资产重分类不影响其实际利率和预期信用损失的计量。

任务五　掌握长期股权投资的核算

一、长期股权投资的含义及特点

（一）长期股权投资的含义

根据《企业会计准则第2号——长期股权投资》的规定，长期股权投资是指投资方对被投资单位实施控制、重大影响的权益性投资，以及对其合营企业的权益性投资。

长期股权投资的形成，应分别企业合并和非企业合并两种情况确定。本节阐述企业合并以外的其他方式取得的长期股权投资。

（二）长期股权投资的特点

1.长期持有

长期股权投资目的是为长期持有被投资单位的股份，成为被投资单位的股东，并通过所持有的股份，对被投资单位实施控制或施加重大影响，或为了改善和巩固贸易关系。

2.获取经济利益，并承担相应的风险

长期股权投资的最终目标是为了获得较大的经济利益，这种经济利益可以通过分得利润或股利获取，也可以通过其他方式取得。例如，被投资单位生产的产品为投资企业生产所需的原材料，在市场上这种原材料的价格波动较大，且不能保证供应。在这种情况下，投资企业通过所持股份，达到控制或对被投资单位施加重大影响，使其生产所需的原材料能够直接从被投资单位取得，而且价格比较稳定，保证其生产经营的顺利进行。但是，如果被投资单位经营状况不佳，或者进行破产清算时，投资企业作为股东，也需要承担相应的投资损失。

3.除股票投资外，长期股权投资通常不能随时出售

投资企业一旦成为被投资单位的股东，依据所持股份份额享有股东的权利并承担相应的义务，一般情况下不能随意抽回投资。

4.长期股权投资相对于长期债权投资而言，投资风险较大

在我国，长期股权投资的取得方式主要有：①在证券市场上以货币资金购买其他企业的股票，以成为被投资单位的股东；②以资产（包括货币资金、无形资产和其他实物资产）投资于其他单位，从而成为被投资单位的股东。

二、长期股权投资的类型及核算方式

（一）长期股权投资的类型

长期股权投资依据对被投资单位产生的影响，分为以下3种类型：

1.实施控制的权益性投资

实施控制的权益性投资，即对子公司投资。控制是指投资方拥有对被投资单位的权力，通过参与被投资单位的相关活动而享有可变回报，并且有能力运用对被投资单位的权力影响其回报金额。

2.共同控制的权益性投资

共同控制的权益性投资，即对合营企业投资。共同控制是指按照相关约定对某项安排所共有的控制，并且该安排的相关活动必须经过分享控制权的参与方一致同意后才能决策。

3.有重大影响的权益性投资

有重大影响的权益性投资，即对联营企业投资。重大影响是指对一个企业的财务和经营决策有参与的权力，但并不能够控制或者与其他方一起共同控制这些决策的制定。

实务中，较为常见的重大影响体现为在被投资单位的董事会或类似权力机构中派有代表，通过在被投资单位财务和经营决策制定过程中的发言权实施重大影响。

投资方直接或通过子公司间接持有被投资单位20%以上但低于50%的表决权时，一般认为对被投资单位具有重大影响，除非有明确的证据表明该种情况下不能参与被投资单位的生产经营决策，不形成重大影响。

在确定能否对被投资单位施加重大影响时，一方面应考虑投资方直接或间接持有被投资单位的表决权股份，同时要考虑投资方及其他方持有的当期可执行潜在表决权

在假定转换为对被投资单位的股权后产生的影响，如被投资单位发行的当期可转换的认股权证、股份期权及可转换公司债券等的影响。

课堂讨论 9-1

进行长期股权投资对投资人有什么影响？

提示：进行长期股权投资一般属于投资人的重要投资决策。由于占被投资人资本份额的不同，未来会对投资人的投资收益有影响，或者会对投资人的未来经营战略有影响。

（二）长期股权投资的核算方式

长期股权投资应根据不同情况，分别采用成本法或权益法核算。

1.成本法

成本法是指投资按成本计价的方法。采用成本法时，除追加或收回投资外，长期股权投资的账面价值一般应保持不变。除取得投资时实际支付的价款或对价中包含的已宣告但尚未发放的现金股利或利润外，投资企业应当按照享有被投资单位宣告发放的现金股利或利润确认投资收益，不管有关利润分配是属于对取得投资前还是取得投资后被投资单位实现净利润的分配。

适用范围：投资企业对子公司的长期股权投资适用于成本法核算。

2.权益法

权益法是指投资以初始投资成本计量后，在投资持有期间根据投资企业享有被投资单位所有者权益的份额的变动对投资的账面价值进行调整的方法。采用权益法时，投资企业应在取得股权投资后，按应享有或应分担的被投资单位当年实现的净利润或发生的净亏损的份额（法规或公司章程规定不属于投资企业的净利润除外），调整投资的账面价值，并确认为当期投资损益。投资企业按被投资单位宣告分派的利润或现金股利计算应分得的部分，相应减少投资的账面价值。

适用范围：投资企业对共同控制的合营企业、重大影响的联营企业适用于权益法核算。

三、长期股权投资的科目设置

（一）“长期股权投资”科目

本科目是资产类科目，核算银行持有的采用成本法和权益法核算的长期股权投资，按被投资单位进行明细核算。长期股权投资采用权益法核算的，应当分别“成本”“损益调整”“其他综合收益”“其他权益变动”进行明细核算。本科目期末借方余额，反映银行长期股权投资的价值。

（二）“资产减值损失”科目

本科目是损益类科目，核算各类资产在当期确认的资产减值损失金额。本科目可按资产类别进行明细核算。资产负债表日，确认资产发生减值的，按应减记的金额，借记本科目，贷记相关减值准备科目。期末将余额转入“本年利润”科目，结转后应无余额。

（三）“长期股权投资减值准备”科目

本科目是资产类科目，核算银行长期股权投资的减值准备，可按被投资单位进行明细核算。资产负债表日，长期股权投资发生减值的，按应减记的金额，借记“资产减值损失”科目，贷记本科目。处置长期股权投资时，应同时结转已计提的长期股权投资减值准备。本科目期末贷方余额，反映银行已计提但尚未转销的长期股权投资减值准备。

四、长期股权投资的初始计量

（一）对联营企业、合营企业投资的初始计量

对联营企业、合营企业投资，取得时初始投资成本的确定遵循以下规定：

1.以支付现金取得的长期股权投资

应当按照实际支付的购买价款作为长期股权投资的初始投资成本，包括与取得长期股权投资直接相关的费用、税金及其他必要支出，但所支付的价款中包含的被投资单位已宣告但尚未发放的现金股利或利润应作为应收项目核算，不构成取得长期股权投资的成本。其会计分录为：

借：长期股权投资（直接相关的费用、税金及其他必要支出）

　　应付股利

　贷：存放中央银行款项

2.以发行权益性证券方式取得的长期股权投资

其成本为所发行权益性证券的公允价值，但不包括被投资单位已宣告但尚未发放的现金股利或利润。其会计分录为：

借：长期股权投资（发行权益性证券的公允价值）

　贷：股本（面值）

　　　资本公积——股本溢价（差额）

发行权益性证券过程中支付的佣金和手续费，按照《企业会计准则第37号——金融工具列报》的有关规定确定，应冲减权益性证券的溢价发行收入。其会计分录为：

借：资本公积——股本溢价

　贷：存放中央银行款项

3.通过非货币性资产交换等方式取得的长期股权投资

其初始投资成本应当按照《企业会计准则第7号——非货币性资产交换》的有关规定确定。

4.通过债务重组取得的长期股权投资

其初始投资成本应按照《企业会计准则第12号——债务重组》的有关规定确定。

（二）对子公司投资的初始计量

对于形成控股合并的长期股权投资，应分别形成同一控制下控股合并与非同一控制下控股合并两种情况确定长期股权投资的初始投资成本。

1.同一控制下的企业合并形成的对子公司长期股权投资

（1）合并方以支付现金、转让非现金资产或承担债务方式作为合并对价的，应当在合并日按取得被合并方所有者权益在最终控制方合并财务报表中的账面价值的份额作为长期股权投资的初始投资成本。长期股权投资的初始投资成本与支付的现金、转让的非现金资产及所承担债务账面价值之间的差额，应调整资本公积（资本溢价或股本溢价）；资本公积（资本溢价或股本溢价）的余额不足冲减的，调整留存收益。其具体账务处理如下：

借：长期股权投资（合并方在合并日按取得被合并方所有者权益在最终控制方合并财务报表中账面价值的份额）

应收股利（应享有被投资单位已宣告但尚未发放的现金股利或利润）

盈余公积（利润分配——未分配利润）（资本公积的余额不足冲减）

贷：存放中央银行款项（或其他资产、负债）（支付的合并对价的账面价值）

（或借）资本公积——资本溢价或股本溢价（差额）

（2）合并方以发行权益性证券作为合并对价的，应在合并日按取得被合并方所有者权益在最终控制方合并财务报表中的账面价值的份额确认长期股权投资的初始投资成本，按发行权益性证券的面值总额作为股本，长期股权投资初始投资成本与所发行权益性证券面值总额之间的差额，应当调整资本公积（资本溢价或股本溢价）；资本公积（资本溢价或股本溢价）不足冲减的，调整留存收益。其具体账务处理如下：

借：长期股权投资（合并方在合并日按取得被合并方所有者权益在最终控制方合并财务报表中账面价值的份额）

应收股利（应享有被投资单位已宣告但尚未发放的现金股利或利润）

盈余公积（利润分配——未分配利润）（资本公积的余额不足冲减）

贷：股本（发行权益性证券的面值）

（或借）资本公积——资本溢价或股本溢价（差额）

（3）形成同一控制下控股合并的长期股权投资，如果子公司按照改制时确定的资产、负债经评估确认的价值调整资产、负债账面价值的，合并方应当按照取得子公司经评估确认的净资产的份额，作为长期股权投资的初始投资成本。

（4）通过多次交换交易，分步取得股权最终形成同一控制下控股合并的，在个别财务报表中，应当以持股比例计算的合并日应享有被合并方所有者权益在最终控制方合并财务报表中的账面价值份额，作为该项投资的初始投资成本。初始投资成本与其原长期股权投资账面价值加上合并日为取得新的股份所支付对价的现金、转让的非现金资产及所承担债务账面价值之和的差额，调整资本公积（资本溢价或股本溢价），资本公积不足冲减的，冲减留存收益。

（5）在企业合并中，合并方发生的审计、法律服务、评估咨询等中介费用以及其他相关管理费用，应当于发生时计入当期损益（管理费用）。

2.非同一控制下的企业合并形成的对子公司长期股权投资

（1）非同一控制下的控股合并中，购买方应当按照确定的企业合并成本作为长期股权投资的初始投资成本。企业合并成本包括购买方付出的资产、发生或承担的负债、发行的权益性证券的公允价值之和。其具体账务处理如下：

借：长期股权投资（购买日的企业合并成本）

　　应收股利（应享有被投资单位已宣告但尚未发放的现金股利或利润）

　　营业外支出（或投资收益）（差额）

　贷：存放中央银行款项（或其他资产、负债）（支付的合并对价的账面价值）

　　　营业外收入（或投资收益）（差额）

发生的直接相关费用：

借：管理费用

　贷：存放中央银行款项

（2）通过多次交换交易，分步取得股权最终形成非同一控制下控股合并的，购买方在个别财务报表中，应当以购买日之前所持被购买方的股权投资的账面价值与购买日新增投资成本之和，作为该项投资的初始投资成本。

3.投资成本中包含的已宣告但尚未发放的现金股利或利润的处理

企业无论以何种方式取得长期股权投资，取得投资时，对于投资成本中包含的被投资单位已经宣告但尚未发放的现金股利或利润，应作为应收项目单独核算，不构成取得长期股权投资的初始投资成本。

4.一项交易中同时涉及自最终控制方购买股权形成控制及自其他外部独立第三方购买股权的处理

某些股权交易中，合并方除自最终控制方取得集团企业的股权外，会涉及自外部独立第三方购买被合并方进一步的股权。该类交易中，一般认为自集团内取得的股权能够形成控制的，相关股权投资成本的确定按照同一控制下企业合并的有关规定处理，而自外部独立第三方取得的股权则视为在取得对被投资单位的控制权，形成同一控制下企业合并后少数股权的购买，该部分少数股权的购买不管与形成同一控制下企业合并的交易是否同时进行，在与同一控制下企业合并并不构成一揽子交易的情况下，有关股权投资成本即应按照实际支付的购买价款确定。该种情况下，在合并方最终持有对同一被投资单位的股权中，不同部分的计量基础会存在差异。

五、长期股权投资的后续计量

（一）采用成本法核算的长期股权投资

1.追加投资

按照追加投资时的成本增加长期股权投资的账面价值。

2.确认投资收益

被投资单位宣告分派的现金股利或利润，投资企业应按享有的部分，确认为当期投资收益。其会计分录为：

借：应收股利

贷：投资收益

3.子公司将未分配利润或盈余公积转增股本（实收资本）

子公司将未分配利润或盈余公积转增股本（实收资本），且未向投资企业提供等值现金股利或利润的选择权时，投资企业并没有获得收取现金或者利润的权利，该项交易通常属于子公司自身权益结构的重分类，会计准则规定投资企业不应确认相关的投资收益。

（二）采用权益法核算的长期股权投资

1.初始投资成本的调整

投资企业取得对联营企业或合营企业的投资以后，对于取得投资时投资成本与应享有被投资单位可辨认净资产公允价值份额之间的差额，应区别情况处理。

（1）长期股权投资的初始投资成本大于投资时应享有被投资单位可辨认净资产公允价值份额的，该部分差额本质上是投资企业在取得投资过程中通过购买作价体现出的与所取得的股权份额相对应的商誉及被投资单位不符合确认条件的资产价值，所以不要求调整已确认的初始投资成本。

（2）长期股权投资的初始投资成本小于投资时应享有被投资单位可辨认净资产公允价值份额的，两者之间的差额体现为双方在交易作价过程中转让方的让步，该部分经济利益流入作为收益处理，计入取得投资当期的营业外收入，同时调整增加长期股权投资的账面价值。其会计分录为：

借：长期股权投资——成本（初始投资成本）

贷：存放中央银行款项（实际支付的金额）

初始投资成本与应享有的被投资单位可辨认净资产的公允价值的差额：

借：长期股权投资——成本（差额）

贷：营业外收入

2.投资损益的确认

（1）被投资单位实现净利润。投资企业取得长期股权投资后，应当根据被投资单位实现的净利润计算应享有的份额，确认投资收益，同时调整长期股权投资的账面价值。其会计分录为：

借：长期股权投资——损益调整

贷：投资收益

（2）被投资单位发生净亏损。投资企业确认被投资单位发生的净亏损，应以长期股权投资的账面价值以及其他实质上构成对被投资单位净投资的长期权益（简称其他长期权益）冲减至零为限，投资企业负有承担额外损失义务的除外。除按照以上步骤已确认的损失外，按照投资合同或协议约定将承担的损失，确认为预计负债，计入当期投资损失。其会计分录为：

借：投资收益

贷：长期股权投资——损益调整

（或）××科目

（或）预计负债

除上述情况仍未确认的应分担被投资单位的损失，在账外备查登记。

投资企业按权益法确认应分担被投资单位的净亏损或被投资单位其他综合收益减少净额，将有关长期股权投资冲减至零并产生了未确认投资净损失的，被投资单位在以后期间实现净利润或其他综合收益增加净额时，投资企业应当按照以前确认或登记有关投资净损失时的相反顺序进行会计处理，即依次减记未确认投资净损失金额、恢复其他长期权益和恢复长期股权投资的账面价值，同时，投资企业应当按照《企业会计准则第13号——或有事项》的有关规定，对预计负债的账面价值进行复核，并根据复核后的最佳估计数予以调整。

（3）取得现金股利或利润。被投资单位以后宣告发放现金股利或利润时，投资企业计算应分得的部分，抵减长期股权投资的账面价值。其会计分录为：

借：应收股利

贷：长期股权投资——损益调整

自被投资单位取得的现金股利或利润超过已确认损益调整的部分，应视同投资成本的收回，冲减长期股权投资的账面价值。

（4）取得股票股利。收到被投资单位宣告发放的股票股利，不进行账务处理，但应于除权日在备查簿中登记所增加的股数，以反映股份的变化情况。

（5）其他综合收益的处理。被投资单位确认的其他综合收益及其变动，也会影响被投资单位所有者权益总额，进而影响投资企业应享有被投资单位所有者权益的份额。因此，当被投资单位其他综合收益发生变动时，投资企业应当按照归属于本企业的部分，相应调整长期股权投资的账面价值，同时增加或减少其他综合收益。其会计分录为：

借：（或贷）长期股权投资——其他综合收益

贷：（或借）其他综合收益

（6）被投资单位所有者权益其他变动。采用权益法核算时，在持股比例不变的情况下，投资企业对于被投资单位除净损益、其他综合收益以及利润分配以外所有者权益的其他变动（主要包括被投资单位接受其他股东的资本性投入、被投资单位发行可分离交易的可转换公司债券中包含的权益成分、以权益结算的股份支付等），企业应按持股比例计算应享有的份额，相应调整长期股权投资的账面价值，同时增加或减少资本公积（其他资本公积）。其会计分录为：

借：（或贷）长期股权投资——其他权益变动

贷：（或借）资本公积——其他资本公积

（三）长期股权投资的减值

长期股权投资在按照规定进行核算确定其账面价值的基础上，如果存在减值迹象的，应当计提减值准备。其中对于子公司、联营企业及合营企业的投资，按照《企业会计准则第8号——资产减值》的规定确定其可收回金额及应予计提的减值准备。其会计分录为：

借：资产减值损失

　贷：长期股权投资减值准备

上述有关长期股权投资的减值准备在提取以后，不允许转回。

（四）处置长期股权投资

处置长期股权投资时，应相应结转与所售股权相对应的长期股权投资的账面价值，出售所得价款与处置长期股权投资账面价值之间的差额确认为处置损益。其会计分录为：

借：存放中央银行款项（实际收到的金额）

　　长期股权投资减值准备（结转）

　贷：长期股权投资（账面余额）

　　　应收股利（尚未领取的现金股利或利润）

　　　（或借）投资收益（差额）

采用权益法核算的长期股权投资，原计入其他综合收益（不能结转损益的除外）或资本公积（其他资本公积）的金额，在处置时亦应进行结转，将与所出售股权相对应的部分在处置时自其他综合收益或资本公积转入当期损益。其会计分录为：

借：（或贷）其他综合收益

　　（或贷）资本公积——其他资本公积

　贷：（或借）投资收益

职业能力训练

一、填空题

1.（　　）是指银行持有的为交易目的的金融资产的公允价值。

2.购入交易性金融资产中含有已宣告未发放的利息记入（　　）科目。

3.交易性金融资产在资产负债表日公允价值低于账面价值的部分记入（　　）科目的借方。

4.其他债权投资的预期信用损失，贷方应记入（　　）科目进行核算。

5.债权投资持有期间的“应收利息”按照（　　）利率计算；“投资收益”按照（　　）利率计算。

二、单项选择题

1.取得交易性金融资产时其含有的已宣告未发放的现金股利记入（　　）科目核算。

A.投资收益　　B.利息收入

C.应收股利　　D.应收利息

2.出售交易性金融资产时实际收到金额大于该金融资产的成本的部分记入（　　）科目。

A.投资收益　　B.利息收入

C.营业外收入　　D.其他业务收入

3.交易性金融资产的公允价值变动损益在（　）结转。

A.购入时　　B.出售时

C.资产负债表日　　D.年末

4.其他债权投资持有期间的应收利息与投资收益的差额应记入（　　）科目核算。

A.其他债权投资——利息调整　　B.其他债权投资——成本

C.公允价值变动损益　　D.投资收益

5.其他债权投资在资产负债表日公允价值发生变动应记入（　　）科目。

A.公允价值变动损益　　B.投资收益

C.资本公积　　D.其他综合收益

三、多项选择题

1."交易性金融资产"的明细科目包括（　　）。

A.利息调整　　B.成本

C.公允价值变动　　D.应计利息

2.交易性金融资产包括（　　）等金融资产。

A.债券　　B.股票

C.衍生金融工具　　D.权证

3."其他债权投资"一级科目下应设置（　　）二级科目。

A.成本　　B.利息调整

C.公允价值变动　　D.减值准备

4.取得其他权益工具投资时，（　）记入"其他权益工具投资——成本"科目。

A.公允价值　　B.交易费用

C.应收利息　　D.应交税费

5.下列（　　）是长期股权投资的特点。

A.长期持有

B.长期股权投资相对于长期债权投资而言，投资风险较大

C.获取经济利益，并承担相应的风险

D.除股票投资外，长期股权投资通常不能随时出售

四、判断题

1.交易性金融资产取得时按照公允价值计入成本。（　）

2.购入交易性金融资产实际支付的款项中含有利息的应计入成本。（　）

3.交易性金融资产的票面利率与实际利率差异较大的应按照票面利率计算

利息。（　　）

4.资产负债表日其他债权投资的公允价值高于账面余额的差额记入“公允价值变动损益”科目的贷方。（　　）

5.债权投资是银行的资金来源。（　　）

6.其他债权投资的后续计量既适用于公允价值计量模式，也适用于减值模式。（　　）

7.已计提减值准备的债权投资价值以后又恢复的不做处理。（　　）

8.债权投资发生减值的要记入“公允价值变动损益”科目。（　　）

9.采用权益法时，长期股权投资的账面价值一般应保持不变。（　　）

10.“债权投资——应计利息”应按照实际利率计算确认。（　　）

五、实践应用题

1.目的：练习交易性金融资产的核算

资料：甲工商银行于2025年1月1日，购入某企业2024年1月1日发行的3年期债券，其债券利息按年支付，到期还本。该债券票面年利率为5%，票面价值总额为100 000元。其公允价值为110 000元，支付购买费用1 000元。甲工商银行购入该债券（购入时其上年利息尚未支付）不准备长期持有，用于交易需要。甲工商银行于2025年3月1日收到上年利息。2025年1月31日，该债券公允价值为112 000元。2025年4月1日，甲工商银行以113 000元出售该债券。

要求：编制甲工商银行有关该债券购入及处理的相关会计分录。

2.目的：练习分类为以公允价值计量且其变动计入其他综合收益的金融资产的核算

资料：甲工商银行2021年1月1日以1 000万元（含交易费用）购入B公司同日发行的5年期公司债券125 000份。该债券票面价值总额为1 250万元，票面年利率为4.72%，利息年末支付（即每年利息59万元），到期一次还本。合同约定，该债券的发行方在遇到特定情况时可以将债券赎回，且不需要为提前赎回支付额外款项。甲工商银行在购买该债券时，预计发行方不会提前赎回。甲工商银行根据其管理该债券的业务模式和该债券的合同现金流量特征，将该债券分类为以公允价值计量且其变动计入其他综合收益的金融资产。

其他资料如下：

（1）2021年12月31日，B公司债券的公允价值为1 200万元（不含利息）。

（2）2022年12月31日，B公司债券的公允价值为1 300万元（不含利息）。

（3）2023年12月31日，B公司债券的公允价值为1 250万元（不含利息）。

（4）2024年12月31日，B公司债券的公允价值为1 200万元（不含利息）。

（5）2025年1月20日，甲工商银行出售了B公司债券125 000份，取得价款1 260万元。

要求：编制甲工商银行购入及处理B公司债券的相关会计分录。

3.目的：练习指定为以公允价值计量且其变动计入其他综合收益的非交易性权益工具投资的核算

2024年5月6日，甲工商银行支付价款1 016万元（含交易费用1万元和已宣告发放现金股利15万元），购入C公司发行的股票200万股，占C公司有表决权股份的0.5%。甲工商银行将其指定为以公允价值计量且其变动计入其他综合收益的非交易性权益工具投资。

其他资料如下：

（1）2024年5月10日，甲工商银行收到C公司发放的现金股利15万元。

（2）2024年6月30日，该股票市价为每股5.2元。

（3）2024年12月31日，甲工商银行仍持有该股票；当日，股票市价为每股5元。

（4）2025年5月9日，C公司宣告发放现金股利20万元。

（5）2025年5月13日，甲工商银行收到C公司发放的现金股利。

（6）2025年5月20日，甲工商银行以每股4.9元的价格将该股票全部转让。

要求：编制甲工商银行购入及处理C公司股票的相关会计分录。

4.目的：练习分类为以摊余成本计量的金融资产的核算

资料：甲工商银行2021年1月1日以1 000万元（含交易费用）购入D公司同日发行的5年期公司债券125 000份。该债券票面价值总额为1 250万元，票面年利率为4.72%，利息年末支付（即每年利息59万元），到期一次还本。合同约定，该债券的发行方在遇到特定情况时可以将债券赎回，且不需要为提前赎回支付额外款项。甲工商银行在购买该债券时，预计发行方不会提前赎回。甲工商银行根据其管理该债券的业务模式和该债券的合同现金流量特征，将该债券分类为以摊余成本计量的金融资产。

要求：1）编制甲工商银行购入及处理D公司债券的相关会计分录。

2）假定甲工商银行购买的D公司债券不是分次付息，而是到期一次还本付息，且利息不是复利计算。编制甲工商银行购入及处理D公司债券的相关会计分录。

5.目的：练习长期股权投资的核算

资料：A银行2023年1月1日以现金2 500万元的价格购入B银行30%的股份，购买过程中另支付相关税费8万元。B银行为一家未上市银行，其股权不存在活跃的市场价格。A银行取得该部分投资后，对B银行的经营管理活动有参与决策的权利。投资后，B银行实现的净利润及利润分配情况见表9-1。

表9-1　B银行实现的净利润及利润分配情况　单位：万元

年度	被投资单位实现净利润	当年度分派利润
2023	3 500	2 800
2024	6 500	5 000

要求：对A银行的长期股权投资业务进行相应账务处理。

6.目的：练习以发行权益性证券方式取得的长期股权投资的初始计量的核算

2025年3月5日，甲工商银行通过增发9 000万股本银行普通股（每股面值1元）取得B公司20%的股权，该9 000万股股份的公允价值为15 600万元。为增发该部分股份，甲工商银行向证券承销机构等支付了600万元的佣金和手续费。假定甲工商银行取得该股份后，能够对B公司的财务和决策施加重大影响。

要求：对甲工商银行的业务进行相应的账务处理。

项目十

固定资产、无形资产和其他资产业务的核算

学习目标

知识目标：理解固定资产的含义、特征、确认标准和分类；掌握固定资产的计价基础和价值构成；掌握固定资产的核算；掌握无形资产的核算；了解其他资产包括的内容及核算方法。

能力目标：面对复杂业务场景，能够识别固定资产等业务中的潜在风险，灵活运用知识提出适当解决方案，提高资产全流程、全方位管理能力。

素养目标：通过业务处理与综合分析挖掘资产运用潜力，保持对行业动态及政策更新的敏感性，持续提升专业素养。

课前导入

公允价值理念下的会计目标与企业价值

新会计准则体系的建立与实施，顺应我国市场化经济体制改革和国际化发展的需要，以提高会计信息质量为核心，强化为投资者和社会公众提供决策有用会计信息的理念，构建了与我国社会主义市场经济相适应、与国际准则趋同、涵盖企业各项经济业务、可独立实施的会计准则与规范。诸多核算方法与管理手段的运用都是创新和突破。其中的公允价值理念着眼于现在与未来，真实反映资产的经济利益，确切披露企业的经营能力与风险，提供了具有明显可观察性和决策相关性的会计信息，被市场经济所认可。

资料来源：作者根据相关资料整理。

引 例

某银行由于机构网点撤并，有一个储蓄所房屋闲置，因此租给某存款大户使用，但一直未签订租赁协议，一年多未收取租用费用。闲置的固定资产未得到有效处理，不仅占用了大量的银行资金，而且未来的折旧和维修费用成为负担。本项目可以使我们认识到随着金融业务的拓展，各银行固定资产、无形资产的投入和存量管理变得日益重要。

资料来源：作者根据相关资料整理。

任务一 理解固定资产业务的核算

一、固定资产的定义和特征

（一）固定资产的定义

固定资产是指同时具有以下特征的有形资产：

（1）为生产商品、提供劳务、出租或经营管理而持有。

（2）使用寿命超过一个会计年度。

（二）固定资产的特征

从固定资产的定义看，固定资产具有以下3个特征：

1.为生产商品、提供劳务、出租或经营管理而持有

企业持有的固定资产是企业的劳动工具或手段，而不是用于出售的产品。其中，“出租”的固定资产，是指以经营租赁方式出租的机器设备类固定资产，不包括以经营租赁方式出租的建筑物，后者属于投资性房地产。

2.使用寿命超过一个会计年度

固定资产的使用寿命，是指使用固定资产的预计期间，或者该固定资产所能生产商品或提供劳务的数量。其使用寿命超过一个会计年度，意味着固定资产属于非流动资产，随着使用和磨损，通过计提折旧方式逐渐减少账面价值。

3.固定资产是有形资产

这一特征将固定资产与无形资产区别开来。

二、固定资产的确认条件

固定资产在符合定义的前提下，同时满足下列两个条件的，才能予以确认：

1.与该固定资产有关的经济利益很可能流入企业

在实务中，判断与固定资产有关的经济利益是否很可能流入企业，主要判断与该固定资产所有权相关的风险和报酬是否转移到了银行。

2.该固定资产成本能够可靠计量

银行在确定固定资产成本时必须取得确凿证据，但是有时根据所获得的最新资料，需要对固定资产的成本进行合理估计。

由于各银行的经营规模、经营内容等各不相同，固定资产的标准也不可能强求一致，各银行应当根据制度中规定的固定资产的标准和定义，结合本行的具体情况，制定适合本行的固定资产目录、分类方法，每类或每项固定资产的使用寿命、折旧方法，作为进行固定资产核算的依据。

三、固定资产的计价

固定资产的计价包括计价基础和价值构成两个方面。

（一）固定资产的计价基础

固定资产的计价基础主要有以下两种：

1.按历史成本计价

历史成本是指银行购建某项固定资产达到可使用状态前所发生的一切合理、必要的支出。银行新购建固定资产的计价、确定计提折旧的依据等，均采用这种计价方法。这种计价方法的主要优点是具有客观性和可验证性；其明显的缺点是当经济环境和市场物价水平发生变化时，它不能反映固定资产的真实价值。

2.按净值计价

净值又叫折余价值，是指固定资产的原始价值减去已提折旧后的余额。这种计价方法可以反映实际占用的固定资产价值，从而了解固定资产的新旧程度，以便安排固定资产的更新改造。这种计价方法主要用于计算盘盈、盘亏、毁损固定资产的溢余或损失的实际价值。

（二）固定资产的价值构成

固定资产的价值构成是指固定资产价值所包括的范围。由于固定资产的来源渠道不同，其价值构成的具体内容也有所差异。

1.自行建造的固定资产

自行建造的固定资产成本由建造该项资产达到预定可使用状态前所发生的必要支出构成，包括工程物资成本、人工成本、交纳的相关税费、应予资本化的借款费用以及应分摊的间接费用等。

2.购入的固定资产

购入的固定资产，按实际支付的买价、相关税费以及使固定资产达到预定可使用状态前所发生的可归属于该项资产的运输费、装卸费、安装费和专业人员服务费等作为入账价值。

3.投资者投入的固定资产

投资者投入的固定资产成本按照投资合同或协议约定的价值确定，合同协议约定价值不公允的除外。

4.通过非货币性资产交换、债务重组、企业合并等方式取得的固定资产

这些固定资产的成本应当分别按照《企业会计准则第7号——非货币性资产交换》《企业会计准则第12号——债务重组》《企业会计准则第20号——企业合并》等的规定确定，但是其后续计量和披露应当执行《企业会计准则第4号——固定资产》

的规定。

5.盘盈的固定资产

盘盈的固定资产，作为前期差错处理，在按管理权限报经批准处理前，应先通过“以前年度损益调整”科目核算。

6.存在弃置费用的固定资产

对于特殊行业的特定固定资产，确定其初始成本时，还应考虑弃置费用。弃置费用通常是指根据国家法律和行政法规、国际公约等的规定，企业承担的环境保护和生态恢复等义务所确定的支出。对于这些特殊行业的特定固定资产，应当根据《企业会计准则第13号——或有事项》，按照现值计算确定应计入固定资产成本的金额和相应的预计负债。

（三）固定资产的期末计价

固定资产应当在期末时按照账面价值与可收回金额孰低计量，可收回金额低于账面价值的差额，应当计提固定资产减值准备。在资产负债表上，固定资产减值准备应当作为固定资产净值的减项反映。

四、固定资产的初始计量

（一）购入固定资产

1.购入不需要安装的固定资产

购入不需要安装的固定资产时，按实际支付的买价、包装费、运杂费、保险费、专业人员服务费和相关税费等作为固定资产原价入账。其会计分录为：

借：固定资产——使用中××固定资产户

　贷：银行存款（或××科目）

2.购入需要安装的固定资产

购入需要安装的固定资产时，安装前实际支付的买价、运输费、装卸费和交纳的有关税金等以及安装过程中发生的安装费等均应通过“在建工程”科目进行核算，待安装完毕交付使用时，再由“在建工程”科目转入“固定资产”科目。

（1）购入这类固定资产等待安装时，其会计分录为：

借：在建工程——××工程户

　贷：银行存款（或××科目）

（2）安装固定资产发生领用原材料、支付工人工资、支付安装费用时，其会计分录为：

借：在建工程——××工程户

　贷：银行存款（或××科目）

　　原材料

　　应付职工薪酬等

（3）固定资产安装完毕交付使用时，其会计分录为：

借：固定资产——使用中××固定资产户

贷：在建工程——××工程户

（二）自行建造固定资产

自行建造固定资产是指银行自行建造房屋、建筑物、各种设施以及进行大型机器设备的安装工程等，也称在建工程，包括固定资产新建工程、改扩建工程、大修理工程以及设备安装工程等。在建工程按其实施的方式不同，分为自营工程和出包工程两种。

1.自营工程

自营建造工程的，购入的工程物资按购入物资的实际支出入账。其会计分录为：

借：工程物资——工程用材料物资户

贷：银行存款（或××科目）

领用工程材料物资时，其会计分录为：

借：在建工程——××工程户

贷：工程物资——工程用材料物资户

建造过程中发生其他有关工程费用时，按实际发生金额入账。其会计分录为：

借：在建工程——××工程户

贷：银行存款（或××科目）

应付职工薪酬等

工程达到预定可使用状态并交付使用时，其会计分录为：

借：固定资产——使用中××固定资产户

贷：在建工程——××工程户

虽已交付使用，但尚未办理竣工决算手续的工程，自交付使用之日起，按工程预算、造价或工程成本等资料，先估价转入“固定资产”科目，并按制度中关于计提固定资产折旧的规定，计提固定资产的折旧，待办理了竣工决算手续后再做调整。

2.出包工程

在出包方式下，银行通过招标方式将工程项目发包给建造承包商（即施工企业），由其组织工程项目施工。银行要与建造承包商签订建造合同。凡采取出包方式建造固定资产的，工程成本的具体支出在承包单位核算，在这种方式下，“在建工程”科目实际成为银行与承包单位的结算科目，银行应将与承包单位结算的工程价款作为工程成本，通过“在建工程”科目核算。

银行按合同或协议规定预付承包单位的工程价款时，按预付的实际金额入账。其会计分录为：

借：在建工程——××工程户

贷：银行存款（或××科目）

工程完工交付使用时，按实际发生的全部支出入账。其会计分录为：

借：固定资产——使用中××固定资产户

贷：在建工程——××工程户

（三）投资者投入的固定资产

投资者投入的固定资产，按投资合同或协议确认的价值记账。其会计分录为：

借：固定资产——使用中××固定资产户

　贷：实收资本——××投资人户

（四）盘盈的固定资产

银行应定期或不定期地对固定资产进行清查盘点，在清查过程中发现盘盈的固定资产，应按同类或类似固定资产的市场价格，减去按该项资产的新旧程度估计的价值损耗，余额作为前期差错处理。其会计分录为：

盘盈固定资产时：

借：固定资产（市价减去估计折旧）

　贷：以前年度损益调整

报经批准后转销时：

借：以前年度损益调整

　贷：利润分配——未分配利润

五、固定资产的后续计量

（一）固定资产的折旧

折旧是指在固定资产的使用寿命内，按照确定的方法对应计折旧额进行的系统分摊。

1.影响固定资产折旧的因素

银行的固定资产可以长期参与经营过程而仍保持其原有的实物形态，但其价值将随着固定资产的使用而逐渐转移到业务及管理费用中。

在计提固定资产折旧时，影响折旧的因素主要有：①固定资产原价，是指固定资产的成本；②固定资产使用寿命，是指使用固定资产的预计期间，或者该固定资产所能生产商品或提供劳务的数量；③预计净残值，是指假定固定资产预计使用寿命已满足并处于使用寿命终了时的预期状态，银行目前从该项资产处置中获得的扣除预计处置费用后的金额；④固定资产减值准备，指固定资产已计提的固定资产减值准备的累计金额。

2.计提固定资产折旧的有关规定

银行应当对所有的固定资产计提折旧，但是已经提足折旧仍继续使用的固定资产和单独计价入账的土地除外。

银行一般应按月提取折旧，并根据用途计入相关资产的成本或者当期损益。当月增加的固定资产，当月不提折旧，从下月起计提折旧；当月减少的固定资产，当月照提折旧，从下月起不提折旧。

固定资产提足折旧后，不论能否继续使用，均不再提取折旧；提前报废的固定资产，也不再补提折旧。

已达到预定可使用状态但尚未办理竣工决算的固定资产，应当按照估计价值确定其成本，并计提折旧，待办理竣工决算后再按实际成本调整原来的暂估价值，但不需要调整原来已计提的折旧额。

对于接受捐赠旧的固定资产，应当按照规定的固定资产入账价值、预计尚可使用年限、预计净残值以及所选用的折旧方法，计提折旧。

3. 固定资产折旧的核算方法

银行应当根据固定资产的性质和消耗方式，合理地确定固定资产的预计使用寿命和预计净残值，并根据科技发展、环境及其他因素，选择合理的固定资产折旧方法。

固定资产折旧方法可以采用年限平均法、工作量法、年数总和法、双倍余额递减法等，其中后两种折旧方法统称加速折旧法。折旧方法一经确定，不得随意变更。但在年末，需对固定资产的使用寿命、预计净残值和折旧方法进行复核，如有差异，可进行调整。下面主要介绍年限平均法。

年限平均法，又称直线法，是将固定资产的应计折旧总额均衡地分摊到使用年限内各期间的一种方法。采用这种方法计算的每期折旧额是等额的。其计算公式如下：

年折旧率=（1–预计净残值率）÷预计使用寿命（年）×100%

月折旧率=年折旧率÷12

月折旧额=固定资产原价×月折旧率

上述折旧率是按个别固定资产单独计算的，称为个别折旧率，即某项固定资产在一定期间的折旧额与该项固定资产原价的比率。此外，可以计算分类折旧率和综合折旧率。

采用年限平均法计算固定资产折旧虽然比较简便，但它存在明显的局限性：首先，该种方法没有考虑固定资产在使用前期和后期提供不同的经济效益这一事实；其次，该种方法没有考虑固定资产在不同的使用年限内发生不同的维修费用这一因素。

银行每期计提的固定资产折旧一般记入“业务及管理费用”科目。其会计分录为：

借：业务及管理费

　贷：累计折旧

（二）固定资产的后续支出

固定资产的后续支出是指固定资产在使用过程中发生的更新改造支出、修理费用等。后续支出的处理原则为：符合固定资产确认条件的，应当计入固定资产成本，同时将被替换部分的账面价值扣除；不符合固定资产确认条件的，应当计入当期损益。

1. 资本化的后续支出

固定资产发生可资本化的后续支出时，银行一般应将该固定资产的原价、已计提的累计折旧和减值准备转销，将固定资产的账面价值转入在建工程，并在此基础上重新确定固定资产原价。因已转入在建工程，因此停止计提折旧。在固定资产发生的后续支出完工并达到预定可使用状态时，再从在建工程转为固定资产，按重新确定的固定资产原价、使用寿命、预计净残值和折旧方法计提折旧。其会计分录为：

固定资产转入改扩建，其会计分录为：

借：在建工程

　　累计折旧

　　固定资产减值准备

贷：固定资产

发生改扩建支出：

借：在建工程

贷：银行存款（或××科目）

改扩建工程达到预定可使用状态，其会计分录为：

借：固定资产

贷：在建工程

2.费用化的后续支出

与固定资产有关的修理费用等后续支出，不符合固定资产确认条件的，应在发生时计入当期管理费用。其会计分录为：

借：业务及管理费

贷：银行存款（或××科目）

（三）固定资产的期末计价

期末时，应按照固定资产账面价值与可收回金额孰低原则，对固定资产进行计量，可收回金额低于账面价值的差额，应当计提固定资产减值准备。其会计分录为：

借：资产减值损失——固定资产减值损失

贷：固定资产减值准备

期末，将“资产减值损失”科目余额转入“本年利润”科目，结转后该科目应当没有余额。“固定资产减值准备”科目累计每期计提的固定资产减值准备，直至固定资产被处置时才予以转出。

课堂讨论 10-1

某固定资产由于价值降低，做减值处理后，其价值又上升，是否可以将已经计提的减值准备冲回？

提示：不可以。固定资产一旦计提减值准备，其减值不可冲回，只能在处置该固定资产时予以转出。

六、固定资产处置的核算

（一）固定资产终止确认的条件

固定资产满足下列条件之一的，应当予以终止确认：

1.该固定资产处于处置状态

固定资产处置包括固定资产出售、转让、报废、毁损、对外投资、非货币性资产交换、债务重组等。

2.该固定资产预期通过使用或处置不能产生经济利益

银行因固定资产出售、报废、毁损、对外投资、非货币性资产交换、债务重组等减少固定资产时，设置“固定资产清理”账户进行核算。本科目核算因上述原因转入清理的固定资产价值以及在清理过程中发生的清理费用和清理收入等。本科目按照被清理的固定资产项目进行明细核算。

（二）固定资产处置的账务处理

1.处置类别

（1）企业出售、转让划归为持有待售类别的，按照持有待售非流动资产、处置组的相关内容进行会计处理。

（2）未划归为持有待售类别而出售、转让的，通过“固定资产清理”科目归集所发生的损益，其产生的利益或损失转入“处置资产损益”科目，计入当期损益。

（3）固定资产因报废、毁损等而终止确认，通过“固定资产清理”科目归集所发生的损益，其产生的利得或损失计入营业外收入或营业外支出。

2.核算步骤

企业通过“固定资产清理”科目核算的出售、转让、报废或毁损而处置的固定资产的核算步骤如下：

（1）固定资产转入清理。其会计分录为：

借：固定资产清理（固定资产账面价值）

　　累计折旧

　　固定资产减值准备

　贷：固定资产——××户（固定资产账面余额）

（2）发生清理费用以及应支付的相关税费。其会计分录为：

借：固定资产清理

　贷：银行存款（或××科目）

　　应交税费

（3）取得出售固定资产价款、残料价值、变价收入及保险赔偿时，会计分录为：

借：银行存款（或××科目）

　　其他应收款（应由保险公司或过失人赔偿部分）

　贷：固定资产清理

（4）清理净损益。固定资产清理完毕，属于正常出售、转让所产生的利得或损失，会计分录为：

借：（或贷）处置资产损益

　贷：（或借）固定资产清理

属于已丧失使用功能正常报废所产生的利得，会计分录为：

借：固定资产清理

　贷：营业外收入——非流动资产报废

属于已丧失使用功能正常报废所产生的损失，会计分录为：

借：营业外支出——非流动资产报废

　贷：固定资产清理

属于自然灾害等非正常原因造成的利得，会计分录为：

借：固定资产清理

　贷：营业外收入——非常损失

属于自然灾害等非正常原因造成的损失，会计分录为：

借：营业外支出——非常损失

　贷：固定资产清理

（三）固定资产清查

银行应当定期或者至少于每年年末对固定资产进行清查盘点，以保证固定资产核算的真实性，充分挖掘银行现有固定资产的潜力。清查中，对盘盈、盘亏的固定资产按照规定程序报批处理。

1.固定资产盘盈的会计处理

盘盈的固定资产作为前期差错处理。报批前，按照重置成本确定其入账价值，会计分录为：

借：固定资产

　贷：以前年度损益调整

2.固定资产盘亏的会计处理

银行对固定资产进行清查盘点时，发现盘亏的固定资产，应及时查明原因，在期末结账前处理完毕。固定资产盘亏造成的损失，应计入当期损益。

（1）清查中盘亏的固定资产，会计分录为：

借：待处理财产损溢——待处理固定资产损溢户（盘亏的固定资产账面价值）

　　累计折旧

　　固定资产减值准备

　贷：固定资产（原价）

（2）按管理权限报经批准后，分别由保险赔偿或有关责任人员赔偿及计入营业外支出等进行处理，其会计分录为：

借：其他应收款

　　营业外支出——盘亏损失

　贷：待处理财产损溢——待处理固定资产损溢户

任务二　理解无形资产业务的核算

一、无形资产的计价

无形资产是指银行拥有或者控制的没有实物形态的可辨认非货币性资产。无形资产主要包括专利权、非专利技术、商标权、著作权、土地使用权、特许权等。

商誉的存在无法与企业自身分离，不具有可辨认性，不在《企业会计准则第6号——无形资产》规范。

银行的无形资产应当按照成本进行初始计量。在实际工作中由于各项无形资产的取得来源渠道不同，所以应区分下列情况具体确定：

（一）外购的无形资产

外购无形资产的成本包括购买价款、相关税费以及直接归属于使该项资产达到预定用途所发生的其他支出。

（二）投资者投入的无形资产

投资者投入无形资产的成本，应当按照投资合同或协议约定的价值确定，合同或协议约定价值不公允的除外。

（三）因非货币性资产交换、债务重组、政府补助和企业合并取得的无形资产

因非货币性资产交换、债务重组、政府补助和企业合并取得的无形资产，分别按照相关企业会计准则的规定确定其成本。

银行自创商誉以及内部产品品牌、报刊名等，不应确认为无形资产。

（四）土地使用权

企业取得的土地使用权，通常应当按照取得时所支付的价款及相关税费确认为无形资产。

（五）内部研究开发支出的确认和计量

研究开发活动发生的费用，除了要遵循无形资产确认和初始计量的一般要求外，需要满足其他特定的条件，才能够确定为一项无形资产。首先，为评价内部产生的无形资产是否满足确认标准，企业应当将资产的形成过程分为研究阶段与开发阶段两部分；其次，对于开发过程中发生的费用，在符合一定条件的情况下，才可确认为一项无形资产。在实务工作中，具体划分研究阶段与开发阶段，以及是否符合资本化的条件，应当根据企业的实际情况以及相关信息予以判断。

二、无形资产的初始计量

（一）购入无形资产

银行购入无形资产时，应根据支款凭证按照购入时实际支付的总价款办理转账。其会计分录为：

借：无形资产——××户

　　贷：银行存款（或××科目）

（二）投资者投入无形资产

银行接受投资者投入的无形资产，按投资合同或协议确认的价值转账，其会计分录为：

借：无形资产——××户

　　贷：实收资本——××户

（三）购入的土地使用权

银行购入的土地使用权，或以支付土地出让金方式取得的土地使用权，应按照实际支付的价款及相关税费，借记“无形资产”科目，贷记“银行存款”等科目。银行利用土地建造自用项目时，土地使用权的账面价值不与地上建筑物合并计算其成本，

而仍作为无形资产进行核算。

（四）内部研究开发支出

企业内部研究开发无形资产，研究阶段的支出全部费用化，计入当期损益（管理费用）；开发阶段的支出符合条件的资本化，不符合资本化条件的计入当期损益（管理费用）。如果确实无法区分研究阶段和开发阶段的支出，应将全部研发支出费用化，计入当期损益。

研发项目设置“研发支出”科目进行核算。本科目是成本类科目，分别“费用化支出”“资本化支出”进行明细核算。

（1）发生的研发支出不满足资本化条件的，作为研究费计入当期损益。其会计分录为：

借：研发支出——费用化支出

　贷：原材料

　　银行存款

　　应付职工薪酬等

期末，将费用化支出转入管理费用。其会计分录为：

借：业务及管理费

　贷：研发支出——费用化支出

（2）发生的研发支出满足资本化条件的，作为资本化支出入账。其会计分录为：

借：研发支出——资本化支出

　贷：原材料

　　银行存款

　　应付职工薪酬等

研究开发项目达到预定用途形成无形资产的，转入无形资产成本。其会计分录为：

借：无形资产——××户

　贷：研发支出——资本化支出

知识链接 10-1

无形资产开发支出资本化的条件

1. 完成该无形资产以使其能够使用或出售在技术上具有可行性。

判断无形资产的开发在技术上是否具有可行性，应当以目前阶段的成果为基础，并提供相关证据和材料，证明企业进行开发所需的技术条件等已经具备，不存在技术上的障碍或其他不确定性。比如，企业已经完成了全部计划、设计和测试活动，这些活动是使无形资产能够达到设计规划书中的功能、特征和技术所必需的活动，或经过专家鉴定等。

2. 具有完成该无形资产并使用或出售的意图。

企业能够说明其开发无形资产的目的。

3. 无形资产产生经济利益的方式。

无形资产是否能够为企业带来经济利益，应当对运用该无形资产生产产品的市场情况进行可靠预计，以证明所生产的产品存在市场并能够带来经济利益，或能够证明市场上存在对该无形资产的需求。

4. 有足够的技术、财务资源和其他资源支持，以完成该无形资产的开发，并有能力使用或出售该无形资产。

企业能够证明可以取得无形资产开发所需的技术、财务和其他资源，以及获得这些资源的相关计划。企业自有资金不足以提供支持的，应能够证明存在外部其他方面的资金支持，如银行等金融机构声明愿意为该无形资产的开发提供所需资金等。

5. 归属于该无形资产开发阶段的支出能够可靠地计量。

企业对研究开发的支出应当单独核算，比如，直接发生的研发人员工资、材料费，以及相关设备折旧费等。同时从事多项研究开发活动的，所发生的支出应当按照合理的标准在各项研究开发活动之间进行分配；无法合理分配的，应当计入当期损益。

资料来源：中华人民共和国财政部．企业会计准则应用指南（2025版）[M]．上海：立信会计出版社，2025.

三、无形资产的后续计量

无形资产使用期间内应以成本减去累计摊销额和累计减值损失后的余额计量。

（一）使用寿命有限的无形资产及其摊销

银行应当于取得无形资产时分析判断其使用寿命。无形资产的使用寿命为有限的，应当估计该使用寿命的年限或者构成使用寿命的产量等类似计量单位数量。

使用寿命有限的无形资产，应在其预计的使用寿命内采用系统合理的方法对应摊销金额进行摊销。应摊销金额是指无形资产的成本扣除残值后的金额。使用寿命有限的无形资产，其残值一般应当视为零。

摊销时，考虑该项无形资产所服务的对象，并以此为基础将其摊销价值计入相关资产的成本或当期损益。无形资产的摊销金额一般应当计入当期损益。某项无形资产包含的经济利益通过所生产的产品或其他资产实现的，其摊销金额应当计入相关资产的成本。其会计分录为：

借：业务及管理费——无形资产摊销户

　　贷：累计摊销

（二）使用寿命不确定的无形资产

无法预见无形资产为银行带来经济利益期限的，应当视为使用寿命不确定的无形资产。该无形资产不需要摊销，但应当在每个会计期间进行减值测试。

四、无形资产处置的核算

无形资产的处置主要指无形资产出售、对外出租、对外捐赠，或者是无法为银行带来未来经济利益时，应予终止确认并转销。

（一）无形资产的出售

按照企业会计准则的规定，出售无形资产，表明银行放弃无形资产的所有权，应按照持有待售非流动资产、处置组的相关规定进行会计处理。

（二）无形资产的出租

（1）银行转让无形资产使用权时，所取得的租金收入，属于与银行日常活动相关的其他经营活动取得的收入，在满足收入确认条件情况下，确认相关的收入及成本，通过“其他业务收入”及“其他业务成本”科目核算。

取得租金收入，其会计分录为：

借：银行存款（租金收入）

　贷：其他业务收入

（2）摊销出租无形资产的成本并发生与转让有关的各种费用支出，其会计分录为：

借：其他业务成本

　贷：累计摊销

　　银行存款

（三）无形资产的报废

如果无形资产预期不能为银行带来未来经济利益，则不再符合无形资产的定义，应将其报废并予以转销，其账面价值转作当期损益。其会计分录为：

借：累计摊销

　无形资产减值准备

　营业外支出——处置非流动资产损失（差额）

　贷：无形资产

任务三　了解其他资产业务的核算

其他资产是指除长期投资、固定资产、无形资产以外的资产，主要包括开办费、长期待摊费用和其他长期资产。

一、长期待摊费用

（一）长期待摊费用的含义

长期待摊费用是指银行已经支出，但摊销期限在1年以上（不含1年）的各项费用，包括租入固定资产改良支出等。应当由本期负担的借款利息、租金等，不得作为长期待摊费用处理。

长期待摊费用应当单独核算，在费用项目的受益期限内分期平均摊销。租入固定资产改良支出应当在租赁期限与租赁资产尚可使用年限两者孰短的期限内平均摊销；

其他长期待摊费用应当在受益期内平均摊销。

除购建固定资产以外，所有筹建期间发生的费用，先在长期待摊费用中归集，待银行开始经营当月起一次计入开始经营当月的损益。

如果长期待摊的费用项目不能使以后会计期间受益的，应当将尚未摊销的该项目的摊余价值全部转入当期损益。

（二）长期待摊费用发生的核算

银行发生长期待摊费用时，其会计分录为：

借：长期待摊费用

　贷：存放中央银行款项

（三）摊销长期待摊费用的核算

摊销长期待摊费用时，其会计分录为：

借：业务及管理费

　贷：长期待摊费用

长期待摊费用在期末如有借方余额，反映银行尚未摊销完毕的长期待摊费用。

二、其他长期资产

银行的其他长期资产包括：

(1)“产权待界定资产户”，核算被他人诉讼未处理的财产、本行产权待界定有争议的资产。

(2)“行使抵押权或质权资产户”，核算未破产企业的抵押和质押贷款到期不能归还，本行行使抵押权和质权以及与借款企业协商后收取抵偿贷款本息按评估确认价或双方协商公允价而取得的尚未处理的各项资产。

(3)“受偿破产和关闭企业资产户”，核算企业破产经法院终结裁定、清收关闭企业尚未处理的各项资产。

当发生上述其他资产业务时，应根据原始凭证编制借、贷方记账凭证办理转账。其会计分录为：

借：其他资产——××户

　贷：××科目

当处理其他资产时，应根据原始凭证编制借、贷方记账凭证办理转账。其会计分录为：

借：存放中央银行款项

　贷：其他资产——××户

职业能力训练

一、填空题

1.固定资产的计价基础包括（　　）和（　　）两种。

2.投资者投入的固定资产属于银行的（ ）。

3.购入需要安装的固定资产先记入（ ）科目核算。

4.盘盈的固定资产经批准转销后记入（ ）科目。

5.固定资产因报废、毁损等而终止确认时，应将固定资产净值转入（ ）科目。

6.银行一般采用（ ）计提固定资产折旧。

7.期末计价时，固定资产可收回金额低于账面价值时其应计提（ ）。

8.银行自行研制的无形资产在研究过程中设置（ ）科目核算。

9.使用寿命有限的无形资产摊销期限在（ ）内系统合理摊销。

10.银行转让无形资产的使用权取得的租金收入记入（ ）科目。

二、单项选择题

1.自行建造固定资产按（ ）计价。

A.买价和运输费 B.买价和安装费

C.建造过程中的全部支出 D.评估价值

2.投资者投入的固定资产按（ ）作为入账价值。

A.市价 B.评估价

C.投资合同或协议确定价值 D.历史成本

3.投资者投入的固定资产记入（ ）科目。

A.实收资本 B.资本公积

C.盈余公积 D.本年利润

4.无偿调入的固定资产记入（ ）科目。

A.实收资本 B.资本公积

C.盈余公积 D.本年利润

5.盘盈的固定资产经批准转销后记入（ ）科目。

A.其他业务收入 B.利润分配——未分配利润

C.盈余公积 D.资本公积

6.固定资产因报废、毁损等而终止确认时，应将固定资产净值转入（ ）科目。

A.固定资产清理 B.营业外支出

C.其他业务支出 D.资本公积

7.因债务重组收到的固定资产按照（ ）入账。

A.该固定资产原值 B.抵充的债务

C.公允价值 D.固定资产市价

8.固定资产的减值准备应记入（ ）科目。

A.资产减值损失 B.其他业务支出

C.盈余公积 D.资本公积

9.接受投资者投入的无形资产按（　　）作为实际成本。

A.投资者的账面价值　　B.投资合同或协议确定价值

C.市价　　D.历史成本

10.转让无形资产使用权取得的价款记入（　　）科目。

A其他业务收入　　B.营业外收入

C.本年利润　　D.投资收益

三、多项选择题

1.（　　）是对固定资产的正确描述。

A.为生产商品而持有　　B.使用寿命超过一个会计年度

C.为提供劳务、出租或经营管理持有　　D.有形资产

2.（　　）是固定资产按历史成本计价的优点。

A.具有客观性

B.环境发生变化能反映固定资产真实价值

C.可用于盘亏固定资产实际价值计算

D.具有可验性

3.按净值计价主要用于（　　）。

A.新构建固定资产　　B.盘盈固定资产

C.毁损固定资产实际价值　　D.确定计提折旧依据

4.固定资产的计价基础主要有（　　）。

A.按历史成本计价　　B.按重置价值计价

C.按净值计价　　D.按评估价值计价

5.（　　）可以计入固定资产价值。

A.购入固定资产发生的运杂费

B.借款购建固定资产在购建期间发生的利息支出

C.购入固定资产发生的包装费

D.购入固定资产发生的保险费

6.银行的在建工程包括（　　）。

A.新建工程　　B.改扩建工程

C.大修理工程　　D.设备安装工程

7.影响固定资产折旧的因素主要有（　　）。

A.固定资产原价　　B.预计净残值

C.使用寿命　　D.固定资产减值准备

8.（　　）折旧方法属于加速折旧法。

A.年限平均法　　B.年数总和法

C.工作量法　　D.双倍余额递减法

9.下列（　　）不可以计入无形资产。

A.投资者投入的无形资产　　B.自创商誉

C.内部产品品牌　　D.内部报刊名

10.自行研制的无形资产研究阶段的（　　）支出计入当期损益。

A.材料费　　B.职工薪酬

C.水电费　　D.管理费

四、判断题

1.银行因非货币性资产交换换入的固定资产以换出固定资产账面价值记账。（　　）

2.已投入使用尚未办理移交手续的固定资产可先按估计价值入账。（　　）

3.银行固定资产在期末时，账面价值低于可收回金额应计提固定资产减值准备。（　　）

4.银行购入固定资产使银行资产种类发生改变。（　　）

5.银行购入不需要安装的固定资产时应记入“在建工程”科目。（　　）

6.银行采取出包方式建造固定资产时，工程成本的具体支出在银行核算。（　　）

7.处理固定资产发生的变价收入记入“营业外收入”科目的借方。（　　）

8.当月增加的固定资产当月计提折旧。（　　）

9.当月减少的固定资产当月不计提折旧。（　　）

10.提前报废的固定资产应补提折旧。（　　）

11.银行固定资产折旧应计入业务及管理费。（　　）

12.已全额计提减值准备的固定资产不再计提折旧。（　　）

13.银行自行开发的无形资产的研发支出不满足资本化条件时应计入当期损益。（　　）

14.金融企业发生的筹建费用在金融企业开始经营当月起在一年内平均摊销。（　　）

15.无形资产的摊销在无法可靠确认经济利益的预期实现方式时一般采用年限总和法。（　　）

五、实践应用题

1.目的：练习固定资产业务的处理方法

资料：2024年甲工商银行发生如下业务：

（1）购入一台需要安装的设备，设备买价为90 000元，支付运输费500元。安装设备时，领用原材料价值4 500元，支付工人工资2 000元，安装完毕交付使用，所有资金用银行存款支付。

（2）购进一套不需要安装的检查设备，价款为150 000元，以银行存款支付。

（3）修建银行库房两间，支付材料费20 000元、工人工资4 000元、安全设备款46 000元，修建完毕交付使用。

（4）报废点钞机4台，每台原价为3 500元、已提折旧3 000元，卖给回收公司收入400元。

（5）出售不需用电脑设备，原价为10 000元，已提折旧5 000元，售价为2 000元，存入银行。

（6）清查盘点中，发现盘亏一台设备，原价为5 000元，已提折旧2 000元，经批准转做损失处理。

（7）某项固定资产原价为150 000元，预计折旧年限5年，预计净残值1 000元，试采用年限平均法计提每年的折旧额。

（8）采取出包的方式修建职工俱乐部，按合同协议支付工程款250 000元，工程完工交付使用。

（9）接受捐赠设备一套，确定价值为300 000元，未来应缴所得税75 000元，以银行存款支付运费2 000元。

（10）投资人投入房屋一栋，协议价值为180 000元。

（11）盘点过程中盘亏机器一台，账面原值为70 000元，已提折旧30 000元，已提固定资产减值准备5 000元，经追查应由责任人赔偿10 000元，其余结转净损失。

（12）资产盘点过程中，盘盈机器一台，八成新，同类机器市价为15 000元，经批准后转销。

（13）发生固定资产修理费用5 400元。

（14）期末时，一套设备账面价值为1 200 000元，市价为800 000元，计提减值准备。

要求：编制甲工商银行以上业务的会计分录。

2. 目的：练习无形资产及其他资产业务的核算

资料：2024年甲工商银行发生如下业务：

（1）银行购入一项专利，支付金额50 000元。

（2）投资人以专有技术投资，该技术确认价值为250 000元。

（3）接受捐赠专利一项，确定价值为48 000元。

（4）银行自行研制开发一项专利技术，不满足资本化的研发支出为74 000元；满足资本化的研发支出为135 000元，将费用分别入账。

（5）从当地政府购入一块土地的使用权，银行用这块土地建造办公楼，转让价款为580 000元，进行转账处理。

（6）摊销本期无形资产价值20 000元。

（7）银行将拥有的一项专利出售，取得收入98 000元，该专利的账面价值为76 000元。

（8）银行将一项专有技术出租，取得租金收入2 400元。

（9）期末，一项无形资产账面价值为540 000元，市价为520 000元，计提无形资产减值准备。

（10）支付租入固定资产改良支出120 000元。

（11）银行筹建一个新的分支机构，筹建期间支付有关人员工资6 000元，支付培训费20 000元，购买办公设备花费15 000元。

（12）将一项在诉讼期内未处理的设备转入其他资产，金额为40 000元。

要求：编制甲工商银行以上业务的会计分录。

项目十一

收入、费用和利润的核算

学习目标

知识目标：理解收入、费用、利润、利润分配的构成及其之间的相互关系；掌握利润的形成过程和计算方法，掌握利润和利润分配的核算方法。

能力目标：掌握费用归集、收入确认、利润计算的准则与方法，提高精准核算能力；明确收入、费用、利润的勾稽关系，分析银行盈利的原因，提升财务分析和判断能力。

素养目标：理解收入、费用与利润对银行战略目标的支撑作用，从财务视角提升对银行长期发展的认识。充分理解财务信息公开透明的作用，提升社会责任意识。

课前导入

树立正确盈利意识　体现金融企业社会责任

商业银行是以营利为目的的企业，同时是一类特殊的企业，承载着联系大众、服务实体的社会责任。银行的经济责任是以新发展理念引领高质量发展；银行的社会责任是以实际行动增进民生福祉。进入“十四五”，银行业立足新发展阶段、贯彻新发展理念、构建新发展格局，在全面建设社会主义现代化国家新征程中，书写承担社会责任的新使命。

资料来源：作者根据相关资料整理。

引例

六大国有银行2024年年报显示：2024年六大国有银行合计实现营业收入3.52万亿元，同比微降0.27%；合计实现归母净利润1.4万亿元，同比微增1.78%，日赚38.4亿元。

从盈利看，各家银行归母净利润均保持增长态势。其中，农业银行增幅4.72%居首。从营业收入来看，两降四升，工商银行和建设银行微降，农业银行、中国银行、交通银行和邮储银行同比微增。其中，农业银行增幅2.26%居首。

2024年，六大国有银行净息差持续承压，但不良贷款率整体较上年年末有所下降。截至2024年年末，六大国有银行资产规模合计达到199.68万亿元，同比增长7.87%。其中，贷款总额118.03万亿元，同比增长8.8%；存款总额140.07万亿元，同比增长4.83%。面对净息差收窄、利润增速放缓等背景，国有大行纷纷走向差异化突围，实现了利润正增长。

资料来源：作者根据相关资料整理。

本项目会使我们充分认识到商业银行利润的形成、商业银行实力增长对助力实体经济发展的重要作用。

任务一　掌握收入和费用的核算

一、收入的含义及确认

（一）收入的含义

收入是指银行在日常活动中形成的、会使所有者权益增加的、与所有者投入资本无关的经济利益的总流入。

银行的收入主要是让渡资产使用权的收入。它是指银行提供金融商品服务所取得的各项收入，主要包括利息收入、手续费及佣金收入、投资收益、公允价值变动收益、汇兑收益和其他业务收入。收入不包括为第三方或者客户代收的款项，如企业代垫的工本费、代邮电部门收取的邮电费等。

（二）收入的确认

银行应当根据收入的性质，按照收入确认的条件，合理地确认和计量各项收入。银行提供金融产品服务取得的收入，应当在以下条件均能满足时予以确认：

1.与收入相关的经济利益很可能流入银行

这是任何交易都应遵循的一项基本原则。银行应根据对方（如借款人）的信誉状况、当年的经济效益情况以及双方就付款方式、付款期限等达成的协议等方面进行判断。如果银行估计收入收回的可能性不大，就不应确认收入。

2.经济利益流入银行的结果会使资产增加或者负债减少

经济利益流入会形成利润的增加，最终增加所有者权益。

3.经济利益流入的金额能够可靠地计量

利息收入根据合同或协议规定的存、贷款利率及期限确定，其他为提供金融商品服务所取得的收入应按银行与其他资产使用者签订的合同或协议确定。当收入的金额能够可靠地计量时，银行才能进行确认。

二、收入的核算

(一）利息收入

金融机构利息收入参照《企业会计准则第22号——金融工具确认和计量》等核算和管理。

利息收入包括发放各类贷款（包括银团贷款、贸易融资、贴现和转贴现融出资金、协议透支、信用卡透支和垫款等)、与其他金融机构（包括中央银行、同业等）之间发生资金往来业务、买入返售金融资产等所取得的利息收入等。利息收入应按照他人使用本行货币资金的时间和实际利率计算确定。

利息收入在商业银行的营业收入中占有较大的比重，应通过“利息收入”科目予以反映。本科目按照业务类别进行明细核算。资产负债表日，银行应按合同约定的名义利率计算确定的应收未收利息，借记“应收利息”科目，按照贷款摊余成本和实际利率计算确定的利息收入，贷记“利息收入”科目，按其差额，借记或贷记“贷款——利息调整”科目。其会计分录为：

借：应收利息

　贷：利息收入

　　　（或借）贷款——利息调整

银行对利息收入的确认要全面遵循谨慎性原则，对于因借款单位经营状况不好或其他原因而无法收取或收取的可能性较低的利息收入不再予以确认。

期末，应将“利息收入”科目余额转入“本年利润”科目，结转后“利息收入”科目无余额。

(二）手续费及佣金收入

手续费及佣金收入包括办理结算业务、咨询业务、担保业务、代保管等代理业务以及办理受托贷款及投资业务等取得的手续费及佣金，具体包括结算手续费收入、佣金收入、业务代办手续费收入、基金托管收入、咨询服务收入、担保收入、受托贷款手续费收入、代保管收入和代理买卖证券、代理承销证券、代理兑付证券、代理保管证券、代理保险业务等代理业务以及其他相关服务实现的手续费及佣金收入等。

对于该业务，银行设置“手续费及佣金收入”科目进行核算。本科目按照手续费及佣金收入类别设置明细科目。

(1）确认手续费及佣金收入时，会计分录为：

借：应收账款/代理承销证券款等

　贷：手续费及佣金收入——××收入户

(2）实际收到手续费及佣金收入时，会计分录为：

借：存放中央银行款项

　贷：应收账款/代理承销证券款等

期末，应将“手续费及佣金收入”科目余额转入“本年利润”科目，结转后“利息收入”科目无余额。

（三）汇兑损益

汇兑损益是指商业银行的外币货币性项目因汇率变动而形成的收益或损失。该业务设置“汇兑损益”科目进行核算，本科目一般无明细科目。

资产负债表日，银行按照该日即期汇率对“货币兑换”等科目外币余额进行折算形成的汇兑损益，记入“货币兑换”等科目，同时记入“汇兑损益”科目。其会计分录为：

借：（或贷）货币兑换

　贷：（或借）汇兑损益

期末，应将“汇兑损益”科目余额转入“本年利润”科目，结转后“汇兑损益”科目无余额。

（四）其他业务收入

其他业务收入是指除主营业务以外的其他经营活动实现的收入，包括出租固定资产、出租无形资产、出租包装物和商品、销售材料、用材料进行非货币性资产交换（在非货币性资产交换具有商业实质且公允价值能够可靠计量的情况下）或债务重组等实现的收入。

对于该业务，商业银行设置“其他业务收入”科目进行核算，并在本科目之下按其他业务收入种类进行明细核算，具体核算如下：

确认其他业务收入时，其会计分录为：

借：应收账款（银行存款）

　贷：其他业务收入——××收入户

期末，应将“其他业务收入”科目余额转入“本年利润”科目，结转后“其他业务收入”科目无余额。

（五）公允价值变动损益

公允价值变动损益是指商业银行由于交易性金融资产、交易性金融负债，以及采用公允价值模式计量的投资性房地产、衍生工具、套期保值业务中公允价值变动形成的应计入当期损益的利得或损失。

银行核算该业务时设置“公允价值变动损益”科目。本科目按照交易性金融资产、交易性金融负债等进行明细核算。期末，应将本科目余额转入“本年利润”科目，结转后本科目无余额。具体核算如下：

1.交易性金融资产的公允价值变动

资产负债表日，交易性金融资产的公允价值高于其账面余额，其差额做会计分录为：

借：交易性金融资产——公允价值变动

贷：公允价值变动损益

资产负债表日，如果公允价值低于其账面余额，其差额做相反的会计分录。

出售交易性金融资产，以实际收到金额入账。其会计分录为：

借：存放中央银行款项

　贷：交易性金融资产——成本

　　（或借）交易性金融资产——公允价值变动

　　（或借）投资收益

同时，按照“交易性金融资产——公允价值变动”科目的余额，借记或贷记“公允价值变动损益”科目，贷记或借记“投资收益”科目。

2.交易性金融负债的公允价值变动

资产负债表日，交易性金融负债的公允价值高于其账面余额，其差额做会计分录为：

借：公允价值变动损益

　贷：交易性金融负债——公允价值变动

资产负债表日，如果公允价值低于其账面余额，其差额做相反的会计分录。

出售交易性金融负债，以实际支付的金额入账。其会计分录为：

借：交易性金融负债——成本

　（或贷）交易性金融负债——公允价值变动

　贷：存放中央银行款项

　　（或借）投资收益

同时，按照“交易性金融负债——公允价值变动”科目的余额，贷记或借记“公允价值变动损益”科目，借记或贷记“投资收益”科目。

（六）营业外收入

营业外收入是指与商业银行的经营活动无直接关系的各项净收入，包括处置非流动资产利得、非货币性资产交换利得、债务重组利得、罚没利得、政府补助利得、确实无法支付而按规定程序经批准后转作营业外收入的应付款项、捐赠利得等。

对于营业外收入，商业银行设置“营业外收入”科目，并按照营业外收入项目进行明细核算。

发生各项营业外收入时，其会计分录为：

借：××科目

　贷：营业外收入——××收入户

期末将营业外收入结转本年利润时，其会计分录为：

借：营业外收入——××收入户

　贷：本年利润

期末，应将“营业外收入”科目余额转入“本年利润”科目，结转后“营业外收入”科目无余额。

三、费用的含义、内容及核算要求

(一) 费用的含义

费用是指银行在日常活动中发生的、会导致所有者权益减少的、与向所有者分配利润无关的经济利益的总流出。费用有广义和狭义之分。广义的费用泛指各种日常活动发生的所有耗费，狭义的费用仅指与本期营业收入相配比的那部分耗费。

(二) 费用的内容

银行的费用主要包括利息支出、手续费及佣金支出、业务及管理费、资产减值损失、营业外支出等。

(三) 费用的核算要求

商业银行在核算费用时，应当遵守以下要求：

(1) 应当遵守国家有关的法规、财经制度，费用的核算必须做到真实、准确。

(2) 应当遵循可比性的会计信息质量要求。商业银行各级行处应当采用总行统一规定的核算方法进行会计核算；另外，各级行处前后各期对同一业务应当采用相同的会计核算方法，核算方法一经确定，不能随意变动。

(3) 应当遵循权责发生制和配比原则。凡应属于本期发生的费用，不论其款项是否支付，均确认为本期费用；反之，不属于本期发生的费用，即使其款项已在本期支付，也不确认为本期费用。

(4) 应当严格划分3种费用界限：一是划分本期费用和下期费用的界限；二是划分资本性支出和收益性支出的界限；三是划分营业支出和营业外支出的界限。

四、费用的核算

(一) 利息支出

利息支出是指商业银行吸收的各种存款（单位存款、个人存款、信用卡存款、特种存款和转贷款资金等）、与其他金融机构（中央银行、同业等）之间发生资金往来业务、卖出回购金融资产等产生的利息支出以及按期分摊的未确认融资费用等。对于利息支出，商业银行设置“利息支出”科目进行核算，并按照利息支出项目进行明细核算。期末，应将本科目余额转入“本年利润”科目，结转后本科目无余额。

资产负债表日，银行将按照《企业会计准则第22号——金融工具确认和计量》计算确定的各项利息费用的金额，记入“利息支出”科目，将按照合同约定的名义利率计算确定的应付利息的金额，记入“应付利息”科目，其差额记入“吸收存款——利息调整”科目。其会计分录为：

借：利息支出

　贷：应付利息

　　　(或借) 吸收存款——利息调整

(二) 手续费及佣金支出

手续费及佣金支出是指商业银行发生的与其经营活动相关的各项手续费、佣金等支出。对于手续费及佣金支出，商业银行设置“手续费及佣金支出”科目，并在本科目下按支出类别进行明细核算。期末，应将本科目余额转入“本年利润”科目，结转后本科目无余额。

发生各项手续费及佣金支出时，其会计分录为：

借：手续费及佣金支出——××户

　　贷：存放中央银行款项

（三）增值税

2016年3月24日，财政部、国家税务总局公布了《营业税改征增值税试点实施办法》。经国务院批准，自2016年5月1日起，在全国范围内全面推开“营改增”试点，建筑业、房地产业、金融业、生活服务业等全部营业税纳税人，纳入试点范围，由缴纳营业税改为缴纳增值税。在营改增的改革规定中，金融服务业的税率和计税方式都有所改变。

商业银行作为一般纳税人，发生应税行为适用一般计税方法计税。商业银行以1个季度为纳税期限。增值税一般纳税人应当在“应交税费”科目下设置“应交增值税”“未交增值税”“预交增值税”“待抵扣进项税额”“待认证进项税额”“待转销项税额”“增值税留抵税额”等明细科目。按照增值税计算及缴纳规定核算。

（四）业务及管理费

业务及管理费是指银行在业务经营和管理过程中发生的各项费用，主要包括折旧费、业务宣传费、业务招待费、电子设备运转费、钱币运送费、安全防范费、邮电费、劳动保护费、外事费、印刷费、低值易耗品摊销、职工工资、差旅费、水电费、职工教育经费、工会经费、税金、会议费、诉讼费、公证费、咨询费、无形资产摊销、长期待摊费用摊销、取暖降温费、聘请中介机构费、技术转让费、绿化费、董事会经费、财产保险费、劳动保险费、待业保险费、住房公积金、物业管理费、研究费用、提取保险保障基金等。

对于业务及管理费，商业银行应设置“业务及管理费”科目，并按照费用项目进行明细核算。“业务及管理费”科目的期末余额应转入“本年利润”科目。

业务及管理费有关账户的支出，除财政部有规定可先提后用外，其他一律据实列支，不得预提。各行对需要待摊和预提的费用，应根据权责发生制的原则，结合本行的具体情况确定。现根据重要性原则，对其中的重要项目简述如下：

1.业务宣传费

发生的业务宣传费根据支付凭证入账，其会计分录为：

借：业务及管理费

　　贷：库存现金（××科目）

2.职工工资、职工福利费、工会经费、职工教育经费

职工工资的核算设“应付职工薪酬”科目，属负债性质，即应付给职工的劳动报酬。分配时根据“工资分配表”填制贷方记账凭证办理转账。其会计分录为：

借：业务及管理费——职工工资

　　贷：应付职工薪酬

职工福利费按照职工工资总额的14%提取，设置“其他应付款”科目核算。其会计分录为：

借：业务及管理费——职工福利费

　贷：其他应付款——职工福利费

工会经费按照职工工资总额的2%提取，拨交工会使用。其会计分录为：

借：业务及管理费——工会经费

　贷：其他应付款——工会经费

职工教育经费按照职工工资总额的1.5%提取。其会计分录为：

借：业务及管理费——职工教育经费

　贷：其他应付款——职工教育经费

3.税金

业务及管理费中的税金是指银行按照规定支付的允许在成本中列支的税金，包括房产税、城镇土地使用税、车船税、印花税等，期末按规定计算应交的税金。其会计分录为：

借：业务及管理费——税金

　贷：应交税费——应交××税

印花税不通过“应交税费”科目核算，商业银行一次性交足印花税款。其会计分录为：

借：业务及管理费

　贷：银行存款

（五）资产减值损失

资产减值损失是银行根据《企业会计准则第8号——资产减值》等计提各项资产减值准备（包括长期股权投资减值准备、固定资产减值准备、在建工程减值准备、工程物资减值准备、无形资产减值准备、商誉减值准备、抵债资产跌价准备等）所形成的损失。对资产减值损失，银行设置“资产减值损失”科目，并按照资产减值损失的项目进行明细核算。期末，应将本科目余额转入“本年利润”科目，结转后本科目无余额。

确定资产发生减值时，其会计分录为：

借：资产减值损失

　贷：××减值准备等

知识链接11-1

资产减值的迹象

存在下列迹象的，表明资产可能发生了减值：

（1）资产的市价当期大幅度下跌，其跌幅明显高于因时间的推移或者正常使用而预计的下跌。

（2）企业经营所处的经济、技术或者法律等环境以及资产所处的市场在当期或者将在近期发生重大变化，从而对企业产生不利影响。

（3）市场利率或者其他市场投资报酬率在当期已经提高，从而影响企业计算资产预计未来现金流量现值的折现率，导致资产可收回金额大幅度降低。

（4）有证据表明资产已经陈旧过时或者其实体已经损坏。

（5）资产已经或者将被闲置、终止使用或计划提前处置。

（6）企业内部报告的证据表明资产的经济绩效已经低于或者将低于预期，如资产所创造的净现金流量或者实现的营业利润（或者亏损）远远低于（或者高于）预计金额等。

（7）其他表明资产可能已经发生减值的迹象。

资料来源：中华人民共和国财政部. 企业会计准则（2025版）［M］. 上海：立信会计出版社，2025.

（六）所得税费用

所得税费用是银行根据《企业会计准则第18号——所得税》确认的应从当期利润总额中扣除的所得税费用。在经济领域中，财务会计和税收会计是两个不同的分支。其区别在于财务会计是按照会计制度核算收益、费用、损失、资产、负债等，税收会计是按照税收法规确认收益、费用、损失、资产、负债等。因此，按照财务会计方法计算的税前利润与按照税收会计方法计算的应税所得的结果不一定相同。

按照新企业会计准则的规定，企业的所得税要以取得资产、负债时的金额确定其计税基础。资产、负债的账面价值与其计税基础存在差异的，应当按照《企业会计准则第18号——所得税》规定确认所产生的递延所得税资产和递延所得税负债。资产的计税基础是指企业收回资产账面价值过程中，计算应纳税所得额时按照税法规定可以自应税经济利益中抵扣的金额；负债的计税基础是指负债的账面价值减去未来期间计算应纳税所得额时按照税法规定可予抵扣的金额。根据新会计准则的规定，现行所得税的会计处理采用纳税影响会计法中的资产负债表债务法进行核算。

对所得税费用，银行设置“所得税费用”科目核算，并设置“当期所得税费用”“递延所得税费用”进行明细核算。期末，应将本科目余额转入“本年利润”科目，结转后本科目无余额。其主要账务处理如下：

资产负债表日，银行按照税法计算确定的当期应交所得税金额，记入“所得税费用——当期所得税费用”科目。其会计分录为：

借：所得税费用——当期所得税费用

　　贷：应交税费——应交所得税

资产负债表日，根据《企业会计准则第18号——所得税》应予确认的递延所得税资产大于“递延所得税资产”科目余额的差额，贷记“所得税费用——递延所得税费用”“资本公积”等科目。其会计分录为：

借：递延所得税资产

　贷：所得税费用——递延所得税费用

　　资本公积——其他资本公积

应予确认的递延所得税资产小于“递延所得税资产”科目余额的差额，做相反的会计分录。

银行应予确认的“递延所得税负债”的变动，比照上述原则调整“所得税费用”“递延所得税负债”科目及有关科目。

（七）营业外支出

营业外支出是指商业银行发生的与其经营活动无直接关系的各项净支出，包括处置非流动资产损失、非货币性资产交换损失、债务重组损失、罚款支出、捐赠支出、非常损失等。

对于营业外支出，商业银行设置“营业外支出”科目，并按照支出项目进行明细核算。发生各项营业外支出时，其会计分录为：

借：营业外支出

　贷：库存现金

　　（或××科目——××户）

期末将“营业外支出”科目结转“本年利润”科目时，其会计分录为：

借：本年利润

　贷：营业外支出——××户

期末结转后，“营业外支出”科目无余额。

任务二　掌握利润及利润分配的核算

一、利润的含义及构成

（一）利润的含义

利润是指银行在一定会计期间的经营成果。利润包括收入减去费用后的净额、直接计入当期利润的利得和损失等，是衡量银行经营管理水平的主要标志。利润表现为银行净资产的增加（亏损则为减少）。但需要注意一点，银行净资产的增加，并不都是因为利润。在经营过程中，银行所有者追加投资也会使净资产增加。同样，所有者撤回部分投资、银行向所有者分配利润会导致净资产减少。

（二）利润的构成

利润由营业利润、利润总额和净利润构成。

1.营业利润

$$\text{营业利润}=\text{营业收入}-\text{营业成本}-\text{税金及附加}-\text{业务及管理费}-\text{资产减值损失}+\left(\text{公允价值变动收益}-\text{公允价值变动损失}\right)+\left(\text{投资收益}-\text{投资损失}\right)$$

其中，营业收入是指企业经营业务所确定的收入总额，包括主营业务收入和其他业务收入。营业成本是指企业经营业务所发生的实际成本总额，包括主营业务成本和其他业务成本。

2.利润总额

利润总额=营业利润+营业外收入-营业外支出

3.净利润

净利润=利润总额-所得税费用

2024年全年，全国商业银行累计实现净利润2.3万亿元。2024年第四季度末，商业银行平均资本利润率为8.10%，平均资产利润率为0.63%。

二、利润的结转

商业银行实现利润总额（或亏损总额），通过“本年利润”科目进行核算。期末将各项损益类科目的余额转入“本年利润”科目。结转后，“本年利润”科目如为贷方余额，即为本期利润总额；如为借方余额，则为本期亏损总额。年度终了时，将“本年利润”账户结转入“利润分配——未分配利润”账户，结转后“本年利润”账户无余额。

当期结转各项损益于“本年利润”账户的分录与年末结平“本年利润”账户的分录有本质区别，前者是按期在“本年利润”账户中计算和记录实现的利润；后者是转销全年在“本年利润”账户中记录的累计利润数。

（一）收入及支出的结转

当期结转各项损益于“本年利润”账户时，其会计分录为：

借：利息收入
　　手续费及佣金收入
　　（或贷）汇兑损益
　　（或贷）投资收益
　　（或贷）公允价值变动损益
　　其他业务收入
　　营业外收入等
　贷：本年利润

借：本年利润
　贷：利息支出
　　　手续费及佣金支出
　　　业务及管理费
　　　其他业务成本
　　　营业外支出
　　　所得税费用等

（二）未分配利润的结转

年度终了时，将“本年利润”账户的余额转入“利润分配——未分配利润”账户，使“本年利润”的账户余额为零。

若盈利，其会计分录为：

借：本年利润

　贷：利润分配——未分配利润

若亏损，其会计分录为：

借：利润分配——未分配利润

　贷：本年利润

三、利润分配

利润分配是将银行实现的利润总额，按照有关法规和投资协议所确认的比例，在国家、银行、投资者之间进行分配。

（一）利润分配的顺序

银行缴纳所得税后的净利润，一般按照以下顺序进行分配：

（1）抵补已交纳的在成本和营业外支出中无法列支的有关惩罚性或赞助性支出，包括被没收的财物损失、延期交纳各项税款的滞纳金和罚款、少交或迟交中央银行准备金的加息等。

（2）法定公积金不足以弥补以前年度亏损的，在提取法定公积金之前，应当先用当年利润弥补亏损。

（3）提取法定公积金。按照2023年12月29日修订通过并自2024年7月1日起实施的《中华人民共和国公司法》的规定，公司分配当年税后利润时，应当提取利润的10%列入法定公积金。法定公积金累计额为注册资本的50%以上时，可以不再提。法定公积金转为增加注册资本时，所留存的该项公积金不得少于转增前公司注册资本的25%。

（4）提取任意公积金。从税后利润中提取法定公积金后，经股东会议决议，可以从税后利润中提取任意公积金。

公积金用于弥补公司的亏损、扩大生产经营或者转为增加注册资本。公积金弥补亏损，应当先使用任意公积金和法定公积金；仍不能弥补的，可以按照规定使用资本公积金。

（5）提取各项准备金和基金。从事存贷款业务的商业银行，按规定提取的一般风险准备也应作为利润分配处理；外商投资商业银行应当按照法律、行政法规的规定，按净利润提取储备基金、银行发展基金、职工奖励及福利基金等。

（6）弥补亏损和提取公积金后所余税后利润，股份有限公司按照股东所持有的股份比例分配利润，公司章程另有规定的除外。

（7）未分配利润。未分配利润可留待以后年度进行分配。银行未分配的利润（未弥补的亏损）应当在资产负债表的所有者权益项目中单独反映。

（二）利润分配的核算

银行为了结转利润和分配利润，应设置“本年利润”和“利润分配”两个所有者权益类科目。

“本年利润”科目用于反映银行利润的净实现或亏损的发生情况。

“利润分配”科目用于反映银行利润的分配（或亏损的弥补）和历年分配（或弥

补）后利润的积存余额。借方登记各种利润分配事项，贷方登记抵减利润分配的事项，年末贷方余额表示累计未分配利润总额，借方余额表示未弥补的亏损总额。本科目应设置“盈余公积补亏”“提取法定盈余公积”“提取任意盈余公积”“应付现金股利或利润”“未分配利润”“提取一般风险准备”等明细科目。

在进行利润分配时，应做如下处理：

1.结转银行利润

年度终了时，要将银行全年实现的净利润结转“利润分配”科目。其会计分录为：

借：本年利润

　贷：利润分配——未分配利润

如果银行全年发生亏损，其会计分录相反。

2.提取公积金及补亏

银行从税后利润中提取盈余公积时，其会计分录为：

借：利润分配——提取法定盈余公积

　　　　　　——提取任意盈余公积

　贷：盈余公积——法定盈余公积

　　　　　　——任意盈余公积

用盈余公积弥补以前年度亏损时，其会计分录为：

借：盈余公积

　贷：利润分配——盈余公积补亏

经股东大会决议，用盈余公积派送新股，其会计分录为：

借：盈余公积（派送新股计算的金额）

　贷：股本（按股票面值和派送新股总数计算的股票面值总额）

　　　资本公积——股本溢价（差额）

3.按规定提取一般风险准备金

商业银行应于每年年度终了根据承担风险和损失的资产余额的一定比例从净利润中提取一般风险准备金，用于弥补尚未识别的可能性损失。一般风险准备金的计提比例由银行综合考虑其所面临的风险状况等因素确定，原则上一般风险准备金余额不低于风险资产期末余额的1.5%[①]。其会计分录为：

借：利润分配——提取一般风险准备

　贷：一般风险准备

银行用一般风险准备弥补亏损，其会计分录为：

借：一般风险准备

　贷：利润分配——一般风险准备补亏

① 财政部2012年4月17日颁发《金融企业准备金计提管理办法》（财金〔2012〕20号），明确规定，金融企业应当于每年年度终了对承担风险和损失的资产计提一般准备金，一般准备金余额原则上不得低于风险资产期末余额的1.5%。对于准备金计提不足的金融企业，该办法规定原则上不得进行税后利润分配。该办法于2012年7月1日起施行。

课堂讨论 11-1

一般风险准备金有什么作用?

提示:一般风险准备金的计提将增厚银行资产质量缓冲垫,对提高商业银行资产质量和抗风险能力有长远影响。

4.向投资者分配利润

银行经股东大会或类似机构决议,向投资者分配现金股利或利润时,其会计分录为:

借:利润分配——应付现金股利或利润

　贷:应付股利

银行经股东大会或类似机构决议,向投资者分配股票股利,应办理增资手续,其会计分录为:

借:利润分配——转作股本的股利

　贷:股本

资本公积——股本溢价(差额)

5.结转利润分配

银行分配利润完毕后,将"利润分配"科目下所有明细账户的余额转到"未分配利润"明细账户中。其会计分录为:

借:利润分配——未分配利润

　贷:利润分配——提取法定盈余公积

　　　　　　——提取任意盈余公积

　　　　　　——应付现金股利或利润

　　　　　　——转作股本的股利

　　　　　　——提取一般风险准备

借:利润分配——其他转入户

　贷:利润分配——未分配利润

这样结转后,"利润分配"科目除"未分配利润"明细科目有余额外,其余明细科目均无余额。"未分配利润"明细科目的贷方余额即为历年积存的未分配利润,可做留存收益;借方余额表示未弥补的亏损,在年终资产负债表上保留在该项目下,作为所有者权益的一部分。

职业能力训练

一、填空题

1.(　　)是指企业在日常活动中形成的、会使所有者权益增加的、与所有者投入资本无关的经济利益的总流入。

2.（　　）是指商业银行发放各类贷款、与其他金融机构之间发生资金往来业务等取得的报酬。

3.（　　）是指商业银行在办理支付结算、咨询、担保、代保管等代理业务时取得的收入。

4.（　　）是指商业银行由于交易性金融资产、交易性金融负债等业务中公允价值变动形成的应计入当期损益的利得或损失。

5.（　　）是指银行在日常活动中发生的、会导致所有者权益减少的、与向所有者分配利润无关的经济利益的总流出。

6.（　　）是指银行在业务经营及管理过程中发生的各项费用。

7.（　　）是指银行在一定会计期间的经营成果。

8.利润包括（　　）、利润总额、（　　）3部分。

9.资产、负债的账面价值与其计税基础存在差异的，应当按照《企业会计准则第18号——所得税》规定确认所产生的（　　）和（　　）。

10.（　　）是指与商业银行的经营业务无直接关系的各项净收入。

11.商业银行实现的利润总额通过（　　）科目核算。

12.年度终了，将“本年利润”账户结转入（　　）账户。

13.新会计准则规定，现行所得税的会计处理采用纳税影响会计法中的（　　）法进行核算。

14.当提取的法定公积金达到注册资本的（　　）时可不再提取。

15.法定公积金弥补亏损和转增资本后的余额，不得低于注册资本的（　　）。

二、单项选择题

1.商业银行实现的利润总额通过（　　）科目核算。

A.营业收入　　B.利润总额

C.本年利润　　D.利润分配

2.年度终了，如果银行全年亏损，结转本年利润时，应记入（　　）。

A.“本年利润”科目的借方　　B.“利润分配”科目的贷方

C.“利润分配”科目的借方　　D.“营业外收入”科目的借方

3.按照新企业会计准则的规定，企业的（　　）要以取得资产、负债时的金额确定其计税基础。

A.增值税　　B.房产税

C.城市维护建设税　　D.所得税

4.银行本期预提的利息收入应记入（　　）科目的借方。

A.活期存款　　B.应收利息

C.现金　　D.存放中央银行款项

5.银行在经营外汇买卖业务中发生的收入或损失应在（　　）科目核算。

A.汇兑损益 B.汇兑损失
C.营业外收入 D.其他业务收入

三、多项选择题

1.银行的收入包括（ ）。
A.利息收入 B.手续费及佣金收入
C.代邮电部门收取的邮电费 D.汇兑收益
2.银行确认收入实现的条件是（ ）。
A.与收入相关的经济利益很可能流入银行
B.资金在本期收到
C.经济利益流入银行的结果会使资产增加或者负债减少
D.经济利益流入的金额能够可靠地计量
3.下列（ ）是利息收入。
A.贷款取得的利息 B.买入返售金融资产等所取得的利息
C.金融机构往来取得的利息 D.支付给存款客户的利息
4.下列（ ）是银行的手续费收入。
A.汇兑手续费 B.咨询手续费
C.担保手续费 D.代保管手续费
5.银行的费用核算应遵循的基本会计原则是（ ）。
A.一致性原则 B.可比性原则
C.配比原则 D.收付实现制
6.下列（ ）属于业务及管理费。
A.招待费 B.差旅费
C.汇兑损失 D.印花税
7.下列（ ）属于投资收益。
A.交易性金融资产持有期间收益
B.贷款利息
C.以公允价值计量且其变动计入当期损益的金融资产持有期间收益
D.长期股权投资按权益法核算的在被投资单位的净利润份额
8.下列（ ）属于营业外收入。
A.固定资产盘盈收入
B.无形资产使用权转让时所取得的租金收入
C.处置抵债资产净收益
D.出纳长款收入
9.下列（ ）是营业外支出。
A.处置无形资产净损失 B.公益救济性捐赠
C.罚款支出 D.无形资产摊销

10. 所得税费用的明细核算科目包括（　　）。

A. 递延所得税资产　　B. 递延所得税负债

C. 当期所得税费用　　D. 递延所得税费用

四、判断题

1. 银行净资产的增加完全取决于利润的增加。（　）

2. 营业外收入也属于营业利润。（　）

3. “本年利润”科目若为贷方余额即为亏损。（　）

4. 年度终了，“本年利润”账户结转之后没有余额。（　）

5. 当提取的法定公积金达到总行注册资本的50%以上时，可以不再提取法定公积金。（　）

6. 银行的业务及管理费可以预提使用。（　）

7. 股份制商业银行的资本公积提取比例由行长决定。（　）

8. 银行如果发生年度亏损不得向投资者分配利润。（　）

9. 银行的未分配利润也是所有者权益的一部分。（　）

10. 商业银行作为增值税一般纳税人，发生应税行为适用一般计税方法计税。（　）

五、实践应用题

目的：练习各项收入和费用的核算

资料：甲工商银行2024年发生下列经济业务：

（1）结息日，计算活期储蓄存款利息支出356 000元，办理转账手续。

（2）收到财政部门交来的代理发行国库券手续费收入50 000元转账支票一张，存入中国人民银行存款账户。

（3）中国人民银行转来缴存一般性存款利息76 000元。

（4）收到咨询服务收入25 000元转账支票一张，存入中国人民银行存款账户。

（5）支付中国农业银行某分行存款利息98 000元，办理转账手续。

（6）现金出纳长款1 000元，经报批做销账处理，办理转账手续。

（7）年终固定资产盘亏共计45 000元，经批准做损失处理，办理转账手续。

（8）12月20日计算定期储蓄存款利息89 000元，办理预提手续。

（9）出售交易性金融资产，成本50 000元，出售价格56 000元。

（10）收取借给中国建设银行某分行的贷款利息收入16 000元。

（11）支付业务招待费35 000元、宣传费50 000元。

（12）应付房产税6 000元、城镇土地使用税5 000元，支付印花税2 000元。

（13）结息日，收到贷款利息4 560 000元，预提贷款利息1 500 000元。

（14）向开户单位收取票据业务手续费350 000元。

（15）出售其他债权投资获得资金115 000元，其账面价值为110 000元。

要求：根据以上资料编制甲工商银行相关会计分录。

项目十二

所有者权益业务的核算

学习目标

知识目标：了解所有者权益的概念及构成，明确权益工具与金融负债的区别，了解各项权益的来源及用途，掌握各项权益的核算方法。

能力目标：通过所有者权益相关业务处理的学习，提升银行资本结构合理性的认识，提高银行风险管理能力。

素质目标：从所有者权益视角分析银行的融资策略、股利政策对股东财富和银行价值的影响，提升战略思维意识。

课前导入

壮大资本实力　彰显金融大国担当

银行的资本，可以是所有者权益，构成银行的自有资金来源，是银行经营的基础与保障，是银行坚实的实力象征。银行的资本，更是承担风险的保障，是保障经营安全、保护公众利益的屏障。习近平主席在博鳌亚洲论坛2018年会开幕式上的主旨演讲中指出，“中国在对外开放中展现大国担当，从引进来到走出去，从加入世界贸易组织到共建‘一带一路’，为应对亚洲金融危机和国际金融危机做出重大贡献，连续多年对世界经济增长贡献率超过30%，成为世界经济增长的主要稳定器和动力源，有力促进了人类和平与发展的崇高事业。”经过改革开放40多年的奋斗，中国已成为世界公认的金融大国。由英国《银行家》杂志联合Brand Finance共同打造的“全球银行品牌价值500强”2024年排行榜中，中资银行有48家进入500强榜单，其中，有18家进入了100强；《银行家》发布的2024年度全球银行1 000强榜单中，中国工商银行、中国建设银行、中国农业银行和中国银行位居前4强，交通银行排名第9位，招商银行排名第10位，国内银行已占据全球10强银行中的6个席位。雄厚的资本实力，彰显了我国金融业的大国自信、承诺与担当。

资料来源：作者根据相关资料整理。

引 例

国家金融监督管理总局统计数据显示，2024 年第四季度末，我国银行业金融机构本外币资产总额 444.6 万亿元，同比增长 6.5%。其中，大型商业银行本外币资产总额 190.3 万亿元，同比增长 7.6%，占比 42.8%；股份制商业银行本外币资产总额 74.2 万亿元，同比增长 4.7%，占比 16.7%。

2025 年 3 月 30 日，中国银行、中国建设银行、交通银行、中国邮政储蓄银行 4 家国有商业银行发布的公告显示，它们一起将获得财政部注资 5 000 亿元（人民币，下同），用于增加核心一级资本。各自获得上千亿元的注资后，4 家国有商业银行的资本将变得更加充实。在此之前，国家已不止一次地向国有商业银行注资。1998 年，财政部发行特别国债向工、农、中、建 4 大国有商业银行注资 2 700 亿元。2003—2010 年，国家通过中央汇金公司向中国工商银行、中国建设银行、中国银行分别注资，推动其完成股份制改造并实现 A+H 股上市，财政部主导中国农业银行财务重组并于 2010 年上市，交通银行则通过财政部直接注资及引入汇丰银行战略投资于 2007 年上市。如今，中国国有大型商业银行经营整体稳健，资产质量稳定，拨备计提充足，按照国际最佳实践标准，主要指标均处于“健康区间”。

资料来源：作者根据相关资料整理。

通过本项目学习，我们能更好地体会银行资本实力的壮大是社会经济发展的重要保障。

任务一 了解所有者权益业务

一、所有者权益业务的含义及商业银行所有者权益的构成

所有者权益是指银行资产扣除负债后由所有者享有的剩余权益。股份制银行的所有者权益又称股东权益。所有者权益的来源包括所有者投入的资产、直接计入所有者权益的利得和损失、留存收益等。商业银行的所有者权益通常由实收资本（或股本）、资本公积、其他综合收益、盈余公积、一般风险准备、未分配利润等构成。

二、权益工具与金融负债

权益工具是指能证明拥有某个企业在扣除所有负债后的资产中的剩余权益的合同。因此，从权益工具的发行方看，权益工具属于所有者权益的组成内容。

金融负债是指企业符合下列条件之一的负债：第一，向其他方交付现金或其他金融资产的合同义务。第二，在潜在不利条件下，与其他方交换金融资产或金融负债的合同义务。第三，将来须用或可用企业自身权益工具进行结算的非衍生工具合同，且企业根据该合同将交付可变数量的自身权益工具。第四，将来须用或可用企业自身权益工具进行结算的衍生工具合同，但以固定数量的自身权益工具交换固定金额的现金或其他金融资产的衍生工具合同除外。

银行发行金融工具，应当按照该金融工具的实质，以及金融资产、金融负债和权益工具的定义，在初始确认时对该金融工具或其组成部分进行确认。

通常情况下，银行比较容易分辨所发行金融工具是权益工具还是金融负债。但有时，银行发行的、需用自身权益工具进行结算的金融工具，可能因为结算方式的不同，导致所确认结果不同，这时情况会比较复杂。

银行发行金融工具时，如果该工具合同条款中没有包括交付现金或其他金融资产给其他单位的合同义务，也没有包括在潜在不利条件下与其他单位交换金融资产或金融负债的合同义务，那么该工具应确认为权益工具。如果银行发行的该工具将来须用或可用自身权益工具进行结算，那么需要继续区分不同情况进行判断。如果该工具是非衍生工具，且银行没有义务交付非固定数量的自身权益工具进行结算，那么该工具应确认为权益工具；如果该工具是衍生工具，且银行只有通过交付固定数量的自身权益工具（此处所指权益工具不包括需要通过收取或交付银行自身权益工具进行结算的合同），换取固定数额的现金或其他金融资产进行结算，那么该工具也应确认为权益工具。

三、所有者权益的分类

商业银行的所有者权益根据其核算内容和要求，可分为实收资本（或股本）、资本公积、其他综合收益、盈余公积、一般风险准备和未分配利润等。其中，实收资本（或股本）、资本公积、其他综合收益统称投入资本；盈余公积、一般风险准备和未分配利润统称留存收益。

（一）实收资本

实收资本又称投入资本，是指投资者按照企业章程或合同、协议的约定，实际投入银行的资本。

我国银行业目前实行的是注册资本制度，要求银行的实收资本与注册资本相一致。商业银行变更持有资本总额或股份总额5%以上的股东应当经国务院银行业监督管理机构批准；任何单位和个人购买商业银行股份总额5%以上的，也应当事先经国务院银行业监督管理机构批准。擅自改变注册资本或抽逃资金等，要受到市场监督管理部门的处罚。商业银行根据法律法规的规定，可以采用吸收货币资金、实物和无形资产或发行股票的方式筹集资金。

知识链接 12-1

商业银行实收资本数额的有关规定

1. 对设立银行最低资本金的要求。2020年10月16日，中国人民银行发布了《中华人民共和国商业银行法（修改建议稿）》，提出设立全国性商业银行的注册资本最低限额为100亿元人民币，设立城市商业银行的注册资本最低限额为10亿元人民币，设立农村商业银行的注册资本最低限额为1亿元人民币。注册资本应当是实缴资本。国务院银行业监督管理机构根据审慎监管的要求可以调整注册资本最低限额，但不得少于以上规定的限额。

2. 根据《中华人民共和国外资银行管理条例》（2019 年 9 月 30 日修订）对外资银行的最低注册资本的要求，外商独资银行、中外合资银行的注册资本最低限额为 10 亿元人民币或者等值的自由兑换货币，注册资本应当是实缴资本。外商独资银行、中外合资银行在中华人民共和国境内设立的分行，应当由其总行无偿拨给人民币或者自由兑换货币的营运资金。外商独资银行、中外合资银行拨给各分支机构营运资金的总和，不得超过总行资本金总额的 60%。外国银行分行应当由其总行无偿拨给不少于 2 亿元人民币或者等值的自由兑换货币的营运资金。国务院银行业监督管理机构根据外资银行营业性机构的业务范围和审慎监管的需要，可以提高注册资本或者营运资金的最低限额，并规定其中的人民币份额。

资料来源：作者根据相关资料整理。

（二）其他权益工具

其他权益工具是指银行发行的除普通股以外，按照金融负债和权益工具区分原则分类为权益工具的其他权益工具。发行金融工具分类为权益工具的，其发生的手续费、佣金等交易费用从权益中扣除。设置“其他权益工具”科目，核算企业发行的除普通股以外的归类为权益工具的各种金融工具，按照发行金融工具的种类进行明细核算。

（三）资本公积

资本公积是指银行在经营过程中收到投资者的出资超出其在注册资本或股本中所占的份额以及直接计入所有者权益的利得和损失等。资本公积包括资本溢价和直接计入所有者权益的利得和损失等。

（四）其他综合收益

其他综合收益是指银行根据其他会计准则的规定未在当期损益中确认的各项利得和损失，包括以后会计期间不能重分类进损益的其他综合收益和以后会计期间满足规定条件时将重分类进损益的其他综合收益两类。

（五）盈余公积

盈余公积是指银行按照规定从税后净利润中提取的各种积累资金。它按照用途的不同，分为法定盈余公积、任意盈余公积。法定盈余公积是指银行业按照规定从税后净利润中提取的积累资金，按税后净利润的 10% 提取；达到注册资本的 50% 时，可不再提取。任意盈余公积主要用于弥补亏损、经批准转增实收资本金或用于向投资者分配利润。

（六）一般风险准备

一般风险准备是指商业银行在年度终了根据承担风险和损失的资产余额的一定比例从净利润中提取的准备金，主要用于弥补尚未识别的可能性损失。

（七）未分配利润

未分配利润是指商业银行留待以后年度分配的结存利润，也是所有者权益的组成部分。它有两层含义：一是这部分净利润没有分给银行的投资者；二是这部分净利润未指定用途。未分配前，参加营运资金的周转，形成银行业务经营资金来源，由总行统一管理。

任务二　理解投入资本的核算

一、实收资本

（一）科目设置

“实收资本”是权益类科目，核算银行实际收到投资者投入的资本。本科目贷方登记实际收到投资者投入的资本、按法定程序结转的资本公积、盈余公积转增资本的增加数；借方一般不做记录，只在商业银行破产清理时借记减少数；余额反映在贷方，表示商业银行实际拥有的资本金总额。投资者投入的资本，在银行经营期间，除依法转让外，一般不得抽回。本科目下应按投资者进行明细核算。

（二）实收资本的主要账务处理

（1）收到投资者投入的资本，其会计分录为：

借：存放中央银行款项（或固定资产、无形资产、其他应收款等）

　贷：实收资本（在注册资本中所占份额）

　　资本公积——资本溢价

（2）股东大会批准的利润分配方案中分配的股票股利，应在办理增资手续后进行处理。其会计分录为：

借：利润分配

　贷：实收资本

（3）公司发行的可转换公司债券按规定转为股本时，其会计分录为：

借：应付债券——可转换公司债券（余额）

　　资本公积——其他资本公积（属于该项可转换公司债券权益成分的金额）

　贷：实收资本（按股票面值和转换股数计算的股票面值总额）

　　库存现金（实际用现金支付的不可转换为股票的部分）

　　资本公积——股本溢价（差额）

（4）银行将重组债务转为资本的，其会计分录为：

借：应付账款（重组债务的账面价值）

　贷：实收资本（债权人放弃债权而享有企业股份的面值总额）

　　（或借）资本公积——资本溢价（股份的公允价值总额与实收资本的差额）

　　营业外收入——债务重组利得（重组债务的账面价值与股份的公允价值总额的差额）

（5）银行按照法定程序报经批准减少注册资本的，其会计分录为：

借：实收资本

贷：存放中央银行款项（或库存现金）

课堂讨论 12-1

商业银行的分支机构也设置“实收资本”账户，进行资本增减变动的核算吗？

提示：商业银行设立的分支机构不具有法人地位，分支机构应有规定数额的营运资金，该营运资金由其总行从资本金或公积金中拨付，但累计拨付总额不得超过其总行资本金的60%。

二、资本公积与其他综合收益

（一）科目设置

“资本公积”是权益类科目，按照“资本溢价”（或“股本溢价”）、“其他资本公积”进行明细核算。本科目期末贷方余额，反映银行资本公积的余额。

“其他综合收益”是权益类科目，按照“其他债权投资公允价值变动”“其他权益工具投资公允价值变动”“企业自身信用风险公允价值变动”“金融资产重分类计入其他综合收益的金额”“其他债权投资信用减值准备”“现金流量套期储备”等进行明细核算。

（二）资本公积的主要账务处理

1.资本（或股本）溢价

资本溢价是指银行投资者投入的资金超过其在注册资本中所占份额的部分。股本溢价是指股份制银行溢价发行股票而产生的部分。当发生资本（或股本）溢价时，按溢价数额纳入资本公积核算。其会计分录为：

借：库存现金（或其他科目）

　　贷：实收资本（或股本）

　　　　资本公积——资本溢价（或资本公积——股本溢价）

当发生与发行权益性证券直接相关的手续费、佣金等交易费用时，其会计分录为：

借：资本公积——股本溢价

　　贷：银行存款（或其他科目）

2.以权益结算的股份支付

以权益结算的股份支付换取职工或其他方提供服务的，应按照确定的金额，记入“业务及管理费”等科目，同时增加资本公积（其他资本公积）。其会计分录为：

借：业务及管理费（或其他科目）

　　贷：资本公积——其他资本公积

行权日：

借：资本公积——其他资本公积（按照实际行权的权益工具数量计算确定的金额）

　　贷：实收资本（或股本）

　　　　资本公积——资本溢价（或资本公积——股本溢价）（差额）

3.采用权益法核算的长期股权投资

长期股权投资采用权益法核算的，被投资单位除净损益、其他综合收益和利润分配以外的所有者权益的其他变动，投资企业按持股比例计算应享有的份额，应当增加或减少长期股权投资的账面价值，同时增加或减少资本公积（其他资本公积）。当处置采用权益法核算的长期股权投资时，应当将原计入资本公积（其他资本公积）的相关金额转入投资收益（除不能转入损益的项目外）。

4.资本公积转增资本

按照《公司法》的规定，法定公积金转为资本时，所留存的该项公积金不得少于转增前公司注册资本的25%。经股东大会或类似机构决议，用资本公积转增资本时，应冲减资本公积，同时按照转增前的实收资本（或股本）的结构或比例，将转增的金额记入“实收资本”（或“股本”）科目下各所有者的明细分类账。

（三）其他综合收益的主要账务处理

其他综合收益是指银行根据其他会计准则的规定未在当期损益中确认的各项利得和损失，包括以后会计期间不能重分类进损益的其他综合收益和以后会计期间满足规定条件时将重分类进损益的其他综合收益两类。

以后会计期间满足规定条件时将重分类进损益的其他综合收益项目主要包括“分类为以公允价值计量且其变动计入其他综合收益的金融资产（债务工具）产生的其他综合收益”“采用权益法核算的长期股权投资”“存货或自用房地产转换为投资性房地产”“现金流量套期工具产生的利得或损失中属于有效套期的部分”“外币财务报表折算差额”等项目，根据各自业务规定处理。

任务三 理解留存收益的核算

留存收益是指银行通过经营管理活动而形成的，即经营所得净收益的积累，包括盈余公积、一般风险准备和未分配利润。

一、盈余公积

其业务处理见项目十一，这里不再详述。

二、一般风险准备

其业务处理见项目十一，这里不再详述。

三、未分配利润

在会计核算上，商业银行在“利润分配”科目下设“未分配利润”明细科目进行核算。其业务处理见项目十一，这里不再详述。

职业能力训练

一、填空题

1.（ ）是投资者按照企业章程或合同、协议的约定，实际投入银行的资本。

2.（ ）是指银行在经营过程中收到投资者的出资超出其在注册资本或股本中

所占的份额以及直接计入所有者权益的利得和损失等。

3.投入资本包括（　　）、（　　）和（　　）。

4.留存收益包括（　　）、（　　）和（　　）。

5.盈余公积包括（　　）和法定盈余公积。

二、单项选择题

1.企业的实收资本比原来的注册资本增减超过（　　）时应申请变更。

A.10%　　B.20%

C.30%　　D.50%

2.银行将重组债务转为资本的，其"应付账款"科目核算（　　）内容。

A.重组债务的账面价值　　B.重组债务的历史成本

C.重组债务的市值　　D.重组债务的净值

3.投资者投入外币，因汇率不同产生的折合差额，作为（　　）处理。

A.实收资本　　B.资本公积

C.盈余公积　　D.营业外收入

4.我国商业银行目前实行的资本制度是（　　）。

A.审核资本制度　　B.注册资本制度

C.实收资本制度　　D.应收资本制度

5.设置（　　）科目，核算企业发行的除普通股以外的归类为权益工具的各种金融工具。

A.权益工具　　B.债权投资

C.其他权益工具　　D.其他债权投资

三、多项选择题

1.商业银行筹集自有资金的途径有（　　）。

A.吸收实物投资　　B.发行股票

C.吸收无形资产投资　　D.吸收存款

2."实收资本"科目的贷方一般记录（　　）内容。

A.客户存入的资金　　B.投资者投入的资金

C.按法定程序结转的资本公积　　D.盈余公积转增资本

3.下列（　　）属于资本公积。

A.资本溢价　　B.从净利润中提取的法定公积金

C.其他债权投资公允价值增值　　D.捐赠资产

4.银行的留存收益包括（　　）。

A.实收资本　　B.资本公积

C.盈余公积　　D.未分配利润

5.盈余公积包括（　　）。

A.法定盈余公积　　B.一般风险准备

C.任意盈余公积　　　　D.未分配利润

四、判断题

1.投资者投入到银行的资本可以在年末抽回。（　）

2.银行股东大会批准发放的股票股利增加其股本。（　）

3.任意盈余公积不能用于向投资者分配利润。（　）

4.未分配利润形成银行业务经营资金的来源。（　）

5.银行发行股票筹资时超过股票面值的部分记入“资本公积——股本折价”科目。（　）

五、实践应用题

目的：练习所有者权益业务的核算

资料：甲银行2024年发生如下业务：

（1）收到投资人投入的资金600 000元。

（2）收到投资人投入的计算机100台，共计560 000元。

（3）收到投资人投入的专利权，确定价值180 000元。

（4）收到捐赠的设备，价值95 000元。

（5）按有关规定，将资本公积金200 000元转增资本金。

（6）按有关规定，从税后利润中提取法定公积金350 000元。

（7）按有关规定，从税后利润中提取任意公积金180 000元。

（8）按有关规定，以公积金170 000元弥补上年亏损，130 000元转增资本金。

（9）按有关规定，向投资者分配现金股利450 000元。

（10）按有关规定，用任意公积金支付职工疗养费25 000元。

要求：

（1）根据以上业务编制甲银行相关会计分录。

（2）结转各利润分配账户。

项目十三

年度决算和财务报表的编制与分析

学习目标

知识目标：掌握资产负债表、利润表、现金流量表、所有者权益变动表的格式、主要特点、基本内容和编制方法；掌握报表分析的主要内容和方法。

能力目标：运用各类方法对财务报表数据进行深度挖掘，评估银行偿债能力、盈利能力与发展能力，提高对银行经营优势与潜在风险的认知能力。

素养目标：以严谨客观的职业态度，保证财务报表编制与分析过程及结果真实有效，坚守会计职业道德底线；理解财务报表数据的经济实质，培养管理能力与全局观。

课前导入

数字语言　展示责任感与使命感

展现商业银行经营业绩的财报中，一串串数字彰显着银行人的付出与回报。2024年四季度末，我国银行业金融机构本外币资产总额444.6万亿元，同比增长6.5%。银行业总资产稳健增长，信贷资产质量基本稳定，持续加强金融服务，利润保持稳健，风险抵补能力较强。2024年全年，商业银行累计实现净利润2.3万亿元。财务分析使用的一张张报表、一行行数字，看起来复杂深奥，读起来有些晦涩，但实际上，真正的财务分析的难点，不在于计算的指标、比率和数据，而在于具备分析的思维和意识，掌握思考的能力与方法，洞察数据后面的真相，解读数据想告诉你的内容……对于真正理解报表的人，每一次分析，都是进入商业银行最真实的机体，对其进行一次透彻的认识，真正认识其资金的运用与管理、盈利亏损的得失，真正了解社会财富的运转与累积，认识商业银行的作用与地位等。

资料来源：作者根据相关资料整理。

引　例

对银行人来说，12 月 31 日仿佛是一个盛大的节日：当许多行业的人都下班回家，与亲人相伴迎接新年到来时，银行人一年中最特别的工作——年终决算正在紧锣密鼓地进行中。

年终决算不仅是到了年底把账结清，还是涉及现金、实物、账目、交易、人员、科技等方方面面的超级工程。金融机构账目十分繁杂，会计处理非常复杂，牵一发而动全身，所有账目必须做到结转平衡才行。现在虽已引进先进的自动化系统，部分数据可由电脑帮助处理，但这天仍是银行盘点财务损益、年度业绩收口的“收官之战”日！银行的会计科目众多，年终决算要用到的会计科目占大半。年终决算所处理的数据来自总行、分行、支行各个层面以及各业务线、各部门等，一个数据出错，就可能导致耽误平账时间，延迟队友的回家时间。总之，这天到底何时下班，并不是可以预知的事情……每逢此日，银行大楼往往是彻夜灯火通明。这天银行人在奋斗中期盼新年。

作为中央银行的中国人民银行总行及各分支行的会计、国库、支付清算、科技系统、应急值班等业务条线的员工，每年 12 月 31 日都坚守岗位，保障金融机构年终决算的顺利进行，保障各项金融服务的畅通便利。中国人民银行清算总中心负责运行大额实时支付系统、小额批量支付系统、网上支付跨行清算系统、境内外币支付系统，是资金结算的“高铁”，是年终决算最要害的部门。截至 2022 年，系统参与者 15 万余家，覆盖全国所有银行机构及绝大部分非银行金融机构、农村金融机构、特许清算机构及债券、外汇等结算组织，是我国社会资金汇划的“主动脉”“高速路”。

资料来源：作者根据相关资料编写整理。

通过本项目的学习，我们可以充分认识年终决算的过程与要求，掌握报表编制和分析的内容与作用，体会银行会计人员的责任与使命。

任务一　了解年度决算

一、总、分行的准备工作

商业银行尤其是全国性商业银行，基层机构较多，为确保年度决算工作顺利进行，进入第四季度，总行要根据当年业务工作的新情况，结合以往的经验和教训，及时下发办理当年决算工作的通知，明确提出注意事项和处理原则及要求。如果当年在会计准则和财务管理体制方面发生变更，则要在通知中详细指出处理办法，以便统一口径。

各管辖分行应根据总行通知的精神，结合辖内具体情况，提出具体要求和补充办法，对某些力量薄弱的基层机构还要给予必要的帮助和指导，以保证全行年度决算工作的顺利完成。

二、基层机构的准备工作

基层单位具体办理年度决算工作，是全系统年度决算的基础环节。基层单位的决算准备工作主要有以下几个方面：

（一）清理资金

这主要包括清理贷款资金、存款资金、结算资金和内部资金等。

（二）核对账务

1.检查会计科目的使用情况

在编制年度决算报表前，要根据会计科目使用说明和当年有关科目变化调整的文件规定，对其使用情况进行全面检查。如发现科目归属和使用不当的，应及时进行调整。

2.全面核对内外账务

核对银行内部账务，包括各科目总账与分户账、登记簿的核对，账面现金数要与实际库存现金数核对，账面财产数与实际财产实物数核对，贷款账与借据核对。核对银行外部账务，包括核对各单位存、贷款账户，核对本行与人民银行往来的存、贷款账户和缴存存款账户。通过内外账务的核对，保证账账、账款、账据、账实、账表以及内外账务等完全相符。

（三）盘点财产

为保证账实相符和资金财产的完整，在年度决算前应对财产进行一次较大规模的清查盘点。若发现多缺，应查明原因，明确责任，并根据规定的处理权限报经批准后，及时调整账务。

（四）核实损益

这主要包括核实各项业务支出，检查各项费用开支。

（五）试算平衡

各行在完成上述几项准备工作后，为了进一步检验日常账务的正确性，保证年度决算报表编制的准确，应在编制正式决算报表之前进行试算平衡。根据当年总账，编制1—12月份的试算平衡表，进行试算平衡。发现差错，及早改正。

三、决算日的工作

每年12月31日，无论是否是节假日，均为银行的年度决算日。在决算日，除了处理当日业务、轧平账务外，在年度决算准备工作的基础上，还应着重做好以下几项工作：

（1）全面处理和核对账务。

（2）检查各项库存。

知识拓展13-1

（3）调整金银、外币记账价格。

（4）核实应交税款。

（5）结转本年利润。

（6）办理新旧账簿结转。

任务二 掌握财务报表的编制

财务报表是对银行财务状况、经营成果和现金流量的结构性表述。财务报表至少应当包括资产负债表、利润表、现金流量表、所有者权益（或股东权益）变动表、附注。

一、商业银行财务报表的组成及基本要求

（一）财务报表的组成

商业银行的财务报表按照不同标准进行分类：①按财务报表编报期间的不同，可以分为中期财务报表和年度财务报表。中期财务报表是以短于一个完整会计年度的报告期间为基础编制的财务报表，包括月报、季报和半年报等。②按财务报表编报主体的不同，可以分为个别财务报表和合并财务报表。个别财务报表是由企业在自身会计核算基础上对账簿记录进行加工而编制的财务报表，主要用以反映企业自身的财务状况、经营成果和现金流量情况。合并财务报表是以母公司和子公司组成的企业集团为会计主体，根据母公司和所属子公司的财务报表，由母公司编制的综合反映企业集团财务状况、经营成果及现金流量的财务报表。

资产负债表、利润表和附注的编制适用于《企业会计准则第30号——财务报表列报》；现金流量表的编制适用于《企业会计准则第31号——现金流量表》和其他相关会计准则；中期财务报告的编制适用于《企业会计准则第32号——中期财务报告》。

（二）财务报表编制的基本要求

1.依据各项会计准则确认和计量的结果编制财务报表

银行应当根据实际发生的交易和事项，遵循《企业会计准则——基本准则》、各项具体会计准则的规定进行确认和计量，并在此基础上编制财务报表。

2.列报基础

持续经营是会计的基本前提，也是会计确认、计量及编制财务报表的基础。在编制财务报表的过程中，银行管理层应当利用其所有可获得信息来评价银行自报告期末起至少12个月的持续经营能力。

3.权责发生制

除现金流量表按照收付实现制编制外，银行应当按照权责发生制编制其他财务报表。

4.列报的一致性

可比性是会计信息质量的一项重要质量要求，目的是使同一银行不同期间和同一期间不同银行的财务报表相互可比。为此，财务报表项目的列报应当在各个会计期间保持一致，不得随意变动。

5.依据重要性原则单独或汇总列报项目

项目在财务报表中是单独列报还是合并列报，应当依据重要性原则来判断。总的

原则是，如果某项目单个看不具有重要性，则可将其与其他项目汇总列报；如具有重要性，则应当单独列报。

6.财务报表项目金额间的相互抵销

财务报表项目应当以总额列报，资产和负债、收入和费用、直接计入当期利润的利得和损失项目的金额不能相互抵销，即不得以净额列报，但企业会计准则另有规定的除外。

7.比较信息的列报

银行在列报当期财务报表时，至少应当提供所有列报项目上一个可比会计期间的比较数据，以及与理解当期财务报表相关的说明，目的是向报表使用者提供对比数据，提高信息在会计期间的可比性，以反映银行财务状况、经营成果和现金流量的发展趋势，提高报表使用者的判断与决策能力。

8.财务报表表首的列报要求

财务报表通常与其他信息（如银行年度报告等）一起公布，银行应当将按照企业会计准则编制的财务报表与一起公布的同一文件中的其他信息相区分。

9.报告期间

银行至少应当编制年度财务报表。会计年度自公历1月1日起至12月31日止。

二、资产负债表

（一）资产负债表的结构

资产负债表（其格式见表13-1），是总括反映商业银行某一特定日期资产、负债和所有者权益及其构成情况的会计报表。其作用在于向有关利益关系单位、部门提供编报行各项资产、负债和所有者权益的增减变动信息，据以检查分析编报行的资产、负债和所有者权益的结构是否合理，并为分析编报行的偿债能力、预测未来财务状况提供数据。银行的各项资产和负债按照流动性列示能够提供可靠且更相关信息的，可以按照其流动性顺序列示。

表13-1　　资产负债表　　会金融01表

编制单位：　　年　月　日　　单位：元

资产	期末余额	上年年末余额	负债和所有者权益（或股东权益）	期末余额	上年年末余额
资产：			负债：		
［现金及存放中央银行款项］[3]			短期借款		
货币资金			［向中央银行借款］[3]		
［其中：客户资金存款］[1]			［应付短期融资款］[1]		
结算备付金			［同业及其他金融机构存放款项］[3]		
［其中：客户备付金］[1]			拆入资金		

续表

资产	期末余额	上年年末余额	负债和所有者权益（或股东权益）	期末余额	上年年末余额
[存放同业款项] [3]			交易性金融负债		
贵金属			衍生金融负债		
拆出资金			卖出回购金融资产款		
[融出资金] [1]			[吸收存款] [3]		
衍生金融资产			[代理买卖证券款] [1]		
[存出保证金] [1]			[代理承销证券款] [1]		
应收款项			[预收保费] [2]		
合同资产			[应付手续费及佣金] [2]		
[应收保费] [2]			[应付分保账款] [2]		
[应收代位追偿款] [2]			应付职工薪酬		
[应收分保账款] [2]			应交税费		
[应收分保未到期责任准备金] [2]			应付款项		
[应收分保未决赔款准备金] [2]			合同负债		
[应收分保寿险责任准备金] [2]			持有待售负债		
[应收分保长期健康险责任准备金] [2]			[应付赔付款] [2]		
[保户质押贷款] [2]			[应付保单红利] [2]		
买入返售金融资产			[保户储金及投资款] [2]		
持有待售资产			[未到期责任准备金] [2]		
[发放贷款和垫款] [3]			[未决赔款准备金] [2]		
金融投资：			[寿险责任准备金] [2]		
交易性金融资产			[长期健康险责任准备金] [2]		
债权投资			预计负债		
其他债权投资			长期借款		
其他权益工具投资			应付债券		
长期股权投资			其中：优先股		
[存出资本保证金] [2]			永续债		

续表

资产	期末余额	上年年末余额	负债和所有者权益（或股东权益）	期末余额	上年年末余额
投资性房地产			［独立账户负债］²		
固定资产			递延所得税负债		
在建工程			其他负债		
无形资产			负债合计		
［独立账户资产］²			所有者权益（或股东权益）：		
递延所得税资产			实收资本（或股本）		
其他资产			其他权益工具		
			其中：优先股		
			永续债		
			资本公积		
			减：库存股		
			其他综合收益		
			盈余公积		
			一般风险准备		
			未分配利润		
			所有者权益（或股东权益）合计		
资产总计			负债和所有者权益（或股东权益）总计		

会计主管　　　　　　　　复核　　　　　　　　制表

注1：［……］¹系证券公司专用项目，企业正式使用时不加方括号。下同。

注2：［……］²系保险公司专用项目。

注3：［……］³系银行专用项目。

注4：无方括号和角标的项目为通用项目，适用于两类及两类以上金融企业。

（二）资产负债表修订、新增项目的说明

1.“应收款项”项目

该项目反映资产负债表日企业因销售商品和提供服务等经营活动形成的收取款项的合同权利以及收到的商业汇票（包括银行承兑汇票和商业承兑汇票）的期末账面价值。

2.“合同资产”和“合同负债”项目

企业应按照《企业会计准则第14号——收入》（2017年修订）的相关规定根据企

业履行履约义务与客户付款之间的关系，在资产负债表中列示合同资产或合同负债。

3.“持有待售资产”项目

该项目反映资产负债表日企业分类为持有待售类别的非流动资产及分类为持有待售类别的处置组中的流动资产和非流动资产的期末账面价值（扣除减值准备）。

4.“发放贷款和垫款”项目

该项目反映银行发放贷款和垫款业务形成的金融资产的期末账面价值，包括以摊余成本计量的发放贷款和垫款、分类为以公允价值计量且其变动计入其他综合收益的贷款和垫款，以及以公允价值计量且其变动计入当期损益的贷款和垫款。

5.“金融投资：交易性金融资产”项目

该项目即符合《企业会计准则第22号——金融工具确认和计量》（2017年修订）规定的金融资产分类的金融投资，包括资产负债表日企业列示在“金融投资”项下的下列资产的期末账面价值：为交易目的持有的金融资产，企业持有的指定为以公允价值计量且其变动计入当期损益的金融资产，以及因不符合分类为摊余成本计量的金融资产或以公允价值计量且其变动计入其他综合收益的金融资产的条件而分类为以公允价值计量且其变动计入当期损益的金融资产。

6.“金融投资：债权投资”项目

该项目即符合《企业会计准则第22号——金融工具确认和计量》（2017年修订）规定的金融资产分类的金融投资，反映资产负债表日企业列示在“金融投资”项下的以摊余成本计量的金融资产的期末账面价值（扣除损失准备）。

7.“金融投资：其他债权投资”项目

该项目即符合《企业会计准则第22号——金融工具确认和计量》（2017年修订）规定的金融资产分类的金融投资，反映资产负债表日企业列示在“金融投资”项下的分类为以公允价值计量且其变动计入其他综合收益的金融资产的期末账面价值。

8.“金融投资：其他权益工具投资”项目

该项目即企业按照《企业会计准则第22号——金融工具确认和计量》（2017年修订）指定计量的金融投资，反映资产负债表日企业指定为以公允价值计量且其变动计入其他综合收益的非交易性权益工具投资的期末账面价值。

9.“利息收入”和“利息费用”中列示的项目

企业应当按照《企业会计准则第22号——金融工具确认和计量》（2017年修订）的相关规定确认利息收入和利息费用。基于实际利率法计提的金融工具的利息应包含在相应金融工具的账面余额中，并反映在相关“拆出资金”“金融投资：债权投资”“金融投资：其他债权投资”“发放贷款和垫款”“应付债券”“长期借款”等项目中，而不应单独列示“应收利息”项目或“应付利息”项目。“应收利息”科目和“应付利息”科目应仅反映相关金融工具已到期可收取或应支付但于资产负债表日尚未收到或尚未支付的利息，通常由于金额相对较小，应在“其他资产”或“其他负债”项目中列示。

10.“其他资产”中列示的项目

企业按照《企业会计准则第14号——收入》（2017年修订）的相关规定确认为资

产的合同取得成本、合同履约成本与应收退货成本，应当扣除相关减值准备后在“其他资产”项目中填列。

11.“交易性金融负债”项目

该项目即企业按照《企业会计准则第22号——金融工具确认和计量》（2017年修订）规定分类的金融负债，反映资产负债表日企业承担的分类为以公允价值计量且其变动计入当期损益的金融负债（含企业指定为以公允价值计量且其变动计入当期损益的金融负债）的期末账面价值。

12.“应付款项”项目

该项目反映资产负债表日以摊余成本计量的、企业因购买商品和接受服务等经营活动形成的支付款项的合同义务以及开出、承兑的商业汇票（包括银行承兑汇票和商业承兑汇票）的账面价值（即摊余成本）。

13.“持有待售负债”项目

该项目反映资产负债表日处置组中与划分为持有待售类别的资产直接相关的负债的期末账面价值。

14.“预计负债”中列示的项目

企业按照《企业会计准则第14号——收入》（2017年修订）的相关规定确认为预计负债的应付退货款，在“预计负债”项目中填列。企业按照《企业会计准则第22号——金融工具确认和计量》（2017年修订）的相关规定对贷款承诺、财务担保合同等项目计提的损失准备，在“预计负债”项目中列示。

15.“优先股”和“永续债”项目

企业应根据实际情况在“应付债券”项目下增设“其中：优先股”和“永续债”两个项目，分别反映资产负债表日企业发行在外的分类为金融负债的优先股和永续工具的期末账面价值。

16.“其他权益工具”项目

该项目反映资产负债表日企业发行在外的除普通股以外分类为权益工具的金融工具的账面价值。企业应根据实际情况在“其他权益工具”项目下设“其中：优先股”和“永续债”两个项目，分别反映资产负债表日企业发行在外的分类为权益工具的优先股和永续工具的账面价值。

17.“其他综合收益”项目

该项目反映企业根据企业会计准则的规定应在其他综合收益中确认的各项税后净利得和净损失的累计余额等。

18.“上年年末余额”栏目

本栏目企业按照《企业会计准则第22号——金融工具确认和计量》（2017年修订）和《企业会计准则第14号——收入》（2017年修订）的规定，未调整前期比较财务报表数据的，应当根据未经新金融工具准则及新收入准则调整的财务报表格式及数字填列，上期项目与本期不一致的，应当分别列示新旧项目名称及其金额，并按照《企业会计准则第37号——金融工具列报》（2017年修订）和《企业会计准则第14

号——收入》（2017年修订）及其应用指南的有关规定在附注中披露执行新金融工具准则导致的分类、减值等变化的影响和执行新收入准则对当期财务报表相关项目的影响。

19.修订后资产负债表中的部分金融资产项目的金额可能反映多种计量基础

企业在附注中披露的《企业会计准则第37号——金融工具列报》（2017年修订）第三十九条（一）至（四）所规定的金额，应当分别反映同一计量基础在不同项目中的金额之和。

三、利润表

（一）利润表的格式

利润表（其格式见表13-2），是反映商业银行一定会计期间的经营成果及其分配情况的会计报表，是一种动态报表。通过利润表，可以考核商业银行利润计划的执行情况、分析盈亏增减变化的原因、计算投资报酬率、评价商业银行的经营业绩等。

表13-2 利润表 会金融02表

编制单位： 年度 单位：元

项　目	本期金额	上期金额
一、营业总收入		
利息收入		
[已赚保费		
保险业务收入		
其中：分保费收入		
减：分出保费		
提取未到期责任准备金][2]		
手续费及佣金收入		
[其中：经纪业务手续费收入		
投资银行业务手续费收入		
资产管理业务手续费收入][1]		
投资收益（损失以“-”号填列）		
其中：对联营企业和合营企业的投资收益		
以摊余成本计量的金融资产终止确认产生的收益（损失以“-”号填列）		
净敞口套期收益（损失以“-”号填列）		
其他收益		
公允价值变动收益（损失以“-”号填列）		
汇兑收益（损失以“-”号填列）		

续表

项　目	本期金额	上期金额
其他业务收入		
资产处置收益（损失以“-”号填列）		
二、营业总支出		
利息支出		
手续费及佣金支出		
[其中：经纪业务手续费支出		
投资银行业务手续费支出		
资产管理业务手续费支出] 1		
[退保金] 2		
[赔付支出		
减：摊回赔付支出] 2		
[提取保险责任准备金		
减：摊回保险责任准备金] 2		
[保单红利支出] 2		
[分保费用] 2		
税金及附加		
业务及管理费		
[减：摊回分保费用] 2		
信用减值损失		
其他资减值损失		
其他业务成本		
三、营业利润（亏损以“-”号填列）		
加：营业外收入		
减：营业外支出		
四、利润总额（亏损总额以“-”号填列）		
减：所得税费用		
五、净利润（净亏损以“-”号填列）		
（一）持续经营净利润（净亏损以“-”号填列）		
（二）终止经营净利润（净亏损以“-”号填列）		
六、其他综合收益的税后净额		

续表

项 目	本期金额	上期金额
（一）不能重分类进损益的其他综合收益		
1.重新计算设定受益计划变动额		
2.权益法下不能转损益的其他综合收益		
3.其他权益工具投资公允价值变动		
4.企业自身信用风险公允价值变动		
……		
（二）将重分类进损益的其他综合收益		
1.权益法下可转损益的其他综合收益		
2.其他债权投资公允价值变动		
3.金融资产重分类计入其他综合收益的金额		
4.其他债权投资信用损失准备		
5.现金流量套期储备		
6.外币财务报表折算差额		
……		
七、综合收益总额		
八、每股收益：		
（一）基本每股收益		
（二）稀释每股收益		

会计主管　　　　　　　　复核　　　　　　　　制表

注1：［……］[1]系证券公司专用项目，企业正式使用时不加方括号。下同。

注2：［……］[2]系保险公司专用项目。

注3：［……］[3]系银行专用项目。

注4：无方括号和角标的项目为通用项目，适用于两类及两类以上金融企业。

利润表采用多步式结构，通过对当期的收入、费用、支出项目按性质加以归类，按利润形成的主要环节列示一些中间性利润指标，分步计算当期净损益，便于使用者理解企业经营成果的不同来源。

（二）利润表修订、新增项目的说明

1.“利息收入”项目

该项目反映企业按照《企业会计准则第22号——金融工具确认和计量》（2017年修订）的相关规定对分类为以摊余成本计量的金融资产和分类为以公允价值计量且其变动计入其他综合收益的金融资产按照实际利率法计算的利息收入。其他项目的利息

收入不得计入本项目；应计入本项目的利息收入金额也不得计入投资收益等其他项目。

银行及证券公司可在营业总收入下列示“利息净收入”项目，并在“利息净收入”项目下分列“利息收入”项目与“利息支出”项目。

2.“手续费及佣金收入”与“手续费及佣金支出”项目

银行可在营业总收入下列示“手续费及佣金净收入”项目，并在“手续费及佣金净收入”项目下分列“手续费及佣金收入”项目和“手续费及佣金支出”项目。证券公司可在营业总收入下列示“手续费及佣金净收入”项目，并在“手续费及佣金净收入”项目下分列“经纪业务手续费净收入”、“投资银行业务手续费净收入”和“资产管理业务手续费净收入”等项目。

3.“其中：以摊余成本计量的金融资产终止确认产生的收益”项目

该项目反映企业因转让等情形导致终止确认以摊余成本计量的金融资产而产生的损益。如为损失，以“-”号填列。该项目在“投资收益”项目中单独列示。

4.“净敞口套期收益”项目

该项目反映企业开展的净敞口套期下被套期项目累计公允价值变动转入当期损益的金额或现金流量套期储备转入当期损益的金额。如为损失，以“-”号填列。

5.“其他收益”项目

该项目反映企业计入其他收益的政府补助等。

6.“汇兑收益”项目

该项目主要包括外币交易因汇率变动而产生的损益以及外汇衍生金融工具产生的损益。如为损失，以“-”号填列。

7.“资产处置收益”项目

该项目反映企业出售分类为持有待售的非流动资产（金融工具、长期股权投资和投资性房地产除外）或处置组（子公司和业务除外）时确认的处置利得或损失，以及处置未划分为持有待售的固定资产、在建工程、生产性生物资产及无形资产而产生的处置利得或损失。债务重组中因处置非流动资产产生的利得或损失在本项目中反映。商业银行、证券公司等金融企业处置抵押、质押资产的利得或损失，依据被处置资产的类别在本项目或“投资收益”等相关项目中反映。如为处置损失，以“-”号填列。

8.“信用减值损失”项目

该项目反映企业按照《企业会计准则第22号——金融工具确认和计量》（2017年修订）的相关规定计提金融工具信用损失准备所确认的信用损失。

9.“其他资产减值损失”项目

该项目反映除“信用减值损失”外，企业按照相关企业会计准则的规定计提其他资产的减值准备所确认的减值损失。

10.“营业外收入”项目

该项目反映企业发生的除营业利润以外的收益，主要包括债务重组利得、与企业日常活动无关的政府补助、盘盈利得、捐赠利得（企业接受股东或股东的子公司直接或间接的捐赠，经济实质属于股东对企业的资本性投入的除外）等。

11.“营业外支出”项目

该项目反映企业发生的除营业利润以外的支出，主要包括债务重组损失、公益性捐赠支出、非常损失、盘亏损失、非流动资产毁损报废损失等。

12.“净利润”项目下的“（一）持续经营净利润”和“（二）终止经营净利润”项目

这两个项目分别反映净利润中与持续经营相关的净利润和与终止经营相关的净利润；如为净亏损，以“-”号填列。这两个项目应按照《企业会计准则第42号——持有待售的非流动资产、处置组和终止经营》（2017年修订）的相关规定分别列报。

四、现金流量表

（一）现金流量表格式

现金流量表（其格式见表13-3），是反映商业银行在一定会计期间现金和现金等价物流入与流出的报表。其中，现金是指库存现金以及可以随时用于支付的存款；现金等价物是指银行持有的期限短、流动性强、易于转换为已知金额现金、价值变动风险很小的投资；现金流量是指银行现金和现金等价物的流入与流出。

表13-3　　现金流量表　　会金融03表

编制单位：　　年　　单位：元

项目	行次	本年金额	上年金额
一、经营活动产生的现金流量：			
销售商品、提供劳务收到的现金			
[客户存款和同业存放款项净增加额] [3]			
[向中央银行借款净增加额] [3]			
向其他金融机构拆入资金净增加额			
[收到原保险合同保费取得的现金] [2]			
[收到再保业务现金净额] [2]			
[保户储金及投资款净增加额] [2]			
收取利息、手续费及佣金的现金			
拆入资金净增加额			
回购业务资金净增加额			
[代理买卖证券收到的现金净额] [1]			

续表

项目	行次	本年金额	上年金额
收到其他与经营活动有关的现金			
经营活动现金流入小计			
[客户贷款及垫款净增加额][3]			
[存放中央银行和同业款项净增加额][3]			
[支付原保险合同赔付款项的现金][2]			
为交易目的而持有的金融资产净增加额			
拆出资金净增加额			
返售业务资金净增加额			
支付利息、手续费及佣金的现金			
[支付保单红利的现金][2]			
支付给职工及为职工支付的现金			
支付的各项税费			
支付其他与经营活动有关的现金			
经营活动现金流出小计			
经营活动产生的现金流量净额			
二、投资活动产生的现金流量：			
收回投资收到的现金			
取得投资收益收到的现金			
处置固定资产、无形资产和其他长期资产收回的现金净额			
收到其他与投资活动有关的现金			
投资活动现金流入小计			
投资支付的现金			
[返售业务资金净增加额][2]			
[质押贷款净增加额][2]			

续表

项目	行次	本年金额	上年金额
购建固定资产、无形资产和其他长期资产支付的现金			
支付其他与投资活动有关的现金			
投资活动现金流出小计			
投资活动产生的现金流量净额			
三、筹资活动产生的现金流量：			
吸收投资收到的现金			
取得借款收到的现金			
发行债券收到的现金			
[回购业务资金净增加额] 2			
收到其他与筹资活动有关的现金			
筹资活动现金流入小计			
偿还债务支付的现金			
分配股利、利润或偿付利息支付的现金			
支付其他与筹资活动有关的现金			
筹资活动现金流出小计			
筹资活动产生的现金流量净额			
四、汇率变动对现金及现金等价物的影响			
五、现金及现金等价物净增加额			
加：期初现金及现金等价物余额			
六、期末现金及现金等价物余额			

行长　　　　　　会计主管　　　　　　复核　　　　　　制表

注1：[……] 1系证券公司专用项目，企业正式使用时不加方括号。下同。

注2：[……] 2系保险公司专用项目。

注3：[……] 3系银行专用项目。

注4：无方括号和角标的项目为通用项目，适用于两类及两类以上金融企业。

按照商业银行经营业务发生的性质，将商业银行一定期间内产生的现金流量归为3部分：经营活动产生的现金流量、投资活动产生的现金流量和筹资活动产生的现金流量。所以，商业银行的现金流量表分别按照这3部分内容来报告其现金流量信息。其中，经营活动是指商业银行投资活动和筹资活动以外的所有交易与事项；投资活动是指商业银行长期资产的购建和不包括在现金等价物范围内的投资及其处置活动；筹资活动是指使商业银行资本及债务规模和构成发生变化的活动。

商业银行的现金流量项目的归类与其他行业相比，有其特殊性。在编制现金流量表时，应根据其行业特点和现金流量实际情况合理确定。

商业银行现金流量一般应分别按现金流入和流出的总额反映，但是下列各项可以按照净额列报：

（1）代客户收取或支付的现金。

（2）周转快、金额大、期限短的项目的现金流入和现金流出。

（3）短期贷款发放与收回的贷款本金、活期存款的吸收与支付、同业存款和存放同业款项的存取、向其他金融企业拆借资金、证券的买入与卖出等。

根据《企业会计准则第31号——现金流量表》的规定，银行应当采用直接法列示经营活动产生的现金流量。直接法是通过现金流入和流出的主要类别反映来自企业经营活动的现金流量，一般是以利润表中的营业收入为起算点，调整与经营活动有关的项目的增减变动，然后计算出经营活动的现金流量。在具体编制现金流量表时，可以采用工作底稿法或T形账户法作为技术手段，也可以根据有关科目记录分析填列。

财务报表使用者，通过现金流量表提供的经营活动现金净流量信息，可以分析和评价银行对外筹资能力、清偿能力和支付投资者利润的能力；通过分析本期净利润与经营活动现金流量之间的差异及其产生原因，还可以合理预测银行未来的现金流量；通过该表提供的报告期内投资活动和筹资活动产生的现金净流量信息，可以了解银行经营规模是否扩大。

（二）现金流量表修订、新增项目的说明

"为交易目的而持有的金融资产净增加额"项目，反映企业因买卖为交易目的而持有的金融资产所支付与收到的经营活动净现金流量。

五、所有者权益变动表

所有者权益变动表（其格式见表13-4）是指反映构成所有者权益各组成部分当期增减变动情况的报表。

（一）所有者权益变动表的内容

所有者权益变动表全面反映一定时期所有者权益变动的情况，不仅包括所有者权益总量的增减变动，还包括所有者权益增减变动的重要结构性信息，特别是要反映直接计入所有者权益的利得和损失，让报表使用者准确理解所有者权益增减变动的根源。

在所有者权益变动表中，至少要单独列示反映下列信息的项目：①综合收益总额；②会计政策变更和差错更正的累计影响金额；③所有者投入资本和向所有者分配利润等；④提取的盈余公积；⑤所有者权益各组成部分的期初和期末余额及其调节情况。

表 13-4 所有者权益变动表 会金融 04 表

编制单位： 年度 单位：元

项目	本年金额											上年金额										
	实收资本（或股本）	其他权益工具			资本公积	减：库存股	其他综合收益	盈余公积	一般风险准备	未分配利润	所有者权益合计	实收资本（或股本）	其他权益工具			资本公积	减：库存股	其他综合收益	盈余公积	一般风险准备	未分配利润	所有者权益合计
		优先股	永续债	其他									优先股	永续债	其他							
一、上年年末余额																						
加：会计政策变更																						
前期差错更正																						
其他																						
二、本年年初余额																						
三、本年增减变动金额（减少以“-”号填列）																						
（一）综合收益总额																						
（二）所有者投入和减少资本																						
1.所有者投入的普通股																						
2.其他权益工具持有者投入资本																						
3.股份支付计入所有者权益的金额																						
4.其他																						
（三）利润分配																						
1.提取盈余公积																						
2.提取一般风险准备																						
3.对所有者（或股东）的分配																						
4.其他																						
（四）所有者权益内部结转																						
1.资本公积转增资本（或股本）																						
2.盈余公积转增资本（或股本）																						
3.盈余公积弥补亏损																						
4.设定受益计划变动额结转留存收益																						
5.其他综合收益结转留存收益																						
6.其他																						
四、本年年末余额																						

（二）所有者权益变动表的填列方法

1.“上年金额”栏的填列方法

所有者权益变动表“上年金额”栏内各项数字，应根据上年度所有者权益变动表“本年金额”栏内所列数字填列。如果上年度所有者权益变动表规定的各个项目的名称和内容同本年度不相一致，应对上年度所有者权益变动表各项目的名称和数字按本年度的规定进行调整，填入所有者权益变动表“上年金额”栏内。

2.“本年金额”栏的填列方法

所有者权益变动表“本年金额”栏内各项数字一般应根据“实收资本（或股本）”“其他权益工具”“资本公积”“库存股”“其他综合收益”“盈余公积”“一般风险准备”“未分配利润”科目的发生额分析填列。

（三）所有者权益变动表修订、新增项目的说明

1.“其他权益工具”项目

该项目反映企业发行的除普通股以外分类为权益工具的金融工具。企业应根据实际情况在该项目下设“优先股”、“永续债”和“其他”三个项目，分别反映企业发行的分类为权益工具的优先股和永续工具等项目。

2.“其他权益工具持有者投入资本”项目

该项目反映企业发行的除普通股以外分类为权益工具的金融工具的持有者投入资本的金额。

3.“对所有者（或股东）的分配”项目

该项目反映企业对普通股东以及企业发行的除普通股以外分类为权益工具的金融工具持有者的股利分配。

4.“其他综合收益结转留存收益”项目

该项目主要反映：①企业指定为以公允价值计量且其变动计入其他综合收益的非交易性权益工具投资终止确认时，之前计入其他综合收益的累计利得或损失从其他综合收益中转入留存收益的金额；②企业指定为以公允价值计量且其变动计入当期损益的金融负债终止确认时，之前由企业自身信用风险变动引起而计入其他综合收益的累计利得或损失从其他综合收益中转入留存收益的金额等。

六、会计报表附注

（一）附注的含义

附注是对资产负债表、利润表、现金流量表和所有者权益变动表等报表中列示项目的文字描述或明细资料，以及对未能在这些报表中列示项目的说明等。附注是财务报表的重要组成部分。

（二）附注的主要内容

附注应当按照如下顺序披露有关内容：

（1）银行的基本情况。这包括：银行注册地、组织形式和总部地址；银行的业务性质和主要经营活动；母公司以及集团最终母公司的名称；财务报告的批准报出者和

财务报告的批准报出日。

（2）财务报表的编制基础。

（3）遵循企业会计准则的声明。银行应当明确说明编制的财务报表符合企业会计准则的要求，真实、公允地反映了银行的财务状况、经营成果和现金流量等有关信息，以此明确银行编制财务报表所依据的制度基础。

（4）重要会计政策和会计估计。银行应当披露采用的重要会计政策和会计估计，不重要的会计政策和会计估计可以不披露。

（5）会计政策和会计估计变更以及差错更正的说明。银行应当按照《企业会计准则第28号——会计政策、会计估计变更和差错更正》及其应用指南的规定，披露会计政策和会计估计变更以及差错更正的有关情况。

（6）重要报表项目的说明。银行应当以文字和数字描述相结合、尽可能以列表形式披露重要报表项目的构成或当期增减变动情况，并且报表重要项目的明细金额合计，应当与报表项目金额相衔接。在披露顺序上，一般应当按照资产负债表、利润表、现金流量表、所有者权益变动表的顺序及其报表项目列示的顺序。

（7）其他需要说明的重要事项。这主要包括或有和承诺事项、资产负债表日后非调整事项、关联方关系及其交易。

（8）有助于财务报表使用者评价银行管理资本的目标、政策及程序的信息。

任务三 掌握财务报表分析

商业银行的财务报表分析是指在日常核算和年度决算的基础上，根据财务报表和其他资料（报表附注、财务情况说明）所反映的业务活动与财务收支状况的各项数据，采用各种分析方法，正确评价其在计划年度内经营管理、经济活动的成效及其对国民经济的影响，是发挥商业银行会计职能作用、预测经济前景、参与经营决策、加强资金管理、实现金融宏观控制的重要方法。它对于促进商业银行会计工作由单纯核算型模式向经营管理型模式转化，具有重要意义。

一、财务报表分析的原则和方法

（一）财务报表分析的原则

财务报表分析的基本原则包括目的明确原则、实事求是原则、全面分析原则、系统分析原则、动态分析原则、定量分析与定性分析结合原则、成本效益原则。

（二）财务报表分析的方法

财务报表分析的方法主要有比较分析法、因素分析法、结构分析法、动态分析法、本量利分析法等。

1.比较分析法

比较分析法是财务报表分析的基本方法之一，是通过某项财务指标与性质相同的指标评价标准进行对比，揭示银行财务状况、经营情况和现金流量情况的一种分析方法。比较分析法是最基本的分析方法，在财务报表分析中应用很广。

2.因素分析法

因素分析法又叫连环替代法，是指数法原理在经济分析中的应用和发展。它根据指数法的原理，在分析多种因素影响的事物变动时，为了观察某一因素变动的影响而将其他因素固定下来，如此逐项分析，逐项替代，故称因素分析法或连环替代法。

3.结构分析法

结构分析法是指对经济系统中各组成部分及其对比关系变动规律的分析。如国内生产总值中三次产业的结构及消费和投资的结构分析、经济增长中各因素作用的结构分析等。结构分析主要是一种静态分析，即对一定时间内经济系统中各组成部分变动规律的分析。如果对不同时期内经济结构变动进行分析，则属动态分析。

4.动态分析法

动态分析法是以客观现象所显现出来的数量特征为标准，判断被研究现象是否符合正常发展趋势的要求，探求其偏离正常发展趋势的原因并对未来的发展趋势进行预测的一种统计分析方法。动态分析法主要包括两个方面：第一，编制时间数列，观察客观现象发展变化的过程、趋势及其规律，计算相应的动态指标用以描述现象发展变化的特征；第二，编制较长时期的时间数列，在对现象变动规律性判断的基础上，测定其长期趋势、季节变动的规律，并据此进行统计预测，为决策提供依据。

5.本量利分析法

本量利分析法是根据有关产品的产销数量、销售价格、变动成本和固定成本等因素同利润之间的相互关系，通过分析计量而确定企业目标利润的一种方法。在进行成本决策时，应特别注意成本、产量、利润三者之间的依存关系，即应进行本量利分析。确定盈亏临界点，是进行本量利分析的关键。

二、财务报表分析的内容

现代商业银行的经营原则、经营方针、最终经营目标都是为了实现最优的资产负债的安全性、流动性和盈利性。财务报表分析的目的是为银行的经营管理服务，因此商业银行财务报表分析的内容就是通过对“三性”进行科学的、全面的分析和判断，对财务状况和经营成果做出正确评价，并以此预测其未来发展趋势和需要采取的经营管理的政策措施，为领导决策提供依据。

对商业银行的财务报表指标分析主要包括资产安全性分析、资产流动性分析、资产盈利性分析、投资报酬分析等，这几方面是相互联系的，分析时要综合考虑。

（一）资产安全性分析

资产安全性是资产保全的能力和程度，是通过一系列指标来考核和评估的。

1.资本充足率

资本充足率是资本总额与风险加权资产的比例关系。其计算公式为：

资本充足率=（总资本−对应资本扣减项）÷风险加权资产×100%

资本及风险加权资产可按照《商业银行资本管理办法》的规定确定。

知识链接 13-1

《商业银行资本管理办法》对资本充足率的规定

国家金融监督管理总局颁布的《商业银行资本管理办法》（自 2024 年 1 月 1 日起施行）要求商业银行应按照本办法规定的机构档次划分标准，适用差异化的资本监管要求。其中，第一档和第二档商业银行应满足本办法各章节和相应附件的监管规定，第三档商业银行应满足本办法附件 23 的监管规定。

资本充足率监管要求包括最低资本要求、储备资本和逆周期资本要求、系统重要性银行附加资本要求以及第二支柱资本要求。商业银行各级资本充足率不得低于如下最低要求：（1）核心一级资本充足率不得低于 5%。（2）一级资本充足率不得低于 6%。（3）资本充足率不得低于 8%。

商业银行应在最低资本要求的基础上计提储备资本。储备资本要求为风险加权资产的 2.5%，由核心一级资本来满足。国家金融监督管理总局有权根据宏观经济金融形势、银行业整体风险状况以及单家银行经营管理和风险水平等情况，对储备资本要求进行调整。商业银行应在最低资本要求和储备资本要求之上计提逆周期资本。逆周期资本的计提与运用规则由中国人民银行会同国家金融监督管理总局另行规定。

资料来源：作者根据相关资料整理。

课堂讨论 13-1

商业银行资本越多越好吗？

提示：商业银行的资本从公司管理、风险管理等角度考虑，不是越多越好，只要符合管理要求即可。

2.不同性质的贷款比率

不同性质的贷款比率就是信用贷款余额、抵押贷款余额、担保贷款余额、银行承兑汇票贴现贷款余额与贷款总额的比率关系。其计算公式为：

信用贷款比率=信用贷款余额÷贷款总额×100%

抵押贷款比率=抵押贷款余额÷贷款总额×100%

担保贷款比率=担保贷款余额÷贷款总额×100%

银行承兑汇票贴现贷款比率=银行承兑汇票贴现贷款余额÷贷款总额×100%

不同性质的贷款比率与资产安全性具有不同的关系。

3.贷款分散比率

贷款分散比率就是商业银行对某一客户的贷款余额占银行资本余额的比重，以及最大十家客户的贷款总余额占银行资本余额的比重。其计算公式为：

单个客户贷款比率=单个客户贷款余额÷银行资本余额×100%

最大十家客户贷款总额比率=最大十家客户贷款总余额÷银行资本余额×100%

为了分散贷款风险，贷款不宜集中在少数几家客户，商业银行法规定，单个客户贷款比率不得超过10%，最大十家客户贷款总额比率不得超过50%，两指标越趋向于"0"，风险越分散，安全性越好。

4.不良贷款比率

不良贷款比率就是不良贷款占贷款总额的比例关系。其计算公式为：

不良贷款比率=不良贷款÷贷款总额×100%

其中，不良贷款包括逾期、呆滞、呆账3种贷款；在贷款的5级分类中，不良贷款包括次级、可疑和损失3类贷款。不良贷款比率与资产安全性成反比，比率越小，安全性越好。其中，逾期贷款比率不得超过8%，呆滞贷款比率不得超过5%，呆账贷款比率不得超过2%。

5.贷款拨备率和拨备覆盖率

贷款拨备率就是贷款损失准备金对贷款总额的比率；拨备覆盖率就是贷款损失准备金对不良贷款的比率。自2012年起，银监会按照2011年发布的《商业银行贷款损失准备管理办法》，对商业银行的贷款拨备率和拨备覆盖率进行综合考核，其中前者以2.5%为基本标准，后者以150%为基本标准，两者中的较高者为商业银行贷款损失准备的监管标准。这标志着中国银行业动态拨备制度开始正式实施。银监会于2018年2月28日印发了《关于调整商业银行贷款损失准备监管要求的通知》，调整拨备覆盖率和贷款拨备率。拨备覆盖率监管要求由150%调整为120%～150%，贷款拨备率监管要求由2.5%调整为1.5%～2.5%。

知识链接 13-2

近年来我国商业银行资产质量逐年提高

银保监会统计数据显示，2022年，商业银行累计实现净利润2.3万亿元，同比增长5.4%，平均资本利润率为9.33%。银行业金融机构不良贷款率为1.71%；拨备覆盖率为205.85%，贷款拨备率为3.36%；商业银行（不含外国银行分行）资本充足率为15.17%。

国家金融监督管理总局统计数据显示，2023年，商业银行累计实现净利润2.4万亿元，同比增长3.2%，平均资本利润率为8.93%。银行业金融机构不良贷款率为1.59%；拨备覆盖率为205.14%，贷款拨备率为3.27%；商业银行（不含外国银行分行）资本充足率为15.06%。

国家金融监督管理总局统计数据显示，2024年，商业银行累计实现净利润2.3万亿元，平均资本利润率为8.10%。银行业金融机构不良贷款率为1.50%；拨备覆盖率为211.19%，贷款拨备率为3.18%；商业银行（不含外国银行分行）资本充足率为15.74%。

资料来源：作者根据相关资料整理。

6.资产损失比率

资产损失比率就是资产损失额占资产总额的比例关系。其计算公式是：

资产损失比率=资产损失额÷资产总额×100%

其中，资产损失额包括呆账贷款、应收款项损失、出纳净损失（出纳短款减出纳长款）、会计结算资金损失和待处理固定资产净损失等各项资产损失。资产损失比率与资产安全性成反比，资产损失比率越小，安全性越好。

7.资产负债率

资产负债率就是负债总额与资产总额的比重。其计算公式为：

资产负债率=负债总额÷资产总额×100%

资产负债率主要用来衡量商业银行的负债程度，资产负债率越高，经营的风险越大，安全性越低。

（二）资产流动性分析

资产流动性就是资产变现或回收的速度和能力。商业银行不但会因严重亏损而破产，也会因严重流动性危机而倒闭。流动性既是商业银行的生命之所在，又是整个金融体系乃至整个国民经济正常运行的保证。商业银行保持资产的流动性的主要作用和目的就是随时满足存款人提现需求和资金清算需求。流动性与支付清算能力、头寸余缺等概念是直接联系在一起的。衡量资产流动性的指标主要有：

1.可用头寸

可用头寸是指商业银行既能满足客户支取现金和转账付款，又能满足客户新增贷款的能力。其计算公式为：

可用头寸=基础头寸±上级行应调入或调出资金±到期同业往来清入或清出资金±存款准备金调增或调减额

基础头寸=库存现金余额±存放中央银行款项余额

上级行应调入资金=核定的信贷计划借差−上级行已调入的信贷资金+应上缴的汇差−应下拨的汇差

上级行应调出资金=核定的信贷计划存差−已上存的信贷资金−应上缴的汇差+应下拨的汇差

可用头寸代表一个行处某个时期的支付能力，商业银行应科学地预测存款和贷款资金的周转，匡算头寸的高低。

2.备付金比率

备付金比率就是各商业银行能随时满足存款人提现和清算需要的备付金存款和库存现金之和与各项存款平均余额的比例关系。其计算公式为：

备付金比率=（库存现金+在人民银行备付金存款）÷各项存款平均余额×100%

备付金比率指标与商业银行资产的流动性成正比关系，该比率一般不得低于5%～7%，各行处的具体比例由人民银行根据各行处实际情况确定。

3.流动比率

流动比率是流动资产与流动负债的比例关系。其计算公式为：

流动比率=流动资产÷流动负债×100%

流动比率指标将商业银行的流动资产与流动负债对应起来评价和控制其资产的流动性，表明每元流动负债有多少流动资产作为偿还的保证。一般来说，流动资产的变现能力较强，流动负债也需要随时予以兑付，在两者对应的时间上，既可以1年内到期为标准，也可以1个月、3个月或其他期限内到期为标准。我国人民银行用该指标对各商业银行资产的流动性进行考核时，规定各商业银行的流动资产与流动负债的选择以1个月为限，即流动资产应当是在1个月内可变现的资产，包括库存现金、存放中央银行款项、存放同业款项、1个月内到期的银行承兑汇票、1个月内到期的国库券、1个月内到期的同业净拆出款、1个月内到期的贷款以及其他经人民银行审核批准的证券；流动负债应当是在1个月内到期的存款、同业净拆入款。

流动比率指标与商业银行资产的流动性成正比关系。根据经验数据，流动比率在70%～120%之间属于正常；在30%～70%之间属于流动性不足，可能会出现支付困难；小于30%流动性很差，肯定会出现支付困难；大于120%流动性强，减弱了资产的盈利性。

知识链接 13-3

近年来我国商业银行流动性保持平稳

2022年，商业银行流动性水平保持稳健。2022年四季度末，商业银行流动性覆盖率为147.41%；流动性比例为62.85%；人民币超额备付金率为2.05%；存贷款比例（人民币境内口径）为78.76%。

2023年，商业银行流动性水平合理稳健。2023年四季度末，商业银行流动性覆盖率为151.6%；流动性比例为67.88%；人民币超额备付金率为2.23%；存贷款比例（人民币境内口径）为78.69%。

2024年，商业银行流动性指标保持平稳。2024年四季度末，商业银行流动性覆盖率为154.73%；净稳定资金比例为128.02%；流动性比例为76.74%；人民币超额备付金率为1.20%；存贷款比例（人民币境内口径）为80.35%。

资料来源：作者根据相关资料整理。

（三）资产盈利性分析

追求最大限度的盈利，是商业银行经营活动的内在动力。一般来说，盈利性是商业银行在正常经营状态下的盈利能力，因此在分析商业银行资产的盈利能力时，首先应排除一些非正常因素的干扰，如贷款损失准备金提取比例的变化、税率的变化等。反映商业银行资产盈利能力的指标主要有：

1.资本收益率

资本收益率是指商业银行净利润（即税后利润）与平均资本（即资本性投入及其资本溢价）的比率，用以反映商业银行运用资本获得收益的能力。其计算公式为：

资本收益率=净利润÷平均资本×100%

资本收益率越高，说明商业银行自有投资的经济效益越好，投资者的风险越小，值得投资和继续投资，对股份有限公司来说，就意味着股票升值。因此，它是投资者和潜在投资者进行投资决策的重要依据。如果资本收益率高于债务资金成本率，则适度负债经营对投资者来说是有利的；反之，如果资本收益率低于债务资金成本率，则过高的负债经营就将损害投资者的利益。

2.资产收益率

它是用来衡量每单位资产创造多少净利润的指标。其计算公式为：

资产收益率=净利润÷平均资产总额×100%

资产收益率越高，表明商业银行资产利用效果越好，说明商业银行在增加收入和节约资金使用等方面取得了良好的效果，否则相反。商业银行管理层出于战略管理的目的，通常非常密切地关注这一指标，主要是将该指标与同组的商业银行进行横向比较，或者与该银行的历史状况进行纵向比较。如果一家商业银行的资产收益率在一个会计年度的前3个季度持续下降，而在第四个季度突然上升，就要对它的盈利性予以特别关注，很有可能对年终报表进行了特别的调整。

3.资产增长率

资产增长率是本期末资产比上期末资产增长的比例。其计算公式为：

资产增长率=（本期末资产余额-上期末资产余额）÷上期末资产余额×100%

由于商业银行资产的规模大小决定了该银行的规模和盈利能力，资产增长的快慢决定了该银行的发展能力，所以该指标与商业银行盈利能力成正比。

4.盈利资产率

盈利资产率是盈利资产占总资产的比例。其计算公式为：

盈利资产率=盈利资产÷总资产×100%

商业银行盈利资产是指能够获得外部收入的资产，包括各种贷款、投资、存放同业款项、拆出款项等资产，不包括库存现金、固定资产、无形资产和预付费用等。盈利资产率主要是考核商业银行对盈利和非盈利资产的控制能力与程度，该指标与商业银行盈利能力成正比。当该比率趋向于0时，商业银行就应当考虑调整资产结构。

5.资产负债利率差

资产负债利率差是资产利息率与负债利息率之差。其计算公式为：

资产负债利率差=资产利息率-负债利息率

资产利息率=利息收入÷收息资产×100%

负债利息率=利息支出÷付息负债×100%

商业银行的利润来源于资产和负债的利差，资产负债利率差指标与商业银行盈利能力成正比：资产负债利率差越大，商业银行的盈利能力越强；反之，商业银行的盈利能力越弱。当该比率趋向于0时，商业银行就应当考虑调整资产和负债期限与利率结构，或适当控制负债的利率水平。

6.成本率

成本率是总成本与营业收入的比率。其计算公式为：

成本率=总成本÷营业收入×100%

成本率指标表明商业银行为取得营业收入而消耗成本支出的比例关系。该比率指标与商业银行盈利能力成反比：比率越小，商业银行盈利能力越强；比率越大，商业银行盈利能力越弱。

7.综合费用率

综合费用率是综合费用与营业收入的比率。考虑到金融机构往来和系统内调拨具有一定的调节性，所以用来考核综合费用的营业收入时，应剔除这一因素的影响。其计算公式为：

综合费用率=综合费用÷营业收入×100%

$$\text{综合费用}=\text{营业费用}-\text{提取的损失准备金}-\text{提取的坏账准备金}-\text{提取的风险准备金}-\text{在成本中列支的坏账损失}-\text{固定资产折旧支出}$$

综合费用率指标表明商业银行为取得营业收入而消耗综合费用支出的关系。该比率指标与商业银行盈利能力成反比：比率越小，商业银行盈利能力越强；比率越大，商业银行盈利能力越弱。

8.利润率

利润率是利润总额与营业收入的比率。其计算公式为：

利润率=利润总额÷营业收入×100%

利润率指标与商业银行盈利能力成正比：利润率越大，成本控制越好，商业银行盈利能力越强；反之，商业银行盈利能力越弱。

9.全部贷款利息实收率

全部贷款利息实收率是实际利息收入与应计利息的比率。其计算公式为：

$$\text{全部贷款利息实收率}=\left(\text{利息收入}-\text{应收利息当年新增数}-\text{成本中列支的坏账损失}\right)\div\left(\text{利息收入}+\text{催收利息本年新增数}\right)\times 100\%$$

全部贷款利息实收率指标表明了贷款的应计利息与实际收息情况的关系，该指标与商业银行盈利能力成正比：全部贷款利息实收率越趋向于1时，商业银行实际盈利越多，商业银行盈利能力越强；反之，全部贷款利息实收率越趋向于0时，商业银行实际盈利越少，商业银行盈利能力越弱。

（四）投资报酬分析

1.每股收益

（1）简单资本结构的每股收益的计算公式为：

每股收益=（净利润-优先股股利）÷发行在外的加权平均普通股股数

（2）复杂资本结构的每股收益的计算公式为：

$$\text{每股收益}=\left(\text{净利润}-\text{优先股股利}\right)\div\left(\text{流通在外的普通股股数}+\text{增发的普通股股数}+\text{真正稀释的约当股数}\right)$$

（3）充分稀释的每股收益的计算公式为：

$$\text{每股收益}=\left(\text{净利润}-\text{不可转换的优先股股利}\right)\div\left(\text{流通在外的普通股股数}+\text{普通股股票等同权益}\right)$$

每股收益是测定股票投资价值的重要指标之一，是分析每股价值的一个基础性指标，是综合反映公司获利能力的重要指标。该指标反映了每股创造的税后利润，比率越高，表明所创造的利润越多。

2.市盈率

市盈率=普通股每股市价÷普通股每股收益

该指标是用来衡量股票潜力、借以投资入市的重要指标。投资者通常利用该比例值估量某股票的投资价值，或者用该指标在不同公司的股票之间进行比较。市盈率通常用来作为比较不同价格的股票是否被高估或者低估的指标。然而，用市盈率衡量一家公司股票的质地时，并不总是准确的。一般认为，如果一家公司股票的市盈率过高，那么该股票的价格具有泡沫，价值被高估。然而，当一家公司增长迅速以及未来的业绩增长非常看好时，股票目前的高市盈率可能恰好准确地估量了该公司的价值。需要注意的是，利用市盈率比较不同股票的投资价值时，这些股票必须属于同一个行业，因为此时公司的每股收益比较接近，相互比较才有效。

3.每股账面价值

每股账面价值=股东权益总额÷发行在外的股票数量

该指标反映了发行在外的每股普通股所代表的企业股东权益的价值。在投资人看来，该指标与每股市价的差额是企业的一种潜力。股票市价高于账面价值越多，越表明投资者认为这个企业有希望、有潜力；否则，说明市场不看好该企业。

4.市净率

市净率=每股市价÷每股净资产

微课13-1

该指标能够较好地反映出“有所付出，即有回报”，能够帮助投资者寻求哪个上市公司能以较少的投入得到较高的产出。对于大的投资机构，它能帮助其辨别投资风险。一般来说，市净率可用于投资分析。每股净资产是股票的账面价值，是用成本计量的，而每股市价是这些资产的现在价值，它是证券市场上交易的结果。市价高于账面价值时企业资产的质量较好，有发展潜力；反之则资产质量较差，没有发展前景。优质股票的市价都超出每股净资产许多，一般来说，市净率达到3可以树立较好的公司形象。

职业能力训练

一、填空题

1.（　　）是对银行财务状况、经营成果和现金流量的结构性表述。

2.商业银行财务报表至少包括3个基本报表、（　　）、（　　）。

3.（　　）是总括反映商业银行某一特定日期资产、负债和所有者权益及其构成情况的会计报表。

4.（　　）是反映商业银行一定会计期间经营成果及其分配情况的会计报表。

5.（　　）是反映商业银行在一定会计期间现金和现金等价物流入与流出的报表。

二、单项选择题

1.（　　）具体办理年度决算工作，是全系统年度决算的基础环节。

A.商业银行总行　　B.商业银行分行

C.商业银行基层行处　　D.人民银行

2.采用直接法编制现金流量表中的经营活动现金流量以（　）为起算点。

A.营业收入　　B.营业利润

C.利润总额　　D.净利润

3.（　）是商业银行的对内报表。

A.资产负债表　　B.利润表

C.日计表　　D.现金流量表

4."提取盈余公积"是（　）项目。

A.资产负债表　　B.利润表

C.所有者权益变动表　　D.现金流量表

5.现金流量表中不包括的项目是（　）。

A.利息收入　　B.借入现金

C.处置无形资产收到的现金　　D.一般盈余公积转增资本

三、多项选择题

1.基层单位的决算工作主要有（　）。

A.清理资金　　B.核对账务

C.盘点财产　　D.核实损益

2.决算日的重要工作有（　）。

A.全面处理和核对账务　　B.调整金银、外币记账价格

C.办理新旧账簿结转　　D.发放股利

3.（　）称为阶段性财务报告。

A.年度报告　　B.半年度报告

C.季度报告　　D.月度报告

4.商业银行财务报表由（　）组成。

A.3个基本报表　　B.所有者权益变动表

C.附注　　D.表外业务附录

5.（　）属于资产盈利性的分析指标。

A.资产负债利率差　　B.成本率

C.利润率　　D.每股收益

四、判断题

1.资产负债表反映银行的收入支出情况。（　）

2.资产负债表中的期末数据都可以根据总账填列。（　）

3.利润表反映商业银行一定时期的经营成果。（　）

4.现金流量表是以库存现金为基础编制的报表。（　）

5.市盈率是用来衡量股票潜力、借以投资入市的重要指标。（　）

主要参考文献

[1] 中国人民银行支付结算司. 支付结算办法 [EB/OL]. (2004-06-23) [2025-05-06]. http://www.pbc.gov.cn/zhifujiesuansi/128525/128527/2829008/index.html.

[2] 中华人民共和国财政部. 企业会计准则 (2025年版) [M]. 上海: 立信会计出版社, 2025.

[3] 中华人民共和国财政部. 金融企业财务规则 [EB/OL]. (2006-12-15) [2025-05-06]. http://www.mof.gov.cn/zhengwuxinxi/zhengcefabu/2006zcfb/200805/t20080519_24722.htm.

[4] 企业会计准则编审委员会. 企业会计准则条文讲解与实务运用 [M]. 上海: 立信会计出版社, 2025.

[5] 企业会计准则编审委员会. 企业会计准则案例讲解 (2025年版) [M]. 上海: 立信会计出版社, 2025.

[6] 程婵娟. 银行会计学 [M]. 5版. 北京: 科学出版社, 2021.

[7] 梅光仪. 商业银行业务与经营 [M]. 北京: 中国金融出版社, 2023.

[8] 志学红, 黄映红. 银行会计 [M]. 5版. 北京: 中国人民大学出版社, 2024.

[9] 徐文彬, 李梦莎. 央行数字货币重塑银行体系的影响研究 [M]. 北京: 经济科学出版社, 2024.

[10] 中国人民银行. 2024年支付体系运行总体情况 [EB/OL]. (2025-02-14). http://www.pbc.gov.cn/zhifujiesuansi/128525/128545/128643/5589365/index.html.

[11] 刘东辉, 赵兴梅, 崔澜. 银行会计学 [M]. 2版. 北京: 高等教育出版社, 2020.